2021

上海虹桥国际中央商务区

发展报告

2021 Annual Report on Development of
Shanghai Hongqiao International CBD

上海虹桥国际中央商务区管理委员会　编

上海社会科学院出版社
SHANGHAI ACADEMY OF SOCIAL SCIENCES PRESS

图书在版编目（CIP）数据

2021上海虹桥国际中央商务区发展报告 / 上海虹桥国际中央商务区管理委员会编 .— 上海 ：上海社会科学院出版社，2022

ISBN 978－7－5520－3857－6

Ⅰ.①2… Ⅱ.①上… Ⅲ.①中央商业区—经济发展—研究报告—上海—2021 Ⅳ.①F727.51

中国版本图书馆CIP数据核字（2022）第076397号

2021 上海虹桥国际中央商务区发展报告

编　　者：上海虹桥国际中央商务区管理委员会
出 品 人：佘　凌
责任编辑：熊　艳
封面设计：黄婧昉
出版发行：上海社会科学院出版社
　　　　　上海顺昌路622号　邮编200025
　　　　　电话总机021-63315947　销售热线021-53063735
　　　　　http://www.sassp.cn　E-mail: sassp@sassp.cn
排　　版：南京展望文化发展有限公司
印　　刷：上海盛通时代印刷有限公司
开　　本：787毫米×1092毫米　1/16
印　　张：17
字　　数：299千
版　　次：2022年8月第1版　2022年8月第1次印刷

ISBN 978-7-5520-3857-6 / F·695　　　　　定价：118.00元

编审委员会

编写工作组

序

2021年是"十四五"的开局之年。这一年,《虹桥国际开放枢纽建设总体方案》《虹桥国际开放枢纽中央商务区"十四五"规划》先后发布,虹桥商务区也正式更名为虹桥国际中央商务区,商务区进入新的发展阶段。

站在新起点,肩负新使命,虹桥国际中央商务区以"二次开发""二次创业"的精神状态和奋斗姿态,牢牢把握重大机遇,加快提升核心功能,着力破解瓶颈制约,善于凝聚各方力量,取得了积极成效。一年来,商务区聚焦"五型经济"发力,持续推动经济高质量发展,打造强劲活跃增长极,区域发展取得新成效;全面对标对表《虹桥国际开放枢纽建设总体方案》,聚焦顶层设计,完善制度框架政策体系,区域发展绘就新蓝图;推动高端商务、会展、交通功能深度融合,提升开放枢纽核心功能,区域发展彰显新动能;推动长三角高端服务功能共享共用,畅通长三角特色政务服务,开展空间规划协同研究,促进长三角产业联动、企业互动、资源流动,区域发展开创新局面。

这一年,商务区实施区域品质提升、经济发展倍增、进博效应放大、总部经济集聚、展会产业联动发展、综合交通完善、品牌营销推广等专项行动,聚焦重大项目重点企业,强化招商引资和政策制度创新,推动总部经济和现代服务业加快集聚,助力产业集群化发展。同时,商务区积极放大平台效应,推进虹桥进口商品展示交易中心、绿地全球商品贸易港等集聚辐射,加快全球数字贸易港、虹桥国际商务人才港成势,加快建设虹桥进口贸易促进创新示范区，打造进出口商品集散地，不断做强核心功能。

展望未来，商务区将以"强化国际定位、彰显开放优势、提升枢纽功能"为主线，充分发挥政策资源优势，向做大做强"一核"功能要动力；完善顶层设计，向规划引领产业集聚要动力；破解瓶颈制约，向提升区域品质要动力；凝聚各方力量，向形成工作合力要动力。努力提高在构建全球高端资源要素配置新高地、对内对外开放新链接、更高水平开放型经济新体制中的参与度、贡献度，努力在长三角高质量一体化发展中发挥更大作用。

希望通过《2021上海虹桥国际中央商务区发展报告》这本书，让更多人了解虹桥、关注虹桥、热爱虹桥，与虹桥国际中央商务区一起共创美好未来。

虹桥国际中央商务区管理委员会　党组书记
　　　　　　　　　　　　　　　常务副主任

目　　录

第一章　经济发展概况

2021年，是虹桥国际中央商务区全新启航的第一年。在上海市委市政府的英明领导和有力推动下，虹桥国际中央商务区牢牢把握虹桥国际开放枢纽建设的重大战略机遇，坚持新发展理念，落实"四个放在"，提升"四大功能"，以"强化国际定位、彰显开放优势、提升枢纽功能"为主线，进一步提升大交通枢纽功能，进一步发挥国际大会展品牌效应，大商务集聚效应初步显现。2021年，虹桥国际中央商务区聚焦"五型经济"发力，持续推动经济高质量发展，取得了积极的成效。

第一节　背景形势

2021年，全球新冠肺炎疫情的影响仍在继续，国际贸易形势遭遇新挑战，经济全球化进程受阻，全球投资前景相对低迷，同时也蕴含投资贸易规则体系加速重构、全球资源再配置的战略机遇。新冠肺炎疫情对全球生产网络产生巨大冲击，致使各国从供应链安全角度对供应链进行调整，全球产业链、供应链出现了本地化、区域化、分散化的逆全球化趋势。

我国积极应对全球新冠肺炎疫情这一前所未有的巨大挑战，以扩大内需、促进国内经济大循环为主线，采取了一系列积极有效的应对举措，同时充分发挥区域战略的引擎作用，深入实施长三角一体化发展、京津冀协同发展、粤港澳大湾区建设等一批区域发展战略，实现了我国经济的平稳有序发展，同时也为世界经济复苏和保障供应作出了巨大贡献。

2021年是长三角地区一体化发展上升为国家战略的第三年。作为我国经济发展最活跃、开放程度最高、创新能力最强区域之一的长三角地区，在国家的区域战略布局中，被赋予了率先实践更高质量一体化发展的先行使命，长三角一体化进入全面提速的新阶段，呈现出上海龙头高高引领、江浙两翼开合奋进、安徽接轨强势发力的高质量发展态势。

2021年2月，国务院批复同意《虹桥国际开放枢纽建设总体方案》（发改地区〔2021〕249号，以下简称《总体方案》）。虹桥国际开放枢纽建设，是国家继经济特区、沿海开放城市、国家级新区、自贸试验区之后又一个全新的开放形态；是中央推动长三角一体化发展战略的又一重大布局，是上海继自贸试验区临港新片区、长三角生态绿色一体化发展示范区之后，落实长三角一体化发展国家战略的又一重要承载地。《总体方案》提出，打造虹桥国际开放枢纽，有利于虹桥商务区及相关地区强化国际定位，彰显开放优势，提升枢纽功能，形成全球高端资源要素配置新高地；有利于推动长三角一体化发展，促进长三角更高水平协同开放，形成开放型经济新体制；有利于深度参与国际分工合作，提升资源配置效率和竞争能力，加快形成以国内大循环为主体、国内国际双循环相互促进的新发展格局。

2021年8月，中央编办批准设立上海虹桥国际中央商务区管理委员会，中共上海市委同意上海虹桥商务区管理委员会更名为上海虹桥国际中央商务区管理委员会，为市政府派出机构，机构规格为正局级。

2021年9月，上海市人民政府正式发布《虹桥国际开放枢纽中央商务区"十四五"规划》（沪府发〔2021〕14号，以下简称《规划》）。《规划》提出，"十四五"期间，商务区服务长三角一体化和进博会两大国家战略，将形成"一区五新"总体发展框架，即构建以一流的国际化中央商务区为承载主体，打造开放共享的国际贸易中心新平台、联通国际国内综合交通新门户、全球高端要素配置新通道、高品质的国际化新城区、引领区域协同发展新引擎。到2025年，基本建成虹桥国际开放枢纽核心承载区。在高能级主体集聚、现代产业经济集群初显、带动区域经济高质量发展的引领力增强、核心功能显著提升的基础上，将全面确立中央商务区和国际贸易中心新平台功能框架和制度体系，显著提升综合交通枢纽管理水平，基本形成服务长三角和联通国际的枢纽功能。

第二节 经济发展

2021年，尽管受全球疫情严重影响，虹桥国际中央商务区充分把握重大战略机遇，抓实推进政策落地与招商引资工作，经济发展仍然呈现出良好态势，发展质量不断提高，发展动能加速转换，在全市经济发展格局中的重要性进一步凸显。2021年，虹桥国际中央商务区已累计引进总部类企业超过400家，培育数字经济企业6 600多家，全年举办各类展览及活动42场，总面积467.6万平方米，接待超470万人次。总部经济、会展经济、平台经济、数字经济发展稳步向好，已初步具备引领长三角协同开放、支撑上海东西发展轴腾飞的良好发展基础。

一、消费活力依旧不减，服务经济加速回暖

2021年，虹桥国际中央商务区牢牢把握上海率先培育建设国际消费中心城市的重大契机，用好进口博览会和年终购物黄金季，依托虹桥品汇、绿地全球商品贸易港等载体谋划进口商品消费节庆活动，抓紧推进启用机场进博集市，支持旅游、住宿、交通、会展等加速回暖，持续激发消费潜力。即使受到疫情严重冲击，但商务区消费活力不减，2021年实现社会消费品零售额达534.6亿元，同比增长12.4%。

表1-2　2021年虹桥国际中央商务区社会消费品零售额　　　　单位：亿元

区　　域	2020 年	2021 年	绝对增加值	增幅（%）
商务区	475.7	534.6	59.0	12.4
南虹桥片区	232.2	269.2	37	15.9
东虹桥片区	75.9	83.6	7.7	10.1
西虹桥片区	78.6	87.5	9.0	11.4
北虹桥片区	89	94.3	5.3	6.0

二、投资热度持续升温，项目落地大大加快

以落实"三个一批"为抓手，聚焦重大项目、重点企业。2021年9月，商务区举行重大项目集中开工和功能性平台集中揭牌仪式，总投资超302亿元的40个重大项目集中签约，总投资290亿元的20个重大工程集中开工，9个重要功能性平台集中揭牌。集中签约的重大项目涉及总部经济、创新经济、数字经济、贸易及高端服务，是商务区为建设虹桥国际开放枢纽抓招商、引项目、促投资的阶段性成果。集中开工的重大工程其建设规模达190万平方米，其中八成为生物医药、文创电竞、科技研发等产业项目，对商务区扩大有效投资、优化产业功能布局、培育新的经济增长点具有重大作用。集中揭牌的重要功能性平台，有助于推动总部经济和现代服务业快速发展，有助于商务区加快打造具有集聚辐射带动作用的高端资源要素和高端服务产业集群。成功举办招商推介暨项目集中签约大会，持续推动长三角民营企业总部集聚区建设。2021年，商务区固定资产投资额达506.2亿元，同比增长8.3%。总控计划固定资产投资累计完成投资159.31亿元。其中，重点政府投资项目累计完成投资26.42亿元，计划投资完成率为71.3%；重大项目完成投资约157.96亿元，计划投资完成率为64.3%。

国际开放枢纽效应开始显现，外资信心持续提振。2021年，外商直接投资合同金额28.2亿美元，外商直接投资实际到位金额5.4亿美元。纳入虹桥商务区总控计划的固定资产累计完成投资额248.52亿元，同比增长27.6%。

三、国际贸易逆势上扬，枢纽地位初步显现

在疫情冲击和国际贸易局势复杂多变的严峻挑战下，商务区的进出口贸易仍旧保持正增长。2021年1—11月，商务区实现外贸进出口总额（注册口径）240.1亿元，增长17.4%。其中，外贸出口总额（注册口径）125.4亿元，增幅为20.8%；外贸进口总额（注册口径）114.8亿元，增幅为14.0%。

商务区着力构建国际贸易中心新平台，积极拓展进出口商品集散基础。虹桥品汇以专业品类为集聚特色，形成了展销结合、批零结合（2B2C）、店仓结合（前店后库）的多种贸易模式组合，吸引了来自90多个国家（地区）、200多家供应商、5 700多个品牌、6万多种商品入驻、销售，开设了苏州、黄山、嘉兴等10家虹桥品汇分中心。B型保税物流中心已入驻3家物流企业，服务30多家贸易企业，累计完成进出口货值约1.2亿元人民币。同时，利用区块链技术来确保货物一线入区、二线出区、前店销售、返

库入区等业务数据上链,与海关数据信息实现了共享。绿地贸易港以国别贸易为特色,已开设阿根廷、英国等国家馆63个,吸引了白俄罗斯、墨西哥等76个国家和地区的180家客商、2万个品牌、9万种商品入驻,开设了天津、哈尔滨、宁波等13个绿地贸易港分港。

大力集聚高能级贸易平台和主体。虹桥海外贸易中心一期约1万平方米,目前已有新加坡企业中心、中国西班牙商会、台湾同胞投资企业协会、香港中华工商总会等31家机构和组织入驻。以全方位的进口贸易创新新业态,率先建成全球数字贸易港,成功培育维宁尔、百秋网络、锅圈、震坤行、壹米滴答等数字领域独角兽企业。通过上海海外联谊会(虹桥海外华商进博及贸易促进中心)、丝绸之路国际总商会等联系全球超过150多个国家和地区,初步形成了全球化的贸易及投资服务网络。

表1-3 2021年1—11月虹桥国际中央商务区外贸进出口总额(注册口径)

	进口商品总额		出口商品总额		进出口商品总额	
	总额(亿元)	增幅(%)	出口总额(亿元)	增幅(%)	总额(亿元)	增幅(%)
商务区	114.8	14.0	125.4	20.8	240.1	17.4

四、企业主体显著增加,四大片区各显其能

积极吸引各类企业入驻商务区,聚力构筑虹桥商务区总部经济集聚升级新高地。2021年度,新增注册法人企业9 400户,其中内资企业新增9 130户,外资企业新增270户,累计企业数5.62万户。1—10月,累计引进注册资金3 000万元以上的重点项目266个,吸引具有总部功能企业近400家,投资热度和市场主体活跃度不断提升。10月28日,"打造长三角民营企业总部集聚区推介暨项目集中签约大会"成功举办,市相关部门联合赋能,共同建设"长三角民营企业总部集聚区"和"长三角民营企业总部服务中心"。

商务区四个片区结合自身产业定位加快企业总部集聚。南虹桥片区建设云南白药、华峰、国际文创电竞中心等总部项目,新增法人企业5 264户,内外资企业分别新增5 137户和127户;东虹桥片区新引进丽翔航空、英格卡(中国)等跨国公司地区总部以及涂鸦信息技术等数字经济重点企业,新增外资法人企业86户,累计已达1 238户,

占比为13.1%，是外资比例最高的区域；西虹桥片区新增企业1 036户，累计法人企业数已达8 682户，加快美的总部、安踏总部等民营企业总部建设，11家获得市级民营企业总部认定；北虹桥片区聚焦内资企业，推动致达智能等6个总部类项目开工建设，完成澳海集团总部、凯利集团总部项目引入，南方航空华东总部功能进一步落地，加快推进蔚来国际总部、沃尔沃、创业邦等重大项目落地。地产集团完成申昆路片区南9、南10地块产业招商，引进恒力集团，新增企业1 650户。

此外，商务区还积极推动相关各区有关部门进一步细化"一街一策、一楼一策、一企一策"工作方案，强化企业项目落地纳税。2021年，实现税收收入346亿元，同比增长29.1%，高出全市平均11.7个百分点。其中，南虹桥片区增长50.7%，东虹桥片区增长16.5%，西虹桥片区增长47.7%，北虹桥片区增长7.9%。

表1-4　2021年虹桥国际中央商务区法人企业数　　　　　　　单位：户

区　域	2021年新增法人企业数			截至2021年12月累计法人企业数		
	内资	外资	合计	内资	外资	合计
商务区	9 130	270	9 400	53 439	2 833	56 272
南虹桥片区	5 137	127	5 264	19 760	949	20 709
东虹桥片区	1 364	86	1 450	8 217	1 238	9 455
西虹桥片区	998	38	1 036	8 348	334	8 682
北虹桥片区	1 631	19	1 650	17 114	312	17 426

五、进博效应溢出明显，会展经济表现喜人

商务区依托国家会展中心（上海），以进博会等国际知名会展活动为品牌支撑，2021年举办数百场展览及活动，展览面积达351.8万平方米，较去年下降18%，接待人次超过343.1万人次，较去年上升17.7%。虹桥国际会展产业园成立并投入使用，近150家会展相关企业签约入驻。推动会展经济国际化、品牌化发展，持续办好中国国际工业博览会、上海国际工业汽车展览会等一批重大展览展会活动。

积极推进展会产业联动发展专项行动。培育和引进国际知名行业龙头展会，吸引一批国内外会展企业总部、专业组展机构和会展服务企业落地虹桥国际会展产业园。

聚焦集成电路、生物医药、人工智能等支柱产业，推动进博会展区与高品质专业展协同联动，每月举办1—2个有影响力的核心专业展，形成贸易对接、项目对接、产业对接，把展会流量转化为促进区域发展的消费增量、贸易增量和产业增量。不断完善国际会展产业支持政策，全力支持高端国际会展产业发展，持续优化办展办会环境。

表1-5　2021年虹桥国际中央商务区会展情况

指标名称	2020年之前	2021年	增幅（%）
展出面积（万平方米）	428.8	351.8	−18.0
接待人次（万人次）	291.5	343.1	17.7

第三节　产业集聚

一、南虹桥片区

（一）总体发展情况

南虹桥片区（虹桥国际中央商务区闵行部分）总面积48平方千米，是虹桥国际开放枢纽和虹桥国际中央商务区的重要组成部分。2021年3月和6月，闵行区相继发布《闵行区加快推进虹桥国际开放枢纽建设行动方案》和《虹桥商务区（闵行部分）"十四五"规划》，提出以"全面提升国际开放枢纽核心功能、着力打造国家产城融合示范标杆"为发展主线，建设国际化中央商务区、打造国际贸易中心新平台、构筑高质量发展特色产业集群、完善高品质国际配套服务设施，不断提升虹桥国际开放枢纽核心功能承载区的发展能级。当前，核心区商务枢纽功能逐步凸显、产业集群初具雏形，虹桥进口商品展示交易中心、虹桥国际人才服务港、上海国际技术交易市场等功能平台初步设立，虹桥主城前湾地区动迁腾地有序推进、产业发展空间深度释放。2021年，虹桥商务区（闵行部分）产业发展各项主要指标保持较快增长，总体来看，经济运行持续恢复、韧性增强，呈现稳中向好的发展态势。

1. 工业生产平稳运行

规模以上工业企业生产经营逐步向好，1—12月，虹桥国际中央商务区闵行部分完成工业总产值81.21亿元，同比增长5.5%。其中，高端装备产业领先增长，完成工业总产值6.13亿元，同比增长31%。生物医药、新一代信息技术产业实现较快增长，分别完成工业总产值13.54亿元、0.96亿元，同比增长23.1%、17.1%。节能环保产业实现产值1.94亿元，较上年微降0.9%。

2. 服务业复苏态势向好

制定出台加快现代服务业高质量发展的政策意见，服务业发展活力显现。1—12月，虹桥国际中央商务区闵行部分完成规模以上服务业企业营业收入412.77亿元，同比增长15.9%。其中，交通运输、仓储和邮政业营业收入达到183.73亿元，增长24.3%。租赁和商务服务业营业收入达到108.86亿元，增长7.2%。信息传输、软件和信息技术服务业营业收入达到31.23亿元，增长31.4%。

3.市场消费持续改善

虹桥国际中央商务区品牌效应凸显，各商业体活动丰富，持续掀起消费热潮，区域消费品质进一步提升。1—12月，虹桥国际中央商务区闵行部分商品销售总额实现1 770.92亿元，同比增长5.6%。社会消费品零售额269.18亿元，同比增长15.9%。

（二）重点行业发展情况

作为虹桥国际开放枢纽建设的重要组成部分，闵行区紧紧围绕国际中央商务区和上海国际贸易中心新平台建设，大力推进一批高含金量的政策措施、一批高水平的功能平台、一批高能级的重大项目在闵行落地，为重点产业发展和行业集聚提供支撑。

1.大健康产业

依托新虹桥国际医学中心，积极发展生命健康服务和生物医药产业，揭牌建设"南虹桥智慧医疗创新试验区"。强化医疗服务贸易功能，完善"1家医技中心+10家国际国内高品质医院+10多家医技门诊机构"的多元办医布局。截至12月底，华山医院虹桥院区门诊开放科室31个、床位996张、手术室34间，累计门急诊量143.2万人次、手术4.9万台。12家医技门诊服务机构正式运营，其中千麦博米乐医学检验所营业收入

图1-1　新虹桥医学中心

超2亿元；国药虹润中心药房率先引入全球领先的脑胶质肿瘤电场特色治疗新产品，销售额约2 500万元；美中嘉和医学影像诊断中心影像诊断量约7万例，营业收入约4 000万元，嘉和云影远程医疗信息诊断平台入围国家"5G+医疗健康"应用试点项目。览海康复医院、慈弘妇产科医院、星晨儿童医院、百汇医院、绿叶美容医院等5家医院项目均于2021年年底全面建成。延伸发展生物医药产业，园区二期引进信达生物全球研发中心、云南白药上海国际中心、威高国际研究院、康宁杰瑞国际运营及转化研究中心、先声药业中国研发中心、华峰集团管理总部、东软上海科技中心、卓然股份（上海创新基地）、康方生物、正大天晴等生物医药研发项目，总投资超200亿元；其中3个已开工，生物医药研发总部功能区初步形成，将为医疗服务贸易平台建设提供技术研发支撑。

2. 商务总部经济

截至2021年年底，虹桥国际中央商务区闵行部分拥有企业逾2万家，累计引进红星美凯龙、正荣地产、中骏置业等总部类企业208家，成为开放枢纽核心区经济活力的重要载体和创新创业主体。1—12月，核心区新增企业注册数2 911户，同比增长104%。新增泰森、爱达克、电计科技等5家跨国公司地区总部，累计达14家。新增达丰、宇培、港龙等3家上市公司。4月，获批"南虹桥民营企业总部集聚区"，已吸引8 000多家民营企业落地，将打造成长三角总部经济特别是民营企业总部的首选地。

3. 国际商贸产业

国际贸易中心新平台建设不断迈上新台阶，一批重点功能平台落成运营。虹桥进口商品展示交易中心一期面积40万平方米，吸引集聚全球90多个国家（地区）、200多家供应商、5 700多个品牌、6万多种商品入驻，其中进博会相关品牌占比70%。虹桥品汇二期A栋进入工程收尾阶段，已在第四届进博会期间投入运营。东方国际集团旗下12家企业整体迁入。保税物流中心（B型）已注册企业5家，实现"前店后仓"的保税展示交易模式，服务于30多家贸易企业，大大降低了物流成本。2021年，累计完成进出口货值约8.9亿元，累计达到约17亿元。虹桥海外贸易中心已有上海海外联谊会、海外书院、丝绸之路国际总商会、新加坡企业中心、中国瑞士中心、中国西班牙商会、中国马来西亚商会等18家贸易及服务机构入驻，并通过海外联谊会、丝绸之路国际总商会等联系全球超过150多家贸易及投资促进机构，初步形成了全球化的贸易及投资服务网络。全球数字贸易港依托上海阿里中心智慧产业园、长三角电子商务中心、虹桥数字贸易产业赋能中心，围绕跨境电子商务、数字内容、数字服务及行业应用和云服

图1-2 虹桥进口商品展示交易中心常年交易平台

务，打造数字贸易开放枢纽高地。虹桥国际咖啡港加快建设，积极引入咖啡上下游产业链企业，培育一批咖啡相关制品的生产贸易经营企业。

4. 科技服务业

2021年，依托上海国际技术交易市场，建立国际技术转移渠道25个，吸引加拿大滑铁卢大学上海科技转移中心等41家国家知名技术转移机构在闵行落地，培育专业人才567人，引入440个国际优质科技项目与闵行本土企业对接。长三角技术市场协同平台已投入使用，创新需求合约数达2 796条，意向金额近69亿元。上海国际技术交易市场首次实现了供需对接有关资金基于数字化平台的商业化签约、结算和流转。目前，已初步形成"线上＋线下""国际＋长三角""技术交易＋产业落地""展会＋服务"的功能框架，成为虹桥国际开放枢纽跨境技术服务的承载平台。

5. 人力资源服务业

规划建设虹桥国际商务人才港，全力打造国家级人力资源服务产业园，成功申报国家级产业园。截至2021年12月底，产业园内已落地人力资源服务类企业50家，涉及知名人力资源整体解决方案供应商CDP集团、安捷尔、汇思、圣源复集团旗下子公司、中蕴企业服务外包公司等。其中，占地4 000平方米的公共服务中心正进行内部装修，计划设置22个服务窗口，提供人才引进、居住证积分、留学生落户、就业服务、社会

图1-3　闵行人力资源产业园

保险、来华居留及工作许可、工商注册、税务等涉企服务事项，为来自全球的企业和人才提供服务。2022年产业园区将实现对外运营，强化集聚产业、培育市场、孵化企业、服务人才的功能，打造人力资源产业集聚核心区。

6. 法律服务业

2021年9月24日，虹桥国际中央法务区正式揭牌，将着力建设虹桥国际中央法务中心，汇聚一批知名度高、专业性强、在业内有影响力的律师事务所、仲裁机构、公证机构、司法鉴定机构等法律服务机构，搭建集公共法律服务、专业法律服务、法治研究和交流等功能于一体的综合性平台。目前，核心区内已有24家律师事务所、1家公证机构入驻，上海仲裁委员会虹桥中心、长三角仲裁一体化发展联盟等14家功能型及市场化法律服务机构意向入驻，将系统性打造长三角法律服务一体化示范区、法治化营商环境示范区，搭建开放共享、合作共赢的法律服务业交流平台。

7. 金融服务业

全力打造南虹桥金融小镇，汇聚基金管理人、基金公司、证券基金、股权基金、创业投资基金等优势资源，增强金融服务实体经济能力，努力建设成为以金融服务实体经济和产业发展的大平台。截至2021年年底，南虹桥金融小镇共注册金融类企业32家，包括熠美投资、首泰金信等国内知名的私募基金或金融企业，注册资本近69亿元人民币，另有多家行业领先的金融机构正在积极商谈入驻事宜，将为国际贸易中心新平台、南部科创中心建设等提供重要的金融支撑。

二、东虹桥片区

（一）总体发展情况

2016年12月，国家发展改革委、民航局联合批复同意支持上海虹桥临空经济示范区建设，占地面积13.89平方千米，其中虹桥机场运营作业区7.15平方千米。规划范围北起天山西路、苏州河，东临淞虹路、外环线，南至沪青平公路，西迄七莘路。批复提出，重点依托上海虹桥机场，把上海虹桥临空经济示范区建设成为国际航空枢纽、全球航空企业总部基地、高端临空服务业集聚区、全国公务机运营基地和低碳绿色发展区。2019年通过积极争取，在虹桥商务区新的规划调整方案中，将虹桥临空经济示范区所在的新泾镇和程家桥街道整建制共计19.9平方千米纳入虹桥商务区151.4平方千米范围内，即东虹桥片区，以下称示范区（含拓展区）。

长宁是虹桥国际开放枢纽上海市域范围内唯一的中心城区，毗邻虹桥综合交通枢纽，两条地铁线穿行而过，西接外环、东临中环，坐拥北横通道起始点，是走全国、跑长三角、入市区最便捷的区域之一。示范区（含拓展区）围绕批复明确的五大功能定位，充分依托对内承接上海中心辐射、对外联动长三角协同发展的核心节点优势，进一步集聚人流、物流、信息流、资金流，把旅客变顾客，把流量变产量，高端临空产业集群生态显现。2021年，示范区（含拓展区）实现生产总值534.28亿元，同比增长16.6%；产税企业近5 500家，实现综合税收129.5亿元，同比增长16.5%；规模以上工业总产值达144.3亿元，商品销售额达2 042.6亿元。

（二）重点行业发展情况

示范区（含拓展区）充分发挥航空枢纽的区位优势、流量优势、平台优势，顺应高质量发展新要求和技术赋能新趋势，推进航空产业、互联网+生活性服务业、总部经济三大优势产业向高端化、智能化方向转型升级，重点拓展生命健康、人工智能、流量经济三大新兴领域，构建"3+3"临空产业体系，不断做强枢纽经济形态，深度打造临空产业地图。航空服务业头部效应不断显现，数字经济、总部经济呈现良好态势，人工智能、生命健康、金融服务等产业发展初显成效，高能级功能型平台加速集聚。

1. 航空服务业

2021年以来，引进丽翔航空、星雅通用航空上海分公司、皮皮云端航空科技（全

图1-4　伊顿集团

球公务航空一站式服务供应商）等公务机运营服务商，成功落地东航私募基金、吉祥航空餐饮和专业从事航空领域法律服务的仁人德赛律所，产业生态进一步丰富。目前，示范区内已入驻航空企业近150家，包括东航、春秋、中货航等总部型基地航空公司5家，东航技术、东航食品、吉祥航空物流等一批航空关联企业，上海国际航空仲裁院、上海市航空学会等功能机构，以及亚联、金鹿等8家公务航空企业。

2. 数字经济

推动虹桥临空数字经济产业园入选上海市重点打造的特色产业园区。临空数字经济产业园已集聚数字经济企业700多家，包括携程、爱奇艺、盟广等一批数字经济龙头企业和成长性较高的初创企业。2021年，临空经济示范区已入驻数字经济企业1 572家，占全区数字经济企业数量的27%；数字经济综合税收58.1亿元；推动百秋新中间、乐芙兰电子商务（品牌营销服务商+MCN+电商运营综合体）、荷培信息科技（为iHerb网站提供IT信息技术开发、中国市场支持及售后服务）、地球山智能科技、涂鸦信息技术等数字经济领域重点企业落地。围绕虹桥临空经济示范区申报"国家数字服务出口基地"开展相关工作，积极推动数字服务相关要素在示范区集聚。

图1-5　总部经济

3. 总部经济

2021年，东虹桥片区总部企业（包括跨国公司地区总部、民营企业总部、贸易型总部、外资研发中心）共计40家，占全区总部企业数（92家）的43.5%。其中，跨国公司地区总部25家、贸易型总部2家、民营总部10家、研发中心3家；当年新增总部4家。东虹桥片区总部经济综合税收27.65亿元，占全区总部经济税收比重的46.5%；增速为26.4%，高于全区总部经济增速10个百分点。同时，建立储备总部企业名单，进一步培育有创新活力的成长性总部，联影等一批优质项目均已纳入储备名单中。年内，东虹桥片区内有4家企业上市，另有上市储备项目10个。

4. 人工智能

充分发挥科大讯飞上海总部标杆项目落地效应，推进临空人工智能产业园建设，持续招引培育优质人工智能企业，云之脑智能科技以及作为扩展保险业版图的主体科讯保险经纪落户示范区。2021年，上海市科委发布《关于公布纳入2021年本市创新创业载体培育体系载体名单的通知》，苏河汇和东华大学科技企业孵化器作为上海市科技企业孵化器，行健SPACE等4家上海市众创空间榜上有名，推动人工智能、先进制造、

智慧应用等产业链上下游企业集聚发展。虹桥临空跨国公司（总部）科创园内人工智能及先进制造业企业占入驻园区企业的84%，同时落地研发中心6个，涉及电器制造业、机器人、精细化工、生物科技、智能系统等研发行业。

5. 生命健康

依托虹桥临空经济示范区，定位为加快长宁区生命健康上下游产业链布局，促进创新资源和产业资源集聚，加快推进长宁区生命健康（生物医药）特色园区西片区建设。推进联影智慧医疗等项目建设，打造上海西部对接长三角高质量一体化发展的生命健康产业集聚区。其中联影智慧医疗园已于2021年9月下旬正式开工，将打造全智能化的大健康产业基地。

6. 金融服务业

依托西郊国际金融产业园，积极推动股权投资基金、航空金融、科技金融等特色金融服务业集聚。西郊国际金融产业园成功引入交银系、建信系、东航系等一批优质金融企业入驻。

三、西虹桥片区

（一）产业平台集群发展

围绕虹桥国际开放枢纽大交通、大会展、大商务等主要功能，加快推进重大功能

图1-6 国家会展中心（上海）

平台和载体建设。

1. 会展产业平台

西虹桥片区坐拥147万平方米国家会展中心（上海），是进博会永久会址。一方面，国家会展中心与国际展览、英富曼、云上会展、中贸美凯龙等10家会展行业领军企业签署合作协议，引进会展及会展相关企业超160家，形成会展场馆方、会展主办方和会展配套服务企业全产业链，在9月24日虹桥国际中央商务区重大项目集中开工仪式上，"虹桥国际会展产业园"正式揭牌，为打造国际会展之都提供有力支撑。另一方面，国家会展中心密集的展期带来了巨大的客流和商机，周边集聚20万平方米高端酒店、3万平方米会务场地等会展配套服务资源，酒店业、餐饮业、休闲娱乐等产业发展，进一步推动百老汇文化演艺综合体、宝龙虹桥国际文化艺术城等重大项目落地，并成功创建青浦西虹桥环国家会展中心都市旅游区为上海市全域旅游特色示范区域。此外，上海市贸促会联手阿里巴巴集团在西虹桥片区打造"云上会展第一平台"，充分发挥西虹桥会展行业资源集聚优势、阿里巴巴在数字新基建领域的核心技术优势，打造覆盖全行业的云上会展新业态，为中小企业提供一个线上线下融合的会展平台。

2. "联采项目"信息平台

"联合国/国际组织可持续采购服务、信息分享与能力建设项目"（联采项目），落地徐泾镇同联创新产业园区，是联合国机构在亚洲首次实施的以促进企业参与国际公共采购市场的国际合作示范性项目。"联采项目"信息平台1.0版本已启动建设。在线上，1.0版本的信息平台将实现"1+3+1+X"功能，即"联合国风采展示；信息发布、线上培训、活动报名；数据分析；多功能端口"，用户可在"联采项目"官网上做到对联合国采购信息的"一网通览"。在未来的建设过程中，将着力引进更多联合国机构、国际组织在项目区域设立其亚洲区域采购总部或运营中心。以"联采项目"为抓手，完善国际采购产业链，围绕联合国采购所涉及产业链特点及配套需求，引进信息服务业、检验检测、冷链物流、金融、咨询、贸易代理等配套服务产业，形成国际贸易、产品研发、高端服务集聚的国际公共采购服务集聚区。

3. 推动总部经济集聚

高标准推进"虹桥国际中央商务区打造长三角民营企业总部集聚区推介及项目洽谈会上海专场"各项筹备工作。注册资金过亿元的项目21个，重大项目包括长三角一体化示范区水乡客厅建设有限公司、长三角一体化示范区新发展建设有限公司、长三角西岑科创经济发展（上海）有限公司等，加快推进美的集团国际总部、安踏全球零售总部等民营企业总部，11家企业获得市级民营企业总部认定；着力打造以美的集团为代表的研发总部、以银科控股为代表的金融科技总部、以旷视科技为代表的人工智能总部、以库克医疗为代表的医疗器械总部、以中核建为代表的核建科技总部、以威马汽车为代表的新能源科技总部、以安踏集团为代表的体育产业总部、以"国惠环境"为代表的生态科技总部等，推动形成"科技型总部"与"商贸型总部"齐头并进的发展格局。

4. 搭建科创、文化、康养医疗、产业互联网等产业平台

引入高分遥感、核建科技、新能源汽车、人工智能等战略新兴产业，自主开发建设的西虹桥科创中心已开始动工；依托区域资源禀赋和产业优势，西虹桥片区以水环和绿环串联起百老汇文化演艺综合体、蟠龙古镇、虹馆演艺中心、博万兰韵非物质文化遗产展示中心、世界你好美术馆、手工艺博览园等文化空间，形成"珠链式"文化空间布局；响应上海市政府打造"全球电竞之都"的号召，在上海电竞协会支持下，与灿辉国际合作建设电竞产业园，是线下实体赛车模式向线上赛车游戏拓展的成功案例；建成小咖云数字康养产业园，已有日本国际介护协会ICA等40家康复辅具产业、康养产业企业机构签约入驻；引进医疗产销一体化跨国集团库克医疗，在西虹桥打造库克中国园区；联合爱姆意云商、上海国拍联合成立上海产业互联网公司，加速汇集国内头部B2B企业，为上下游企业提供数字化产业对接服务，构建长三角产业互联网

总部基地。

5.加快千百亿产业平台建设

2021年，有序推进上海商贸服务型国家物流枢纽建设，快递物流业务收入1 377.31
亿元，增长22.8%；积极打造"长三角数字干线"，软件信息业销售额达758亿元。市
西软件信息园内落户企业近400户；北斗导航累计注册企业292家，营业收入54.7亿元
增长40.3%；跨境电商平台实现订单数786.21万单。中国北斗产业技术创新西虹桥基
地、银科金融中心、西虹桥商务区、市西软件园成功申报市服务贸易示范基地。

（二）承接进博会溢出效应

中国国际进口博览会已成功连续举办四届，参展企业数、签约展览面积和成交额
不断增大，累计成交额超2 000亿美元，第四届进博会"首单"的"首照"和"首证"，
均落地西虹桥。一是依托区域楼宇载体资源，借力青浦区对接"6+365"政策，已引进
国家会展中心（上海）、绿地全球商品贸易港、东浩兰生进口商品展销中心、小咖国际
康养产业创新园、国际时尚创意展示交易中心等"6+365"常年展示贸易平台，已有
欧美工商会、新加坡商会、南非跨境电商协会等30多家贸易机构入驻西虹桥。绿地贸
易港已吸引76个国家和地区的180多家客商入驻，设立63个国家馆，引进进口商品9

图1-7 多国贸易商会入驻启动仪式

万余件，平台累计交易规模超过500亿元；东浩兰生进口商品展销中心获市商务委授牌"上海国际进出口商品展示交易中心"，已有近200家企业入驻。引进国家会展中心境外商协会共享办公平台，建设虹桥海外贸易中心分平台，为海内外贸易机构、组织、重点企业等提供空间支持、公共配套福利和综合资讯服务。二是鼓励青浦绿地贸易港Ghub小程序平台建设，实现数字化贸易、招商、展会、营运等功能，进博会专业观众邀请码已经和进博会官网对接，下游商品撮合功能已上线，动态更新品牌和商品，组织相关推介会，上线商户注册与数字化服务流程以及数字化展会招展功能，打造掌上进博交易平台。

（三）推动楼宇经济提质增效

积极探索产业空间管理的弹性和包容性，整合多方资源，打造功能复合、创新灵活的产业空间。出台楼宇招商专项支持政策，为每栋楼宇配备楼长，编织楼宇精准"画像"，组建联合招商队伍，与楼宇联合开展招商、招租，提供工商、税务一条龙服务。以楼宇清源行动作为工作重点，以杜绝新增异地企业为底线，有序推进属地化进程。全域楼宇总面积153.5万平方米，培育亿元楼4栋（麦迪睿、e通世界、虹泾、同联），市、区特色产业园区9家（其中7家为楼宇企业），属地注册率累计提升了近8%。e通世界、同联等104区块存量楼宇加快转型升级，传统工业厂房正往可移动式建筑、青年创客聚集地、体育产业配套空间、电商摄影配套空间等方向优化布局。德真、太睿、鸿林、虹泾等新建楼宇加快提升产业能级，确立了精准医疗、电子商务、人工智能、互联网＋等新兴产业发展方向。麦迪睿医械e港、迪丰、碧创空间等加快构建创业孵化体系，产业园中园特色进一步凸显。

四、北虹桥片区

北虹桥片区是虹桥国际中央商务区重要北部板块，是落实虹桥国际开放枢纽国家战略的重点区域。整体位于嘉定区江桥镇，区域面积42.32平方千米。该镇下辖17个行政村，共有42个社区，截至2021年8月，全镇实有人口33.6万。北虹桥片区区位优势显著，交通设施便利，陆轨空三位一体，嘉闵高架、沪宁高速公路、曹安公路（312国道）、外环线等穿越而过，轨交13号线、14号线、嘉闵线等3条轨道交通线共同构成了四通八达的交通网络。根据"开放北虹桥，创新领航地"的新发展定位，北虹桥片区将立足打造创新经济集聚区、中央商务配套区和高品质国际化社区，全力加大招商引资力度，全面提升城市整体能级。

（一）总体发展情况

2021年1—12月，全镇完成入库税收45.32亿元，同比增长10.7%，剔除7.6亿元车辆购置税，同比增长24.2%；完成镇级预算内财力8.6亿元，同比增长12.6%；完成工业总产值199.6亿元，同比增长18.7%；完成商品销售总额285.5亿元，同比增长10.4%；社会消费品零售总额完成94.3亿元，同比增长6%；完成固定资产投资69.2亿元，同比增长42.5%；实现战略性新兴产业产值68.6亿元，同比增长26.1%。

1. 加快产业空间建设

北虹桥片区以"一区、一城、一湾"为重点，重塑发展空间，强化产业功能，把握好区块协同和持续发力，构建高质量发展的强大引擎。

"一区"，即北虹桥区域开发建设项目，一期总占地约1.83平方千米，高标准打造"功能优势显著、产城融合发展、区域特色鲜明"的城市更新标杆项目，建设成为具有北虹桥特色的科创中心产业新高地和现代服务业集聚区。项目征收涉及农户502户，已完成农户签约496户，签约率达98.8%。项目征收涉及企业124家，已完成签约121家，完成率97.6%。

"一城"，即上海临港嘉定科技城，总面积2.75平方千米，是临港集团与嘉定区依托"区区合作，品牌联动"机制，合力建设的园区转型示范项目，是首批纳入上海"3+5+X"重点转型的园区之一，是北虹桥创新经济科研成果转化和产业要素对接的重要承载区。重点聚焦生命健康、新一代信息技术、智能制造及服务三大领域，推进园区整体转型升级，建设新一代科创产业社区。一期项目已于7月2日开工建设，已有生物医药领域江苏德威兰、舶望医疗，数字经济领域天下秀集团下属子公司上海我爱我秀，新一代信息技术领域恒时计算机等重点项目落户园区。并正在积极推进天下秀集团华东区总部整体规划和积惠多科技上市后总部大楼落地江桥等重要工作。截至2021年12月，累计注册企业344家。

"一湾"，即虹桥新慧总部湾，总占地18.67万平方米，总建筑面积约37.3万平方米。分三期开发建设，一期7个项目已完成土地出让，7个项目已开工，还储备了澳海集团、亚细亚研发中心、仪菲美妆总部等12个总部项目，着力打造成为嘉定区"五型经济"重要承载区和"总部集聚标杆地"。

园区2021年完成蓝科项目地块的土地出让。其中，雅运染整总部、盈创互联网总部、瀚讯无线技术、惠柏新材料、易谷通讯、致达、蓝科环保科技等7个项目地块有序建设中。同时，澳海集团总部、凯利集团总部2个项目已完成区级准入并深化设计方案

图1-8　西郊商务区图片

图1-9 临港嘉定科技城效果图

图1-10 虹桥新慧总部湾效果图

中。随着园区招商能级的不断提升，成立了园区管理委员会，今年园区项目税收准入标准从4 499.98元/平方米，提高到8 999.96元/平方米，并明确了按项目进展阶段缴纳税收的基本原则。

除了三大重点区域外，同步在推零星产业区块的研发总部、工业和商办项目。其中，研发总部项目：华住酒店集团项目楼外装饰施工中，康德莱医械基地二次结构施工中，新东锦总部项目成片开发方案正在加快编制中；工业项目：重塑研发生产中心项目正在进行规划调整；商办项目：澳康达高端二手车项目已完成95%，室内精装修工程完成75%；国泰创新中心项目完成桩基工程90%。

2. 全面开展招商引资

一是优化招商工作机制建设。建立招商专班，配足配强招商人员，一周召开一次工作例会，及时对接项目、跟踪项目情况，形成长效工作机制。聘请招商专家智囊团，发挥智库力量在谋划招商思路、选定招商方向、评估招商项目等方面的重要作用，定期为招商人员开展系统培训，全面提高区域招商队伍素质和能力。二是强化总部经济带动作用。北虹桥现有各类总部企业31家，其中上市公司10家，正在筹备IPO的4家，在行业细分领域头部企业10家。国泰上海中心已开工，仪菲总部加速落地，着力将淘美妆商友会打造成全球化妆品中小品牌孵化第一站。三是深耕细作三大产业平台。北虹桥医疗器械产业平台，已入驻包括璞美医疗、璞康医疗、诺昕医疗等12家企业，加快推进动物实验中心建设，建成后将处于国内一流，国际领先水平。泛娱乐产业平台，聚焦内容识别及出海服务，目前通过平台引进企业总数达到120家。调味品产业平台，加强与太太乐集团和调味品协会的紧密合作，目前总计引进35家企业。四是拓展优质招商平台。抓住上海全面推进城市数字化转型、虹桥国际中央商务区打造全球数字贸易港的契机，加快布局数字化产业，推进三大创新服务平台建设。长三角数字版权贸易服务中心平台与国家对外文化贸易基地、国家版权贸易基地（上海）深入合作，加快推进数字文化内容出海工作。上海网络游戏协会平台正办理迁移落户手续，打造游戏行业培训、调研、服务一体的综合性平台。上海（虹桥）高新技术成果转化基地与中国高科技产业化研究会紧密合作，打造科技企业发展加速器。

（二）重点领域发展情况

一是城市道路体系逐步完善。衔接轨交13号、14号线以及市域铁路嘉闵线（在建），全面提升公交换乘、绿化环境、站点开发等能级水平，实施曹安路沿线综合提升工程。区区对接道路华江路桥、纪鹤路桥、临洮路桥均已顺利通车，打通江桥镇与虹桥国际中央商务区地面交通道路，进一步完善路网体系。二是城市风景更加靓丽。依托进博会的成功举办，聚焦道路整修、墙面美化、户外广告专项整治等重点内容，区域整体环境面貌显著提升。持续推进"五廊一片"生态廊道建设，完成华翔路、金沙江西路等沿线绿化景观升级改造。三是医疗教育更加均衡。加快推进教育现代化建设，深化教育领域综合改革，大力引进优质教育品牌，不断优化教育资源布局；全面提升医疗卫生服务能级，上海市第一人民医院嘉定分院投入运营，紧密型医联体建设步伐不断加快，"3+X"新型家庭医生签约服务模式实现全覆盖，分级诊疗体系不断健全。四是文化产业布局渐成规模。推动北虹桥海派特色文化产业发展，吴淞江文化创意产业带围绕"文化旅游、文教休闲、文创科技"，成功入驻北虹桥时尚产业园、海上轩海派红木家具馆、中国国家画院艺术交流中心上海（嘉定）基地、北虹桥体育中心等主体。五是智慧城市建设逐步推进。完成17个村、41个社区综治中心和"街镇—村居"视频会议系统建设，实现街镇与村居综治中心的可视化联动。完成110个封闭式小区及农村居住地的智能安防建设，实现人脸抓拍、车辆抓拍等安防功能，江桥镇的110报警数降幅明显。

第四节 重大举措

《总体方案》发布以来，虹桥国际中央商务区显示度和影响力正加快形成。2021年上半年，商务区的生产总值、税收收入、商品销售额、新增注册法人企业数等主要经济指标呈现出强劲的增长趋势。2021年9月7日，《规划》发布，一批政策措施落地实施，作为动力核、"极中极"的虹桥国际中央商务区掀起虹桥国际开放枢纽建设高潮。2021年9月24日，虹桥国际中央商务区"三个一批"重大项目集中启动，总投资超302亿元的一批（40个）重大项目集中签约、总投资290亿元的一批（20个）重大工程集中开工、一批（9个）重要功能性平台集中揭牌。

一、政策措施

（一）开创建设国际开放枢纽

虹桥国际中央商务区自2009年设立以来，规划一以贯之地强调依托综合交通枢纽优势，着力提升现代服务业和国际贸易功能打造，凸显大交通、大商务、大会展特色，并进一步聚焦"五型"经济（创新型经济、服务型经济、开放型经济、总部型经济、流量型经济），逐步形成"一区五新"总体发展框架，即构建以一流的国际化中央商务区为承载主体，打造开放共享的国际贸易中心新平台、联通国际国内综合交通新门户、全球高端要素配置新通道、高品质的国际化新城区、引领区域协同发展新引擎等五大特色功能，成为虹桥国际开放枢纽核心承载区。

同时围绕全力打造一流的国际化中央商务区、全力打造进出口商品集散地、全面建设开放共享的国际贸易中心新平台的工作目标，以政府资金、土地资源为抓手，虹桥国际中央商务区政府投资项目聚焦基础设施、公共服务、生态环境建设等领域，做好基础设施和功能环境打造。围绕全力打造"一区五新"的商务区发展定位，强化资金、土地等要素资源聚焦重点领域重大项目，以重大投资带动区域经济稳定增长和转型发展，服务全市经济发展新格局。

截至2021年年底，商务区内已形成虹桥海外贸易中心、长三角会商旅文体示范区联动平台、虹桥新地外资企业总部园等一批园区、平台、楼宇，其中为积极推进虹桥国际开放枢纽建设、着力打造国际化中央商务区和国际贸易中心新平台、主动承接进口博览会的溢出效应，构建了虹桥进口商品展示交易中心、绿地全球商品贸易港等进博会常年展销平台；以长三角虹桥·嘉善国际创新中心为代表的长三角共建平台；以上海阿里中心智慧产业园、京东（虹桥）跨境贸易数字经济中心等为代表的全球数字贸易港承载平台。形成了以上海虹桥临空经济示范区、上海新虹桥国际医学中心为代表的特色产业园区；以世界手工艺产业博览园为代表的特色文化园区。在商务区核心区建设了以虹桥海外贸易中心、长三角会商旅文体示范区联动平台等为代表的特色楼宇。"十四五"期间，虹桥国际中央商务区将在高能级主体集聚、现代产业经济集群初显、带动区域经济高质量发展的引领力增强、核心功能显著提升的基础上，全面确立中央商务区和国际贸易中心新平台功能框架和制度体系，显著提升综合交通枢纽管理水平，充分发挥服务长三角和联通国际的作用，基本建成虹桥国际开放枢纽核心承载区。

（二）构建开放贸易新平台

为进一步做强高端商务功能，服务长三角区域一体化高质量发展国家战略，充分承接和放大中国国际进口博览会溢出效应，集聚全球资源，提高国际贸易能级，虹桥国际中央商务区正全力建成高质量国际化的中央商务区，积极打造国际贸易新平台、承接和放大进口博览会溢出效应等功能性平台及平台入驻企业。虹桥国际中央商务区将推动形成"一地（进口商品集散地）、一港（全球数字贸易港）、一区（新型国际贸易总部集聚区）、一都（国际会展之都）"与两个市场（上海国际技术交易市场、上海国际医药医械交易市场）引领的"4+2"进口贸易促进创新示范格局，稳步扩大进口规模，持续优化进口结构，逐步提升进口能级。

商务区一方面支持虹桥海外贸易中心等符合国际贸易中心新平台要求的功能性平台建设，进一步整合国际贸易资源，集聚高端商务要素和国际商务活动，营造适合国际贸易发展的环境，提升国际化商务功能能级；另一方面鼓励承接和放大中国国际进口博览会溢出效应的功能性平台建设，如虹桥进口商品展示交易中心等平台，聚焦商品贸易、服务贸易、技术贸易等内容，发挥虹桥国际中央商务区对国际国内两大市场的枢纽功能，进一步做强引领和辐射能力。与此同时，推进打造"数字贸易国际枢纽港"功能性平台建设，强化虹桥国际中央商务区国际开放枢纽功能，推动建设数字贸易跨境服务功能区，依托数字贸易公共服务平台建设，开通上海数字贸易促进平台虹桥分站，助力智慧虹桥发展，允许符合条件的境外企业提供数字贸易增值服务，结合长三角城市群合作平台构建加快形成资源配置和服务功能，探索形成高水平的跨境数据流动开放体系。

作为全球顶尖商品、技术和服务的展示与交易平台，连接中国和全球贸易的开放平台，进博会正在吸引越来越多的新老朋友，为全球企业开展贸易、加强合作开辟新渠道，提供中国机会。同时，虹桥国际中央商务区将借助"6天+365天"常年交易服务平台，放大进博会溢出效应的核心载体，持续释放"永不落幕"的进博会影响作用，促进全球贸易的集聚和升级，打造开放共享的国际贸易中心新平台。

（三）引领长三角一体化区域联动发展

区域联动协调全面提升虹桥地区的核心竞争力，提高交通和公共服务水平，推动产城融合，增强长三角地区辐射带动力。虹桥国际中央商务区依据目标定位、功能结构、空间组织、交通组织、品质提升进行再思考和新规划，在原主功能区和拓展区的基础上，形成核心区、机场片区、西虹桥、南虹桥、北虹桥和东虹桥六大片区的总体空间格局，并对各片区功能进行提升。其中，六大片区的核心区重点塑造面向国际、服务长三角的商务区和交通枢纽，机场片区主要以机场功能为主，西虹桥在会展功能基础上拓展贸易和消费功能，南虹桥体现公共服务创新示范功能，北虹桥营造创新产业特色功能，东虹桥发展航空创新服务。片区之间以生态网进行渗透，各片区内部强调居住和就业功能融合，并结合地区中心和社区中心设置，提高公共服务水平。

目前虹桥主城片区已初步形成"一网、六片、多组团、多中心"的空间结构，各空间单元功能互补、错位发展。其中，"一网"即生态空间网和城市空间网深度融合发展；"六片"即核心区、机场片区、西虹桥片区、南虹桥片区、北虹桥片区和东虹桥片区六大片区协调发展；"多组团"即各片区内部各组团的功能混合和空间混合，职住平衡和设施共享效应初步显现，空间布局愈发合理；"多中心"即虹桥主城副中心、3个地区中心和12个社区中心的公共活动中心体系，正在逐步实现公共服务均等化，以满足不同单元的公共活动和公共服务需求。

《总体方案》明确要致力打造虹桥国际开放枢纽，建设国际化中央商务区和国际贸易中心新平台，着力提升服务长三角和联通国际能力，以高水平协同开放引领长三角一体化发展。明确了虹桥国际开放枢纽"一核两带"发展格局。"一核"即上海虹桥国际中央商务区，北向拓展带，包括虹桥—长宁—嘉定—昆山—太仓—相城—苏州工业园区；南向拓展带，包括虹桥—闵行—松江—金山—平湖—南湖—海盐—海宁。

作为"长三角城市群联动发展新引擎"，虹桥国际中央商务区立足区位优势，做好服务引领，发挥长三角桥头堡优势，大力支持服务长三角一体化发展国家战略的功能性平台建设，充分发挥服务长三角和联通国际的作用，促进长三角城市产业联动、企业互动和人员走动，推动长三角高质量一体化融合发展。商务区推动服务长三角一体化发展国家战略的功能性平台建设，包括大力发展长三角区域城市展示中心、长三角会商旅文体示范区联动平台、长三角电商中心等平台，充分发挥平台服务长三角、服务全球优势，集聚资源，提高国际贸易能级，引领长三角地区更高质量一体化发展，力争打造成为高质量国际化的中央商务区。

（四）多角度打造友好营商环境

虹桥国际中央商务区统筹推进，充分发挥各区、相关企业、平台及重点产业园区能动性，聚焦重大产业、重点项目、重大平台，着力区域经济密度提升和功能打造，如支持高端国际化会展引进和数字云会展发展，支持企业年会、新品发布会等在商务区举办，发挥会展对经济1:9的推动作用；加快虹桥品汇二期建设。统筹协调酒店、餐饮、交通等综合服务配套。全力打造虹桥"全球数字贸易港"；统筹组织各类商务活动，举办虹桥国际美食节、进博好物节、跨境电商发展高峰论坛等活动，营建商务区产业发展环境氛围，营商环境显著提升。

鼓励环境营造项目。对虹桥国际中央商务区重点公共区域高品质的环境营造，以提高虹桥国际中央商务区的知名度、美誉度与影响力为目的的宣传推介活动、媒体推广活动、宣传载体建设、论坛等活动及宣传推广其他项目予以支持；对重点主题具有影响力的宣传推广、合作交流活动项目予以支持；对企业组织的对商务区有整体影响力的宣传项目给予支持，鼓励虹桥国际中央商务区范围内的社会组织参与商务区宣传推广和活动策划。

支持公共服务项目。对于完善社会事业发展和公共服务设施的项目，有助于优化商务区金融服务环境建设以及有助于优化产业、人居和自然生态环境建设等公共服务项目给予支持。围绕相关主题进行的发展评估、效果监测、成果著作等项目予以支持。支持社会力量在虹桥国际中央商务区新建文教卫体等非营利性、公益性的社会公共配套项目以及停车设施管理项目，进一步提升商务区功能和人文环境建设。

开展"会商旅文"建设项目。鼓励企业和机关及其他社会组织等市场化主体积极参与虹桥国际中央商务区"会商旅文"建设，对在虹桥国际中央商务区举办的具有示范和宣传推动作用的文化项目、商旅项目以及相关主题活动和大型演出等给予支持；鼓励虹桥国际中央商务区所涉及的部门搭建招商推介平台，针对为虹桥国际中央商区招商引资举办的具有特色并取得显著效果的招商推介活动给予支持。

（五）创新服务模式集聚海内外人才

为进一步加快区域功能打造，切实优化营商环境，加快推进虹桥国际中央商务区功能性平台建设，更好地服务入驻企业，虹桥国际中央商务区统筹四区，为企业及其人才营造良好的商务配套和生活环境，完善人才公寓管理体系和管理制度，创新服务模式集聚海外人才，建设虹桥国际商务人才港。2018年以来共计发放外国人来华工作许可证955件。商务区现有人才公寓1 673套，2017年以来总计实际配租1 686套人才公寓。

虹桥国际中央商务区人才安居房源配租。为满足上海虹桥国际中央商务区人才居住的需求，为企业及其人才营造良好的商务配套和生活环境，虹桥国际中央商务区对符合申请条件的单位及个人，提供人才安居房源；对符合特殊条件的单位，提供重点保障房源。同时优先安排入选中央和上海市"千人计划"引进人才、上海市领军人才和特殊专业人才、紧缺人才以及重点项目企业中高层管理人员入住非公租房性质房源。通过个人资格预审、单位申请、管委会拟定并审议执行房源额度分配方案、企业内部确定入住和轮候名单、入住人员资格审核、单位与房源运营方签订租赁合同等流程进行申请及配租。虹桥国际中央商务区人才公寓配套不断完善，在做好现有房源配租的基础上，积极拓展市场化房源，推动地产虹桥G1MH-0001单元III-T01-A02-02地块318套及乐贤居二期总建筑面积近10万平方米约1 700套、临空园区总建筑面积378 371.46平方米约5 183套等人才公寓加快建设。同时结合"十四五"规划制定，管委会协调推动与国际一流商务区相适应的大型文体设施落址虹桥国际中央商务区。努力提升商务区商业能级，全方位营造高水平、高品质营商环境。

外籍人才在沪办理工作许可。为进一步推进虹桥国际中央商务区发展长三角制造业企业总部基地和产业集聚发展，加大虹桥国际中央商务区人才引进力度，落实好长三角一体化的要求，依据上海市人力资源和社会保障局、上海市外国专家局《关于外籍高校毕业生来沪工作办理工作许可有关事项的通知》（沪人社规〔2017〕25号）和《关于支持虹桥商务区外国人才引进的通知》，允许注册在长三角的企业聘雇的长期工作在虹桥国际中央商务区功能性平台备案企业的外国人就近在沪办理外国人工作许可。同时对于在上海地区高校毕业且拟应聘在虹桥国际中央商务区工作的外籍高校毕业生，以及在虹桥国际中央商务区跨国公司地区总部、投资性公司和外资研发中心聘用的世界知名高校优秀应届毕业生，经上海虹桥国际中央商务区管理委员会出具证明，学历放宽至本科及以上学历，可申请办理外国人来华工作许可手续。

二、重大工程

2021年集中开工的20个重大工程建设规模190万平方米，总投资额为290亿元，涉及产业、民生、市政配套等，其中八成为生物医药、文创电竞、科技研发等产业。包括闵行片区的虹桥前湾印象城、威高（上海）国际研究院等5个项目，东虹桥片区的联影智慧医疗产业园、包玉刚实验学校改扩建等6个项目，西虹桥片区的百老汇文化商业综合体、徐泾镇老集镇"城中村"A6c-06地块住宅等5个项目，北虹桥片区的国泰上海中心、上海临港嘉定科技城一期等5个项目，这些对商务区扩大有效投资、优化产业功能布局、培育新的经济增长点具有重要意义。

威高（上海）国际研究院项目落户闵行片区的虹桥主城前湾，规划打造"一个总部、一个平台、四个研发中心、四个运营中心、一个共享创新中心"的产业布局，重在提高自主创新能力，打造具有特色的综合服务平台。该项目是威高为实现战略规划加快国内布局而走出的重要一步，确保威高在医疗器械领域能持续推陈出新，同时威高将立足大虹桥，以上海为桥梁，融入全球化，扩展国际贸易，开辟更加广阔的国际市场。

国泰集团是全国纺织服装出口龙头企业之一，此次国泰上海中心项目成功落地嘉定片区，是虹桥国际中央商务区与苏州、张家港市一体化融合发展道路上的新成果，为商务区坚持高质量发展、打造高品质生活提供了新的动力。未来企业将在商务区打造服装时尚产业园，开展服装设计、纱线面料研发、产品展示、国际商务洽谈，将业务核心扎根商务区，生产制造辐射长三角各个城市，为全球客户提供一站式服务。

三、重大项目

2021年9月集中签约的40个重大项目总投资超302亿元，涉及总部经济、创新经济、数字经济、贸易及高端服务。其中南虹桥片区、东虹桥片区、西虹桥片区、北虹桥片区各有10个项目。包括南虹桥片区的恒力能化（上海）贸易有限公司、上海一繁商业管理有限公司等10个项目，东虹桥片区的上海虹桥国际机场有限责任公司、英格卡购物中心（中国）管理有限公司等10个项目，西虹桥片区的银科创展长三角保险科技与新经济产业基地、国惠环境上海总部等10个项目，北虹桥片区的蔚来国际业务总部、重塑新能源电堆生产研发中心等10个项目。这批项目是商务区为建设虹桥国际开放枢纽抓招商、引项目、促投资的阶段性成果，为推动上海高质量发展、构筑发展新优势注入新动能。

作为长三角一体化发展的重要承载区，商务区优质的营商环境和服务配套，以及联通全球的区位优势和活力十足的发展潜能，对外资企业有着绝佳的吸引力。2021年《总体方案》发布，进一步夯实了企业扎根大虹桥的信心。英格卡购物中心（中国）管理有限公司作为英格卡购物中心中国区总部，落户东虹桥片区。总部落成后，这里也将成为英格卡集团在全球范围内容纳员工数最多的办公基地之一，方便企业结合自身经验，依托商务区优质资源，共同探讨包括智慧零售、绿色零售等在内的零售行业发展新趋势，助力商务区打造国际化购物消费新地标。

蔚来是全球领先的智能电动汽车企业，《总体方案》提出要建设高标准的国际化中央商务区，这与蔚来国际业务总部的定位相契合。此次蔚来国际业务总部落户北虹桥片区，建设规模超过17万平方米，包括研发、办公、展示等功能的国际业务总部园区，未来将集聚更多国际人才，进一步提升区域创新能力。与此同时，蔚来的国际化战略也会为商务区的双向开放、提高对外开放水平贡献力量。

四、平台建设

自国务院批复《总体方案》以来，商务区管委会、市各相关部门和单位、各相关区建立机制、明确分工、细化方案，推动政策落地、启动项目实施、抓紧平台打造，各项工作扎实推进。《总体方案》明确的33个功能性平台中，涉及中央商务区的25个功能性平台在市区部门的推动下加速落地，80%的任务取得实质性进展。南虹桥片区聚焦资源要素，着力推动总部经济集聚和功能平台建设，聚焦前湾地区打造产业集群化发展和城市功能配套；东虹桥片区聚焦临空经济示范区，突出航空要素，着力推动临空经济、数字经济、智能互联等产业发展；西虹桥片区聚焦会展商务和商贸物流的核心定位，着力推动会展商务和北斗导航等平台和产业发展；北虹桥片区聚焦创新经济，依托制造业基础和土地二次开发，着力推动科创、商务、贸易和居住功能。

2021年9月，为加快虹桥国际中央商务区建设打造国际开放枢纽，商务区管委会立足151.4平方千米范围，按照"政府主导、企业主体、政策支持、各方参与"的原则，以"更高开放度、更高集聚度、更强竞争力"为标准，深入挖掘、培育重点功能性平台项目，对9个落地虹桥国际中央商务区的功能性平台进行集中揭牌。这些平台聚焦发展总部经济、平台经济、数字经济、会展经济，包括南虹桥片区的虹桥国际商务人才港、虹桥国际中央法务区、虹桥生物医药研发总部功能区，东虹桥片区的虹桥临空数字经济产业园、虹桥临空跨国公司（总部）科创园，西虹桥片区的虹桥国际会展产业园、虹桥e通世界智慧物流产业园，以及北虹桥片区的欧享家（虹桥）国际品牌家居博览汇、虹桥新慧总部湾，加快商务区打造具有集聚辐射带动作用的高端资源要素和高端服务产业集群。

其中为贯彻落实《总体方案》中提出的"创设虹桥国际商务人才港，大力吸引专业性、国际化、创新型人才"的要求，商务区管委会推动市人力资源保障局和闵行区人民政府，在申昆路片区打造国家级人力资源服务产业园。同时，在产业园主楼建设集公共服务中心、共享服务中心、企业集聚中心等"三大功能"于一体的"虹桥国际人力资源服务中心"，作为人才港实体化运作的重要载体，提供注册帮办、税务指导、人才落户、海外人才引进、就业指导等全方位的行政资源配套和企业运营服务，着力推动人力资源产业集聚，实现人力资源服务系统化、国际化发展，辐射带动长三角人才互通。现已成功落地CDP集团、安捷尔、圣源复、中蕴企业服务等逾30家知名人力资源公司或新业务板块。

商务区推动成立的虹桥临空数字经济产业园位于上海虹桥临空经济示范区内，规划面积2.74平方千米，作为"虹桥智谷"国家双创示范基地在西部地区的重要支撑，是目前上海市授牌的四个（张江、虹桥、市北、杨浦）数字经济产业园之一。虹桥临空数字经济产业园以上海虹桥临空经济示范区为发展依托，充分发挥枢纽经济的区位优势、流量优势、平台优势，顺应高质量发展新要求和技术赋能新趋势，推动传统支柱产业向高端化、智能化方向转型升级，深度打造数字经济产业新高地。产业园目前已形成数字创意、数字出行、数字健康、人工智能等特色数字产业和形态，集聚携程、联合利华、爱奇艺、科大讯飞、联影等一批优质数字经济企业，助力虹桥国际开放枢纽建设，为商务区打造全球数字贸易港赋能。

第二章　虹桥国际开放枢纽建设

第一节　总体情况

2021年2月，《总体方案》由国务院批复、国家发展改革委印发。3月2日，国家推动长三角一体化发展领导小组办公室召开动员大会，上海市、江苏省、浙江省、安徽省共同承办。会议强调，要深刻把握党中央布局建设虹桥国际开放枢纽的重要战略意图，全力推动《总体方案》落实落地，加快形成携手共建虹桥国际开放枢纽的生动局面。

一、出台背景

2018年11月5日，习近平总书记在虹桥国际中央商务区出席首届中国国际进口博览会时宣布，支持长江三角洲区域一体化发展并上升为国家战略。2019年5月，党中央、国务院印发《长江三角洲区域一体化发展规划纲要》，明确提出打造虹桥国际开放枢纽。2021年2月，国务院批复《总体方案》，明确了虹桥国际开放枢纽建设的指导思想、发展目标、功能布局和主要任务，标志着虹桥国际开放枢纽成为继自贸试验区临港新片区、长三角生态绿色一体化发展示范区之后，上海落实长三角一体化发展国家战略的又一重要承载地。

虹桥地区位于上海中心城区西侧，是长三角城市群的交通网络中心和经济地理中心。依托区位和功能优势，虹桥地区从世界最大的综合交通枢纽发展为现代化国际中央商务区，继而以世界最大的单体会展建筑国家会展中心为载体，成功举办四届进博会，持续放大进博会溢出效应，推动虹桥国际中央商务区成为联动长三角、服务全国、辐射亚太的进出口商品集散枢纽。2019年，根据党中央、国务院战略部署，上海市委、市政府印发《关于加快虹桥商务区建设打造国际开放枢纽的实施方案》，进一步加快国际化中央商务区、国际贸易中心新平台和综合交通枢纽建设,为承担国家赋予的虹桥国际开放枢纽功能奠定了基础。

二、总体考虑

虹桥国际开放枢纽以空铁复合、海陆通达的综合交通枢纽为联动纽带,以创新型、服务型、开放型、总部型、流量型"五型经济"为特征的产业升级枢纽为发展载体,以面向国际国内两个扇面的资源配置枢纽为核心功能,兼具对内吸引集聚和对外辐射带动作用,是继经济特区、沿海开放城市、国家级新区、自贸试验区之后一种全新的开放形态,在全国开放格局中将发挥独特作用。

在当前构建新发展格局的过程中,虹桥国际开放枢纽将努力成为一个重要平台,即着力打造国内大循环的一个关键节点、国内国际双循环的一个枢纽链接。具体来看,"关键节点"就是要更好发挥虹桥国际开放枢纽大交通、大会展、大商务的功能优势,为推动长三角更高质量一体化发展贡献"虹桥力量",有力带动更广阔的国内大循环。"枢纽链接"就是要更好发挥虹桥国际开放枢纽搭建平台、提供通道、编织网络的枢纽作用,在国内国际双循环的资源要素流动和汇聚中架起"彩虹桥"、建立"超链接",代表国家参与国际竞争与合作。"关键节点"和"枢纽链接"相互依存、相互支撑、相互促进,赢得开放发展的战略主动,率先探索服务构建新发展格局的有效途径。

三、主要内容

《总体方案》系统构建了虹桥国际开放枢纽的顶层设计和四梁八柱,在空间、内涵、能级等方面进行全方位拓展和战略性提升,主要包括七个方面内容。第一部分是"建设背景",阐述打造虹桥国际开放枢纽的发展基础和重要意义。第二部分是"总体要求",提出打造虹桥国际开放枢纽的指导思想、发展目标和功能布局。第三部分至第六部分,围绕若干重点领域明确打造虹桥国际开放枢纽的具体路径和政策举措。第七部分是"保障措施",明确工作机制和要素支撑,确保各项政策措施落实落地。

四、特色亮点

《总体方案》的突破和亮点可概括为"1234"。

"1"和"2"是指虹桥国际开放枢纽"一核两带"功能布局。"一核"是上海虹桥国际中央商务区,面积为151.4平方千米,主要承担国际化中央商务区、国际贸易中心新平台和综合交通枢纽等功能。"两带"是以虹桥商务区为起点延伸的北向拓展带和南向拓展带。北向拓展带包括虹桥—长宁—嘉定—昆山—太仓—相城—苏州工业园区，重点打造中央商务协作区、国际贸易协同发展区、综合交通枢纽功能拓展区；南向拓展带包括虹桥—闵行—松江—金山—平湖—南湖—海盐—海宁，重点打造具有文化特色和旅游功能的国际商务区、数字贸易创新发展区、江海河空铁联运新平台。从空间上看，"一核两带"功能布局从苏南长江口经上海市域一直延展到杭州湾北岸，纵贯南北、江海通达，总面积达7 000平方千米（其中上海市域内面积约2 100平方千米，占全市面积1/3），2020年经济总量近2.3万亿元，体现了国家战略的大思路和大手笔，也必将成为长三角发展活力最强、潜力最大、开放度最高的区域之一。从形态上看，"一核两带"功能布局犹如一张蓄势待发的"弯弓"，居于中心位置的虹桥国际中央商务区是其"动力核"，将长三角乃至更广腹地的发展动能和开放势能汇聚于此、辐射而出，进一步凸显了虹桥国际中央商务区和虹桥国际开放枢纽的国际定位、开放优势和枢纽功能。

"3"和"4"是指虹桥国际开放枢纽要围绕"三大功能"、聚焦"三个一批"、推动"四个着力"。即围绕大交通、大会展、大商务三大核心功能，着力建设国际化中央商务区，着力构建国际贸易中心新平台，着力提高综合交通管理水平，着力提升服务长三角和联通国际的能力。为此，《总体方案》重点明确了"三个一批"，包括一批高含金量政策措施、一批高水平功能平台和一批高能级重大项目，初步梳理共102项。

五、上海市贯彻落实《总体方案》的主要举措

一是市级层面在市推动长三角一体化发展领导小组下设"上海市虹桥国际开放枢纽专项工作推进机制"，主要职责是落实《总体方案》、研究重大问题、加强沟通协调。同时，梳理形成《重点任务分工》，将《总体方案》中涉及上海市的内容分解为5个方面83项具体工作任务，并逐项明确责任单位（共涉及46个市相关部门和中央在沪相关单位），确保任务落细、责任落实。

二是虹桥国际中央商务区及相关区分别制定本区域贯彻落实工作方案或行动计划，明确未来3—5年的工作目标和具体举措。

三是研究编制年度重点工作，细化明确责任单位、时间进度等，以项目化、清单化方式，加快推进虹桥国际开放枢纽建设。

第二节　推进情况

一、持续推进经济社会高质量发展

《总体方案》出台后，虹桥国际中央商务区管理委员会积极贯彻落实，主动作为，持续推进经济社会高质量发展。

（一）放大进博溢出带动效应

一是提升"6+365"交易服务平台能级，打造进博会成果的集中展示地。虹桥进口商品展示交易中心和绿地全球商品贸易港两大各具特色、各有侧重的进博会溢出效应承接平台已颇具规模，对外联动辐射效益初步显现。虹桥品汇以专业品类为集聚特色，形成了展销结合、批零结合、店仓结合的多种贸易模式组合，吸引了来自90多个国家（地区）、200多家供应商、5 700多个品牌、6万多种商品入驻、销售，开设了苏州、黄山、嘉兴等10家虹桥品汇分中心。虹桥品汇二期A栋总面积8.3万平方米综合体在进博期间已正式启用。绿地贸易港以国别贸易为特色，共开设阿根廷、英国等国家馆63个，吸引了白俄罗斯、墨西哥等76个国家和地区的180家客商、2万个品牌、9万种商品入驻，开设了天津、哈尔滨、宁波等13个绿地贸易港分港。绿地集团正与机场集团对接，拟于年内落地机场进博集市，进博集市面积约160平方米，拟落位于T2航站楼出发层。

二是聚焦国家级进口贸易促进创新示范区。管委会会同相关单位建立健全虹桥国际中央商务区建设进口贸易促进创新示范区协调机制，根据《虹桥商务区进口贸易促进创新示范区实施方案》和《虹桥商务区进口贸易促进创新示范区项目建设与制度创新清单》，集聚全球数字贸易港建设，培育维宁尔、百秋网络、锅圈、震坤行、壹米滴答等数字领域独角兽企业，新增2家上海市跨境电子商务示范园区。此外，商务区聚集高能级贸易平台和主体，以虹桥海外贸易中心为载体，吸引了新加坡企业中心、中国西班牙商会、台湾同胞投资企业协会、香港中华工商总会等31家机构和组织入驻，联系全球超过150多个国家和地区，初步形成了全球化的贸易及投资服务网络。

三是打造联动长三角、服务全国、辐射亚太的进口商品集散地。管委会成立虹桥进口商品集散地工作推进小组，协调解决建设过程中的重大问题、研究制定支持政策、推进重大进口贸易项目等，明确了工作例会和专题会议等工作机制，管委会制定《关于支持打造虹桥进口商品集散地的政策意见》，对平台和入驻主体装修、进口额和高端活动等给予补贴，进一步加大了专项支持力度，旨在集聚更多的进口贸易主体，扩大进口贸易规模。政策发布后得到企业积极响应，首批申报已顺利完成。

（二）积极落地相关政策

截至2021年年底，《总体方案》29项政策已有25项落地，落地率达86%。未落地的4条中，"设立长三角企业商标受理窗口"由于虹桥商务区更名，明确以"虹桥国际中央商务区"名义向国家商标局申请设立企业商标受理窗口，并于2022年1月得到国家批复。为进一步实现政策落地，管委会将加强与行业主管部门的沟通协调，争取支持。同时，管委会正积极开展新一轮政策需求研究清单，探索政策创新突破，把政策红利转化为区域发展的动力和活力。

（三）提升重大项目储备和区域投资强度

为进一步提升区域能级，推动总部经济和现代服务业快速发展，加快重大项目建设，加大区域投资强度，管委会出台了一系列政策，从促进进口商品集聚、支持现代服务业发展、打造功能性平台、推进绿色智慧虹桥建设等方面给企业提供资金扶持。同时，管委会会同地产虹桥和四区政府，形成"1+1+4"招商联动机制和服务团队，实现政策叠加、服务叠加、资源叠加、智慧叠加。

重大工程项目方面，为全面推动《总体方案》落地实施，进一步提升虹桥国际中央商务区经济集聚度，扩大虹桥品牌影响力，管委会会同四区政府在9月举行了重大工程项目集中开工、功能性平台集中揭牌仪式。总投资超302亿元的40个重大项目集中签约，总投资290亿元的20个重大工程集中开工、9个重要功能性平台集中揭牌。涉及总部经济、创新经济、数字经济、国际贸易及高端服务等。

投资促进方面，管委会积极做好重点企业的接待和走访，参加市重大项目活动签约，聚力构筑虹桥国际中央商务区总部经济集聚升级新高地。10月28日，"打造长三角民营企业总部集聚区推介暨项目集中签约大会"成功举办，市相关部门联合赋能，共同建设"长三角民营企业总部集聚区"和"长三角民营企业总部服务中心"。虹桥国际开放枢纽建设与区域协同发展论坛成功举办，聚焦发挥大虹桥对内对外开放枢纽作用，围绕强化国际定位，彰显开放优势，提升枢纽功能，为国际化中央商务区和国际贸易中心新平台建设献计献策。

商务区四个片区结合自身产业定位加快总部企业集聚。南虹桥片区建设云南白药、华峰、国际文创电竞中心等总部项目。东虹桥片区新引进丽翔航空、英格卡（中国）

等跨国公司地区总部以及涂鸦信息技术等数字经济重点企业。西虹桥片区加快美的总部、安踏总部等民营企业总部建设，11家获得市级民营企业总部认定。北虹桥片区推动致达智能等6个总部类项目开工建设，完成澳海集团总部、凯利集团总部项目引入，南方航空华东总部功能进一步落地，加快推进蔚来国际总部、沃尔沃、创业邦等重大项目落地。地产集团完成申昆路片区南9、南10地块产业招商，引进恒力集团。

二、未来工作举措

一是切实抓好工作落地。管委会将进一步深化七大专项行动，聚焦"产业、载体、招商、规划"，抓重点、破难题，集中形成一批有影响力、有显示度的事项。同时加强与市发展改革委、市商务委、市规资局、四区政府以及地产集团等沟通会商，探索形成新型市内一体化发展新模式。

二是切实抓好投资推介。管委会将会同地产虹桥和四区政府，在10月28日上海专场推介会成功举办的基础上，走进浙江、江苏、安徽开展精准招商推介，用足用好总部政策，做好项目接洽和对接跟进，争取加快对接和引进一批具有一定能级的长三角民营企业总部。

三是切实缓解下滑趋势。管委会将充分发挥"1+1+4+X"工作机制的作用，开展"稳增长"专项走访，抓实楼宇经济，晒出"三个一批"项目成绩单，推动四季度经济稳健上扬。

四是切实做强贸易体量。管委会将抓住进口博览会为商务区带来巨大的贸易机会和贸易流量，做大贸易规模，推动品汇、绿地等功能性平台贸易量实质性提升，同时加快数字经济平台建设。持续提升全球数字贸易港承接平台能级，再引进一批直播平台、跨境电商平台。

五是切实提振消费信心。管委会将会同各区商务部门，牢牢把握上海率先培育建设国际消费中心城市的重大契机，用好进口博览会和年终购物黄金季，依托虹桥品汇、绿地全球商品贸易港等载体谋划进口商品消费节庆活动，抓紧推进启用机场进博集市，支持旅游、住宿、交通、会展等加速回暖，持续激发消费潜力。

第三节　年度展望

一、宏观形势

2022年，随着各国疫苗接种率的提升和经济内生性动能的修复，全球经济增长扩张态势预计将延续，但考虑到新冠疫情局部反复、刺激政策边际退出以及供应链瓶颈修复缓慢等因素，整体经济增速或将较2021年有所放缓。预计全球实际GDP增速将由2021年的5.7%小幅放缓至5%以内，逐步向趋势增长水平回归。

回顾2021年，全球经济强劲复苏。截至2021年第二季度，全球经济总量基本已修复至2019年年底的水平，这得益于各国大力度疫情应对措施，经济总量仅用一年时间就快速修复至疫情前水平。但各国经济修复的不均衡性由于疫苗接种率差异大、刺激政策力度不同、各国供应链修复不均等原因依然存在，由此导致发达国家和部分新兴国家经济分化，同时商品需求显著增长，而服务需求恢复缓慢、供应链修复迟缓，阶段性"滞胀"担忧加剧等结果。2021年中国经济在全球率先实现复苏，一方面，由于一些新兴市场疫情再次暴发而对我国形成的替代性出口需求，以及在防疫物资、居家经济、机电产品等出口的相继拉动下，2021年我国出口继续保持高速增长，并带动工业生产、制造业投资稳步复苏。另一方面，受疫情反弹防控措施收紧、房地产市场下行、供应链受阻导致缺"芯"等因素影响，消费复苏相对缓慢。下半年我国经济复苏步伐有所放缓。

展望2022年，预计经济复苏不均衡性将有所收敛，但短期难以消除。发达国家和部分发展中国家疫苗接种率基本超过70%，而少数低收入国家疫苗接种甚至低于10%，其防止疫情扩散仍任重道远。预计2022年各国经济及跨国经贸开放进一步推进，服务业需求回暖，供应链传输加快推升投资需求。疫情期间财政刺激力度较大的美国、英国、加拿大等国，财政救济金部分提升当期消费的同时，也增加了居民储蓄水平，这为后续经济重新开放后需求的回升提供一定支撑，而部分前期财政刺激力度不大、居民储蓄率偏低的国家，其经济增长对疫情的敏感性和政策的依赖性仍相对较大。展望2022年，中国经济将保持复苏，复苏动能也将逐步由外需拉动转向内需驱动。疫情和防疫政策依然是决定经济复苏节奏的关键因素；CPI和PPI差距收拢，通胀压力整体可控；消费基础扎实，继续回暖；科技创新和绿色转型制造业投资快速增长；进口贸易在明年继续保持增长态势，总体贸易顺差将有所减小；外商投资保持高位，对外投资企稳增长。

二、虹桥国际开放枢纽建设第二年

2022年，也是虹桥国际开放枢纽建设第二年，商务区应紧抓疫情后各国经济重新开放，跨国经贸持续推进的机遇，瞄准高质量发展、高水平开放、高效能治理和高品质生活四大目标，进一步发挥其国内大循环关键节点、国内国际双循环的枢纽作用。

高质量发展方面，虹桥国际开放枢纽要继续推动企业总部机构拓展研发、销售、贸易、结算、数据等功能，鼓励支持中央企业建设功能性总部、研发类平台和创新联合体，构筑总部经济集聚升级新高地，推动区域内产业向价值链、产业链高端发展。虹桥国际开放枢纽以创新型、服务型、开放型、总部型、流量型"五型经济"为特征的产业升级枢纽为发展载体，进一步完善会展、医疗、跨境电商、供应链等内外兼顾的产业领域，这将更好地满足国内产业升级和消费升级，产业布局和开放布局将得到进一步完善。

高水平开放方面，虹桥国际开放枢纽作为上海和长三角高质量发展的重要载体，是长三角强劲活跃增长极的"极中极"，要处理好对内与对外开放的关系，统筹好国内国际两个大局，实现区域的更高水平协同开放。作为长三角地区发展中的重要"一核"，虹桥国际开放枢纽在2022年将持续优化区域功能，扩大对南北拓展的辐射带动效应，通过加强与南北拓展带的衔接联动，释放对内开放红利，完善长三角企业海外人才互通机制，依托高端商务设施为长三角地区企业、商会协会等设立功能性机构创造条件，鼓励长三角地区各类品牌展会和贸易投资促进活动加强协调和联动。商务区同时还将推出"长三角特色服务"清单，在知识产权保护、国际贸易法律援助、国际商事仲裁等一系列特色事项领域，为长三角城市群企业和各类市场主体对接全球经济提供便捷可靠的服务支持。

高效能治理方面，虹桥国际开放枢纽"一核两带"需要更高效能的综合治理，特别是在交通、产业、环境、公共服务等领域的协同治理，促进一体化发展。2022年，虹桥商务区要率先实现更高水平的数字化转型，成为上海城市精细化管理的示范。此外，要依托虹桥商务区推动高端商务、会展、交通功能深度融合，深化"放管服"改革，加快打造法治化、市场化、国际化营商环境，引领长三角更好参与国际合作与竞争。在虹桥国际开放枢纽建设的第二年，应在持续提高政策落地率的基础上，进一步提升政策获得感和实效性，把政策红利更好地转化为发展动力和区域活力。

高品质生活方面，虹桥国际开放枢纽建设要更好地满足人民对美好生活的向往，促进人的全面发展和社会全面进步。2022年，虹桥国际开放枢纽未来要充分发挥公共服务的基础性作用，通过布局优质的教育资源、提供先进的医疗养老服务，锻造高水平的公共服务，建设高品质宜居社区，提升枢纽空间品质，进而提升公共服务水平，使人愿意来、留得住，让旅客变成顾客。

三、"一核两带"联动发展

虹桥国际开放枢纽建设，形成了从浦东到浦西更加全面的开放格局，对于上海乃至长三角地区的开放发展具有重要意义。对于上海来说，虹桥国际开放枢纽将与长三角生态绿色一体化发展示范区、临港新片区"两翼齐飞"、相得益彰，进一步优化上海发展空间新格局，也是上海未来发展的重要空间方向。而上海的国际经济、金融、贸易、航运、科创等"五个中心"建设，并不能仅靠上海"单打独斗"，需要长江三角洲区域共建，上海卓越的全球城市建设更需要世界级城市群来支撑。

立足长三角地区，此前的长三角一体化是在上海、江苏、浙江、安徽省级层面，通过管理上联通互认、修建交通基础设施等方面联动。未来以上海虹桥国际开放枢纽为核心，可能更多会产生一些偏机制化、更可持续、更系统性的开放合作，进一步促进各省增长极之间的联动，这是虹桥商务区相比以往上海其他高水平开放发展实践所独有的。虹桥国际开放枢纽可能会成为上海的一个新增长极，带动杭州湾、苏州工业园等联动发展，进而推动城市群发展趋势。虹桥国际开放枢纽的开放能级提升，有利于上海与长三角建设国内大循环中心节点、国内国际双循环战略链接。通过持续放大中国国际进口博览会溢出带动效应和虹桥国际开放枢纽功能，推动贸易和投资自由化、便利化，有助于加快实现内循环与外循环的相互促进，形成长江三角洲全面、协同开放新格局。这将提升长三角区域开放水平，成为内循环和外循环间的有效衔接。

在国际定位方面，虹桥国际开放枢纽要建设国际化中央商务区，成为上海国际贸易中心的新平台，对于长三角一体化发展而言，具有突出的战略意义，也将引领长三角更好参与国际合作与竞争，成为联通国际国内的"虹桥国际会客厅"。虹桥国际开放枢纽拥有长三角城市群庞大的经济腹地，具备国家会展中心和进口博览会永久举办地的独特优势。凭借其在长三角的地理优势，虹桥枢纽具备设立国际化中央商务区的坚实基础，因而成为海外企业中国总部的首选地。虹桥国际开放枢纽应抓住时间窗口，承担好"一带一路"桥头堡的功能角色，巩固我国在"一带一路"的先发优势。同时通过完善整个地区的总体规划，提升服务业的质量和总部经济的功能，提升虹桥国际开放枢纽"联动长三角、联通国际"的能力，打造世界级的国际开放枢纽中央商务区。

第三章　第四届国际进口博览会

第一节　基本情况

第四届国际进口博览会（简称"进博会"）成果丰硕，亮点纷呈。进博会暨虹桥论坛开幕式万众瞩目，习近平主席连续第四年发表主旨演讲，向全世界进一步展现中国扩大高水平开放、分享发展机遇、推动经济全球化的坚定决心。中国加入世贸组织20周年高层论坛成功举办，全面总结入世20年来中国发展成就和贡献，为维护多边贸易体制、促进世界开放合作进一步凝聚全球共识。虹桥论坛12场分论坛以及《世界开放报告2021》发布暨国际研讨会，以线上线下结合方式举办，发出响亮"虹桥声音"。国家展运用虚拟现实、三维建模等新技术手段，首次在线上举办，深受各方关注。企业商业展共有来自127个国家和地区的2 900多家企业参展，展览面积达到36.6万平方米，再创历史新高，展示新产品、新技术、新服务422项。受疫情等因素影响，本届进博会按一年计意向成交金额707.2亿美元，比上届略降2.6%。配套现场活动内容丰富，形式多样，有力发挥进博会四大平台作用。现场服务保障专业便捷，"人、物、馆"防疫严格高效，累计进场超过49.5万人次。新闻宣传营造强大声势，3 000多名记者报名采访。

2021年是中国共产党成立100周年，也是我国加入世贸组织20周年。在各方共同努力下，本届进博会办成了一届成功、精彩、富有成效的国际经贸盛会，彰显了我国疫情防控和经济社会发展的重大成就，为推动经济全球化和构建开放型世界经济作出重要贡献！

一、高规格主场外交发出时代强音

11月4日晚，习近平主席在开幕式上发表题为《让开放的春风温暖世界》的主旨演讲，全面总结中国加入世贸组织20年的成就，宣布了下一步中国扩大高水平开放的一系列举措,展现了中国对外开放的决心,指明了开放合作的方向,发出了凝聚发展共识、促进互利共赢的时代强音,得到与会人士及海内外各界的高度认同和广泛赞誉。阿根廷、哈萨克斯坦、赞比亚、意大利、泰国、斐济等国家领导人,世贸组织、联合国贸发会议等国际组织负责人在线上出席开幕式并致辞。国家副主席王岐山出席开幕式,参观"对外开放里程碑 合作共赢新篇章——中国加入世界贸易组织20周年"专题展,并巡视企业展。国务院副总理胡春华、上海市委书记李强出席相关活动。此外,来自106个国家和国际组织的133位部级以上嘉宾通过线上方式出席开幕式。

二、高层论坛和专题展充分展示对外开放成就

"中国加入世贸组织20周年:互利共赢 共创未来"高层论坛取得圆满成功,国家副主席王岐山出席并发表致辞,体现了中国推动经济全球化和世界开放合作的一贯立场,彰显了中国维护多边贸易体制的坚定决心,成为本届进博会一大亮点。进博会期间,还举办了"中国加入世贸组织20周年"专题展,全面展现过去20年特别是党的十八大以来我国全方位对外开放的辉煌成就和新时代高水平对外开放的新局面,受到观展的多国驻华使节、参展商、交易团和其他各类参会人员的广泛好评。

三、虹桥论坛议题广泛、影响力强、成果丰富

本届虹桥论坛围绕"百年变局下的世界经济:后疫情时代全球经济合作"主题,在主论坛和高层论坛之外,通过线上线下相结合方式,举办12场分论坛和《世界开放报告2021》发布暨国际研讨会。150余位政府官员、驻华使节、国内外知名学者、世界500强及行业龙头企业高管参与讨论发言,2 000余名各界嘉宾参会。论坛坚持开放发展和创新引领,议题涵盖绿色发展、数字经济、消费新趋势等领域,为全球政商学界嘉宾提供高端对话平台,传播范围更大,业界影响更广,成果更加丰富。在《世界开放报告2021》发布暨国际研讨会上,首次发布"世界开放指数",对2008年以来全球129个经济体的开放度进行了评估。

四、国家展探索线上国家展示新模式

国家展首次在线上举办,为58个国家和3个国际组织提供数字展厅。各参展方充分展示其发展成就、优势产业、文化旅游、代表性企业等精彩内容。塞浦路斯总统,斐济代总理,叙利亚、老挝、西班牙、马耳他、奥地利、科威特、特立尼达和多巴哥

等国部长级官员以及联合国工发组织总干事等，纷纷通过国家展平台，表达对进博会促进全球开放合作的高度赞誉和对推动构建人类命运共同体的强烈认同。国家展吸引了大量海内外网友关注、互动，经初步统计，累计访问量超过5 800万次，为促进各国交往、开创线上国家展示新模式做出有益尝试。

五、企业展成为全球高精特新产品"大秀场"

本届进博会"朋友圈"进一步扩大，发达国家、发展中国家和最不发达国家企业均踊跃参展。世界500强及行业龙头企业数量达281家，其中近40家为首次亮相的新朋友，更有120多家是连续四届参展的老朋友。

企业展六大展区亮点纷呈。食品及农产品展区参展企业国别更多，102个国家的1 200多家企业带来的全球美食，让消费者体验到"舌尖上的进博会"。汽车展区汇集了全球十大汽车集团，全面展示世界汽车工业的最新发展成果和未来愿景。技术装备展区设置集成电路、数字工业、能源低碳及环保技术等专区，专区总面积超过3万平方米。消费品展区展览面积超过9万平方米，是面积最大的展区，全球十大化妆品品牌、世界三大时尚高端消费品巨头首次集体亮相，体育用品及赛事专区突出展示冰雪元素。医疗器械及医药保健展区首发新产品、新技术数量达135项，继续位居六大展区之首。服务贸易展区聚焦数字化应用推广，为服贸产业打造新场景、创造新业态，全新亮相的文化旅游板块引起广泛关注。

展会期间，第四届进博会参展商联盟举办了20多场活动。工业数字转型、公共卫生防疫等专委会发布行业报告，有效帮助企业获取权威信息、把握行业发展趋势。

六、配套现场活动着力放大四大平台作用

共举办政策解读、对接签约、投资促进等6大类95场配套现场活动，充分发挥促进展会成交、双向投资、产业合作等积极作用。主要具有以下四个特点：

一是活动组织层级高。联合国工发组织、国际贸易中心、世界知识产权组织等有重要影响力的国际组织举办多场高端国际论坛。商务部、工信部、人民银行、市场监管总局、国家药监局、国家医保局等多个中央部门举办多场专题活动。

二是洽谈签约效果好。大型贸易投资对接会专业性突出，围绕五大投资推介主题，聚焦六大产业领域，开设"一带一路"等专区，完善线上洽谈服务，强化交易撮合对接，助推"展商变投资商"。据统计，线上线下共有来自55个国家的640家展商、766

家采购商参会，达成合作意向273项；同时举办17场投资推介会和80场集中签约活动。

三是新品发布人气旺。62家国际知名企业在新品发布专区发布123项新品和服务，全球首发占比较高。中央广播电视总台新闻特别节目进行直播，各平台线上观众近3 300万人次，更吸引众多媒体现场开展报道。

四是人文交流亮点多。共展示非遗项目261项，其中世界级7项、国家级142项。104个"中华老字号"品牌亮相，河北、浙江、西藏等地组织62场文化公益演出，营造出热烈的文化交流氛围。

七、现场服务保障严守防疫底线、精益求精

我们严格按照疫情防控工作总体方案，坚持科学防控、精准防控，根据有关部门要求，推进防控工作开展和措施落地，服务保障精益求精。现场搭建方面，选用环保材料，强化现场监管，确保绿色展台普及率100%。餐饮供应方面，丰富餐饮品类，延长供餐时间，加强备餐保障，单日供餐能力最高可达20.2万份。导览指引方面，临时标识覆盖面更大，增加防疫标识4.3万个，累计发放《导览手册》等印刷品超过60万册。科技应用方面，实现展会场景下数字人民币支付全覆盖，丰富5G应用场景，全面打造"智慧进博"。证件服务方面，首次应用证件复用功能，共开通约6.5万张复用证件，践行绿色低碳理念。

第二节　配套保障

按照中国国际进口博览会执委会工作部署和上海市委、市政府要求，商务区管委会在进博会城保办的支持下，充分发挥区域综合服务保障牵头主体作用，全面服务进博会、勇当保障主力军，会同市相关部门、所涉四区政府，以"越办越好"为工作目标，以"五个更"为指导原则，紧紧围绕"5+1"暨"推进基础设施项目建设、完善交通组织保障、提升城市管理精细化水平、优化会展配套服务、强化应急处置能力"和"承接辐射溢出效应"等方面，认真制定《第四届中国国际进口博览会城市服务保障虹桥商务区综合服务保障组工作方案》和工作任务清单，严格按照时间节点协调推进35项重点工作落实，精心组织筹备虹桥国际经济论坛"虹桥国际开放枢纽建设与区域协同发展"分论坛各项准备工作。截至11月10日，管委会一以贯之落实上海市委李强书记"持续办好进博会的主力军"指示精神，创新思路、凝聚力量、全面高效完成了第四届进博会各项服务保障工作任务，现将有关情况总结如下：

一、提高站位，完善工作机制

2021年是第四届进博会的举办年，也是党的百岁华诞，管委会开展了"庆祝建党100年，建功立业进博会"主题活动，强调务必从思想上进一步提高站位，全面动员、全员参与，引导商务区各级党组织、全社会力量积极投身到第四届进博会的各项筹备保障工作中。管委会不断创新思路，将虹桥区域党建联建联席会、虹桥国际开放枢纽建设和进博服务保障工作相融合，成立了以管委会主要领导为组长，市住建委等部门、所涉四区政府、地产集团等23家单位分管领导为组员的区域进博保障工作组，明确了管委会分管领导挂帅、城运处具体牵头各单位指定机构组成的协调工作机制，在此基础上设立市容环境组、综合协调组、交通保障组、论坛保障组、后勤保障组、信息报送组、对外联络组等七个工作小组，依托此机制商议制定工作方案、跟踪任务推进情况、协调解决过程难点，以每月定期召开会议、现场调研、评比交流等方式有效开展工作。

二、夯实基础，确保运行安全

虹桥国际中央商务区是进博会举办地，也是虹桥交通枢纽所在地，城市运行安全是第四届进博会成功举办的基础，须臾不可忽视。管委会高度重视城市运行安全，紧紧抓住"枢纽安全"这个"牛鼻子"，牢牢守住"防疫安全"这根"基础线"，突出四个"关键词"，带动全区域安全运行管理工作。一是"重视"，根据第四届进博会安全保卫总体工作要求，紧紧围绕守住安全底线，补齐安全短板，按照"谁主管、谁负责""管业务必须管安全、管生产必须管安全、管经营必须管安全"的原则，落实"党政同责、一岗双责、齐抓共管"安全工作责任体系，切实履行安全工作职责，以有效防范和坚决遏制虹桥枢纽重特大事故为重点，以商务区各领域安全隐患排查治理为抓手，以属地应急管理部门为主力，坚决做好区域安全大排查大整治工作，为第四届进博会顺利举办、虹桥国际开放枢纽建设创造良好的安全稳定环境。二是"演练"，为进一步提升虹桥综合交通枢纽安全管理水平和应急处理突发能力，保障进博会顺利召开，管委会根据《虹桥综合交通枢纽市级基层应急管理单元突发事件应急预案（总案）》要求，着眼"1+3+6"应急预案的有效性检验，经过历时半年的认真准备，于10月12日午夜组织开展2021年上海虹桥综合交通枢纽应急综合演练，此次演练以"公交车追尾自燃并造成人员重伤事故"为场景，展开"灭火救援，大客流疏散，现场救护，交通管制"应急处置科目，以进一步评估应急预案的实用性和可操作性，达到"两检验一提高"目的，暨检验现场运行单位（虹桥枢纽公司、虹桥机场、铁路虹桥站、公交、长途、地铁、应急响应中心、公安机关等单位）相互之间的联动处置能力和协助配合能力；检验相关应急处置预案的可操作性，明确各应急岗位职责和工作要求；提高现场一线处置人员应对火灾、大客流疏散的应急处置能力及应变能力，确保虹桥枢纽进博观展旅客等的人身安全。三是"联动"，为切实保障第四届进博安全，管委会依托市公安局虹桥枢纽"联勤办"，积极创造条件，深入开展虹桥枢纽核心区隐患排查和顽症整治，管委会领导数次至枢纽现场指导，市公安局党委委员、副局长周海健深入虹桥枢纽现场坐镇指挥，枢纽公安机关领导自10月24日起取消休息，集中优势兵力开展跨区域联合整治，管委会牵头公安、城管、交管等部门联合开展"迎进博"全天候联合整治行动6次，出动警力228人次、协勤保安和交通、城管执法队员384人次集中设卡整治，查处"黄牛"37人次、违法网约车51辆、交通违法行为409起，为第四届进博会的成功举办营造了良好的社会治安环境。四是"值守"，管委会结合进博保障要求和商务区工作实际，制定了《第四届进博会期间值班值守保障工作方案》，强调"为进博值班，为安全尽责"，明确了四种值班值守状态，对应不同工作预案，相应配备保障资源和应对力量，以进一步清晰值班指向、进一步提高值守效率。

三、紧盯目标，力推项目建设

虹桥国际中央商务区紧紧围绕进博服务保障和进博溢出效应，力推项目建设。一是虹桥进口商品保税展示中心（二期）工程进展顺利，该项目是承接和放大进博会效应的常年展示交易平台，由5万平方米的保税物流中心、21万平方米的保税展销中心（在建）和40万平方米的展贸办公空间构成，入驻商品达到2 000多个品牌，立足于"与全球商人零距离、与全球商品零时差"，努力打造进博商品集散地和上海购物新地标。为更快实现集聚效应，为进博展品提供免租金、免入场费、统一装修、统一收银导购"两免两统一"服务，同时通过严控品质和压缩中间环节，使消费者能够得以用海外同价、国内低价购买到高品质的进博会同款商品，目前项目A栋建筑已按计划竣工，将在第四届进博会期间初步实现展示交易功能。二是进博重点配套市政项目推进有力，形象进度可控，其中嘉定区临洮路跨吴淞江桥梁新建工程和青浦区会恒路（蟠文路—蟠臻路）道路工程均已按计划在9月30日前完工。三是进博会核心区景观提升项目，道路景观提升和核心区景观灯光提升工程全部按计划节点竣工，其中闵行区北横泾沿岸的"碧波灯影"、青浦区盈港东路的"进博祥云"等主题景观独具特色。四是推进完成商务区国际互联网数据专用通道建设，为进博参展企业提供国际数据接入优良基础环境。

四、勇克难点，美化城市环境

一是组织开展第四届进博会市容环境提升巡查工作。为攻克市容环境管理顽症，全面提升虹桥国际中央商务区的市容环境及人文环境质量，确保进博保障重点区域达到道路环境更加整洁、街容街貌更加美观、空间视觉更加靓丽，管委会采用委托第三方调研公司巡查的形式，以"数字化"赋能，创新手段对商务区151.4平方千米的拓展区域尤其是第四届进博会重点保障区域、重要迎宾空间开展专项巡查工作。巡查范围包括4个区、6个街镇的市容整治、道路、水系、绿化等问题，希望借助科学量化的检查指标体系、5G实时数据传输等数字化手段，及时发现和反馈进博保障市容环境管理中的重大问题和薄弱环节，推进问题的整改，积极推动管理责任落实。巡查共发现各类问题1 911件，整改完成率达98.5%，整治完成了一批久攻不克的顽症。第四届进博会举办前夕，管委会党组书记、常务副主任鲍炳章同志牵头各区、各集团公司，分别于10月21日和26日两次联合检查，并邀请人大代表、政协委员、市民代表、媒体记者、行业专家进行评议，做到再检查再提升，不留保障盲区、不留环境死角。二是数字化赋能进博市容环境保障，克服了各主体分而治之的难题，在市住建委的支持下搭建虹桥国际中央商务区城市管理精细化工作分平台，一方面优化气象、环境、交通、工地等数据接入，另一方面新增商务区范围内6个街镇相关实时市容环境情况信息，实现信息共享、实时预警，构建进博市容环境保障工作数字化流程，形成线下线上合力。三是优化交通环境，针对进博期间"坐车难、停车难"问题，管委会落实了"工作日不少于4 000个（实际可保障4 310个）、非工作日不少于6 000个（实际可保障6 300个）"小车预约保障需求，进博期间可通过"虹桥国际中央商务区"公众号实现网上预约；加强工作衔接，形成进博期间重点区域交通组织方案，明确周边停车保障、人行地道和天桥导引，充分考虑进博期间商务流、会展流和通勤流叠加的情况，研究制定了虹桥交通枢纽相关应急预案，组织"虹桥交通驿站"志愿者服务；强化了商务区慢行系统空间，在商务区核心区新设万通、金臣等共享单车场地28处1 930个泊位。四是强化城管执法进博保障。市城管执法局在管委会设立了进博前线执法保障小组，围绕进博会越办越好的总目标，对标最高标准、最严要求，认真落实进博会期间各项执法工作，全力保障城市环境秩序。根据管委会进博会核心区、重点保障区、一般保障区的分级保障方案，市城管执法局全过程全天候执法管控，切实巩固城市环境综合治理成效，聚焦国家会展中心、虹桥商务区、虹桥交通枢纽等进博会核心保障区，为维护第四届进博会城市环境秩序安全有序提供有力执法保障。10月30日至11月6日，核心保障区累计出动城管执法人员1 415人次，巡查道路1 580条次，开展行政检查759次，教育劝阻相对人786人次，拆除店招店牌、户外广告17处，联合整治"群租房屋"36套，督促企业清理共享单车乱停放14起，拆除违法建筑34平方米，取缔无序设摊61起，查处占道洗车、非法小广告、扬尘污染、餐厨垃圾废弃油脂、渣土车辆抛洒滴漏等违法行为72起，责令整改生活垃圾未分类行为91起。

五、多措并举，承接溢出效应

一是推进虹桥进口商品集散地建设，进一步打造虹桥商务区进出口商品集聚功能，承接进博会辐射溢出效应，商务区管委会继续完善"两个10万平方米平台"功能，即虹桥进口商品展示交易中心和绿地全球商品贸易港两大功能性平台，落实各10万平方米保税展示交易面积，推进线上进博商品交易展示。二是加快推进常年展示交易服务平台建设，依托展示中心A栋，以"全球国际贸易创新枢纽"为总体定位，对接第四届进博会各大展区，设立医疗器械及医药保健展区、汽车展区的相应重型设备展区、以宝玉石为主的名品展销区以及进博会延展区，推进展示中心B栋以"进口商品经典仓储展贸公园"为总体定位，通过把握前沿展贸趋势，承接进博会热门展品，以"仓储+展贸"功能为一体、经典仓储形态为内设，围绕保税物流中心直连、进博会溢出、功能新颖复合、沉浸式体验四大特色理念进行打造。三是组织进博会期间系列促消费活动，协调虹桥天地、虹桥天街等商业主体，以进博客流导引为途径，开展各项招商促销活动，提升进博影响、承接进博效应。

六、精心筹备，彰显论坛水准

　　管委会作为虹桥国际经济论坛"虹桥国际开放枢纽建设与区域协同发展"分论坛的牵头单位，以"回答时代课题，发出虹桥声音，贡献虹桥智慧"为目标，精心筹备，力求彰显国际一流论坛水平。一是动态完善论坛议程，根据部委领导和市领导关于筹备工作部署和指示不断完善优化议程内容。二是编制完成了5个专项方案，包括疫情防控工作方案、会务保障方案、观众组织方案、宣传方案和分论坛进度安排方案。三是组织完成论坛各项保障，包括重要嘉宾信息和主题发言材料收集，有序推进宣传片制作、观众组织及注册等工作。

第三节　溢出效应

　　虹桥国际中央商务区是长三角一体发展、中国国际进口博览会、虹桥国际开放枢纽等国家战略交汇地。商务区深入贯彻习近平总书记关于进博会"越办越好"指示精神，全力落实上海市委李强书记调研商务区讲话精神，将进博会服务保障和溢出效应承接与建设国家级进口贸易促进创新示范区深度融合，与建设虹桥国际开放枢纽"动力核"紧密结合，充分发挥打造长三角强劲活跃增长极的"极中极"、联通国内国际市场的"彩虹桥"作用。

一、进博会常年展示交易平台能级显著提升，进博会创新政策上升为常态化制度安排

　　打造联动长三角、服务全国、辐射亚太的进口商品集散地是市委、市政府的重要决策。商务区统筹属地政府、功能公司和市场主体等各方合力，会同市商务委、海关等部门形成政策聚焦，搭建了一批面向"一带一路"国家和地区的商品直销平台、国别商品交易中心和专业贸易平台。重点推进虹桥品汇二期A栋于第四届进博会前投入运营，以及咖啡、珠宝玉石、康养等专业贸易平台建设；支持绿地贸易港新增国家馆17个，累计开设国家馆63个。各平台开出展销面积超15万平方米，吸引来自150余个国家和地区近400家客商、2.6万个品牌、15万种商品入驻、销售。开设黄山、苏州等虹桥品汇分中心10个，宁波、天津等绿地贸易港分港13个，举办商贸对接活动百余场。探索形成进口商品保税展示交易常态化机制，开出保税展示交易面积1.2万平方米，47个国家和地区1 000多个品牌通过保税展示交易试水中国市场，"保转展""展转保""展转跨"等进博会创新政策落地，持续推进"展品变商品、展商变贸易商、贸易商变投资商"，打造进博成果集中展示地。

二、打造新一代进口商品消费商圈，大力发展首发经济

　　结合上海建设国际消费中心城市重点任务，按照"政府引导、市场主导"原则，承接进博会溢出效应，大力发展首发、首秀经济，持续打造全球消费品集散中心。吸引国外消费品首店、体验店、国内外知名品牌、网红品牌、国潮品牌等落地。虹桥机

场引入了日本网红咖啡%Arabica全球机场首店、意大利百年巧克力品牌Venchi亚洲机场首店。平台开设松下六恒气候站体验馆全球首店、Japan Mall和中图定制印刷首店以及斯里兰卡体验中心、Delsur阿根廷皮包、绿地荟集中国首店等。绿地贸易港开设南京东路"进博集市店"日均销售15万元，进博集市虹桥机场店加紧推进中。支持市场主体举办首发活动和特色主题活动。支持开展"拥抱进博首发季""网络购物狂欢季""11直播月"等主题特色活动，各平台举办首发活动70余场。

三、聚焦国际会展、高端服务、总部经济等特色产业，打造国家级进口贸易促进创新区

建设进口贸易促进创新示范区是习近平总书记提出的重要指示。商务区制定出台《关于虹桥商务区建设进口贸易促进创新示范区的实施方案》，形成"一地、一港、一区、一都、两市场""4+2"格局，细化90项项目建设清单和50项政策创新清单。推动全球数字贸易港承载平台能级提升，深化发展离岸贸易、跨境电商等新型国际贸易业态和国际互联网数据专用通道建设。培育虹桥国际会展产业园，吸引云上会展、英富曼等近150家会展企业入驻。深化总部集聚平台建设，打造虹桥临空跨国公司（总部）科创园、中骏企业总部园、南虹桥民营企业总部集聚区等总部经济园区。推进上海国际技术交易市场和上海国际医药医械交易市场建设，形成国际贸易发展"新通道"。截至三季度，商务区已累计吸引对外贸易企业3 862家，实现进口商品总额333.74亿元，同比增长20.6%，累计吸引具有总部功能的企业400余家。

第四节 虹桥HUB大会

2021年11月6日上午,由虹桥国际中央商务区管委会承办的虹桥国际经济论坛"虹桥国际开放枢纽建设与区域协同发展"分论坛(简称虹桥HUB大会)在国家会展中心成功举办。共有130余位来宾出席大会,大会由主题演讲及互动讨论等环节组成,议题凸显全球性、时代性和高端性。其中,主题演讲环节,围绕"全球新格局,打造'极中极'——建设一流国际化中央商务区",众多嘉宾分享国际经验与精彩观点。互动讨论环节围绕"联通海内外,共绘'彩虹桥'——搭建一流国际贸易中心新平台"议题,知名学者与企业代表深入探讨新阶段、新理念、新格局下虹桥如何更好打造国内国际双循环的关键链接点。

本届虹桥国际经济论坛首次设立以重点区域发展为主题的分论坛,是贯彻落实习近平总书记重要指示精神,强化进博会"四大平台"功能、扩大综合效应的有益探索,也是服务国家区域重大战略和区域协调发展战略实施的主动作为。在世界百年变局和世纪疫情交织的大背景下,国际组织负责人、诺奖级顶尖学者、国家区域发展战略专家、国内外知名智库专家、全球知名企业代表等会聚一堂,立足发展优先、扩大开放、合作共赢,回答时代课题,发出虹桥声音,贡献虹桥智慧。论坛聚焦发挥大虹桥对内对外开放枢纽作用,围绕强化国际定位,彰显开放优势,提升枢纽功能,为国际化中央商务区和国际贸易中心新平台建设献计献策。

与会嘉宾认为,全球增速取决于中国经济增速,中国的经济增长不仅影响中国,更影响全球,对后疫情时代的复苏至关重要。人类历史上的多个经济奇迹都得益于开放型经济,以及与世界其他地区的深度融合。在过去的40年里,中国的经济增长可谓是历史上最伟大的奇迹之一。中国在参与全球价值链分工的角色和地位正发生着变化,服务贸易在增加,利用外资在增加。进博会是中国利用巨大的内需市场"买全球",良好的销路吸引参展商转化为投资商,为国内制造业带来了增量投资。中国的增长将一如既往地惠及每个人,并将为后疫情时代的政策制定树立一个积极的榜样。

嘉宾们表示,上海是国际国内的枢纽城市,营商环境持续优化。对精英人才而言,上海充满活力和机遇。上海的城市发展经验和高超的工程技术水平,可以推动国际上的其他城市发展。作为亚太区域的金融中心、贸易枢纽和长三角城市群的龙头，上海有望追赶纽约、伦敦，成为全球资源配置的国际大都会。依托进博会是上海打造新发展格局下双循环中心节点和战略链接的重要一招。上海要成为国际展商、国际企业与国内大市场进行链接的桥头堡，更好地帮助大家互惠互利。在过去的10年里，上海已经成为真正的国际会展之都。希望上海再接再厉，继续开放，尽快把国际旅客带回来，重新连接起这些国家纽带。展览行业一定是希望带更多的业务回到上海，希望上海在近年来建立的良好声誉基础上继续发展。

众多嘉宾提出，虹桥国际开放枢纽作为国家战略的一部分，受到万众瞩目。虹桥国际中央商务区行政上是上海的，功能上是长三角的，在长三角一体化高质量发展中发挥着举足轻重的作用。商务区的功能定位，概括起来就是两个字，"开放"，要开放再开放，增强在复杂严峻的国际环境中扩大开放的能力，想方设法抓住机遇，国内国际双循环相互促进，在全球配置优质资源。要充分发挥大虹桥腹地广阔优势，加强"一核两带"的协同联动，推动制造业与商务服务的有效链接，做强产业链供应链，成为海外企业中国总部的首选地，实现虹桥功能的"溢价"，打造国际化中央商务区。作为进博会永久举办地的虹桥国际中央商务区，要最大化集聚资源要素流量并发挥辐

图3-1　虹桥经济论坛

射效应，实现"进博会＋枢纽"的双向赋能，成为进博会溢出效应的空间承载区和功能集聚地，在"大集聚"中实现"大辐射"，成为面向未来开放型经济的全新商务区。要争取在现代服务业市场准入、资金融通、人才引进等领域先行先试，不断探索制度型开放。

企业嘉宾认为，虹桥国际中央商务区通过多年建设发展，形成了独特的区位优势、深厚的产业积累和优越的营商环境，受益于国家战略赋能和虹桥的发展战略，借助虹桥国际中央商务区的功能平台，企业在充分发挥"总部经济"优势，发展高端产业、吸引高端人才、鼓励创新等方面享受到了非常好的政策扶持，也让企业有机会借助自身的全球网络，让中国技术走向世界。

今天的虹桥不同以往，未来的虹桥不可限量。随着虹桥国际开放枢纽建设的全面推进，虹桥国际中央商务区正加快建设成为上海提升城市能级和核心竞争力的重要增长极、引领长三角一体化的重要动力源、落实国家战略的重要承载区，努力打造新时代改革开放的标志性区域、长三角强劲活跃增长极的战略承载地、服务构建新发展格局的关键链接点。

第四章　四大片区联动发展

第一节　闵行片区

闵行区深入学习领会党中央布局建设虹桥国际开放枢纽的重大战略意图，抢抓机遇、深入谋划，重部署、抓落实，全力以赴推进虹桥国际中央商务区（闵行部分）快速健康发展，高端商贸枢纽功能和国际化产城融合功能不断完善，城区能级和核心竞争力持续提升。

一、迅速行动细抓部署，推动虹桥国际开放枢纽总部方案落地落实

闵行区委、区政府高度重视，抢抓机遇，迅速行动，全力以赴推进虹桥国际开放枢纽建设。一是提前谋划，及时响应。《总体方案》批复后，闵行区委、区政府于3月3日召开全区加快虹桥国际开放枢纽建设动员大会，发布《闵行区加快推进虹桥国际开放枢纽建设行动方案》，明确闵行将积极承载虹桥国际开放枢纽的核心功能。二是强化保障，优化机制。率先成立由区委书记、区长任双组长的加快虹桥国际开放枢纽建设领导小组，领导小组下设办公室并设立专项工作组。三是细化任务，落实分工。制定《闵行区加快推进虹桥国际开放枢纽建设工作计划》，明确了承担一批市级任务、落实一批政策措施、打造一批功能平台、推动一批重大项目的"四个一批"111项工作任务清单，并逐条逐项分解落实工作任务，夯实责任。四是聚焦重点，深化方案。结合"十四五"规划，研究制定虹桥国际中央商务区（闵行部分）统筹发展三年行动方案和虹桥国际中央商务区（闵行部分）推进开放枢纽实施方案、分工方案、再聚焦方案，积极打造"极中极"里的"核中核"。

二、抢抓国家战略机遇，推动虹桥国际中央商务区（闵行部分）高质量发展

（一）总部经济引擎初显，国际化中央商务区功能与形象不断完善

1. 聚焦总部经济，高端商务商贸能级显著提升

自枢纽方案发布以来，闵行全力将枢纽热度转化为招商优势，创新搭建"10个冲锋队+5个楼宇工作站"招商模式，主动出击北上大连、南下厦门等多地对接40余个重点项目，并会同《解放日报》等主流媒体加大宣传"核中核"优势，联合经委等开展10多次枢纽方案解读等专项培训，为企业提供全方位高效虹桥服务，国内外优质企业纷至沓来，总部经济集聚速度和质量再次实现跨越式增长。2021年新增企业注册数2 160户，同比增长115.6%；新增经市商务委认定的跨国公司地区总部3家（泰森、爱达克、电计科技）、上市公司3家；在虹桥国际中央商务区"三个一批"重大项目启动仪式上，南虹桥涉及恒力、卓然等10个重点项目签约、云南白药等5个重大项目开工、虹桥国际中央法务区等3个功能平台揭牌。目前，核心区累计落户企业近9 000家，其中以壳牌、罗氏诊断、麦格纳、泰森、梅塞尔等为代表的外资企业逾500家，红星美凯龙、安踏、唯品会、三棵树、中骏、好孩子等总部类企业204家，初步形成外资、国资、民营企业尤其是长三角总部企业扎堆落户的良好态势。

2. 聚焦重大产业项目，特色优势产业集群初具规模

加强与长三角周边区域的产业联动合作，推动生物医药、文创电竞、数字经济等领域一批行业龙头企业集聚发展，2021年4月上海全球投资促进大会上，南虹桥成功授牌为市级民营企业总部集聚区。生物医药产业集群基本成型，依托新虹桥国际医学中心，近两年快速集聚落地了信达生物、云南白药、威高研究院、康宁杰瑞等10余家生物医药研发总部，累计投资额150亿元，初步形成了集研发、临床、服务于一体的大健康产业集群。南虹桥主动对接、抢抓进度、破解难题，全力做好项目落地"保姆式"服务，截至2021年12月，已开工项目4个，信达生物正在进行二层土方开挖；威高国际正在进行基坑土方开挖施工和地下室浇筑施工；云南白药桩基工程已完工，准备启动主体施工。华峰项目完成开工前手续（规划许可证、施工许可证）办理，准备桩基工程施工；康宁杰瑞、东软、先声、康方生物、卓然等6个项目土地出让前工作加快推进。文创电竞生态圈初具雏形，投资超50亿元的上海国际文创电竞中心项目正加快推进建设，并联动核心区皇族电竞（RNG）、联盟大陆等龙头项目筑牢电竞产业链优势。

图4-1 威高国际研究院奠基仪式

（二）功能平台快速搭建，国际贸易平台与功能不断显现

闵行放大国际国内双循环联动效应，一批功能性平台建设日渐夯实、成效初显。虹桥进口商品展示交易中心一期已建成40万平方米，开设7个主题展馆，引进近90个国家（地区）的6万多种商品入驻、销售，其中进博会相关品牌占比70%。高能级贸易主体集聚度持续提升。交易中心二期场馆正在建设，建筑量21万平方米，第四届进博会前部分投入运营。保税物流中心（B型）累计完成进出口货值约17亿元。虹桥数字贸易产业创新赋能服务中心，已与微软中国签订了战略协议，正积极推动落地运营。虹桥国际商务人才港，上海人力资源服务产业园区虹桥园申报国家级产业园已于10月正式获得授牌批复；虹桥国际人力资源服务中心项目正加快推进落地；已引进CDP集团等人力资源类企业50家。上海虹桥国际中央法务区已有24家律所、1家

公证机构入驻；已基本明确先期将以"虹桥国际中央法务中心"为基点，集聚一批知名度高、专业性强、具备行业示范引领作用的法律服务机构；正积极推进上海仲裁院长三角中心和上海国际仲裁院虹桥中心等法律功能平台。虹桥海外贸易中心，新入驻泰国文化经济协会等，累计引入近30家海内外贸促组织及机构。上海国际技术交易市场，已累计建立20余个国际技术转移渠道，主办、承办科技成果路演、展会等活动30余场，实现技术对接需求上链300余条。

（三）城市形象逐步提升，国际化产城功能加快融合

1. 前期开发工作全面推进，国际化城区发展蓝图和空间基本形成

一是多项重大规划取得正式成果。对标国际最高水准，组织六家国际一流设计团队聚焦前湾重点开发区域开展方案征集，提出"五分水景五分城"的设计特色和"尚水前湾，虹桥主城"的发展愿景，前湾地区城市设计方案成果已正式发布。华漕三单元控规调整已于9月底取得最终批复，为前湾地区高品质开发建设提供指导依据。南虹桥规划建设导则已形成总报告，海绵城市系统建设方案、绿色生态城区等专项规划已形成终期成果。二是动迁腾地全面收尾，历经6年收储动迁，200多亿资金持续投入，累计完成居民动迁2 552户（还剩余34户）、集体非居动迁327家（还剩余13户），国有土地企业动迁51家（还剩余32户），腾地333.3万平方米，为承载高能级产业集群和城市功能打开了重要的战略空间。

2. 重大功能性项目加快推进，前湾核心功能竞争力初步显现

立足加快出形象，2021年集中启动前湾中央活动区首批标志性项目，旨在进一步引爆区域功能，加快塑造能凸显区域商务功能形象的城市天际线。已就前湾最具标志性的超高层建筑群前湾中心与意向开发企业进一步沟通对接，争取年内形成概念设计方案，明确开发方案。旨在为长三角提供高端文化服务的虹桥国际文化艺术中心（国际会议中心）已与国内外顶级商办开发运营商共同成立推进工作组。虹桥前湾规划建设展示馆（一期）项目方案成果已形成，正在编制深化方案。总面积1平方千米、跨度6千米的上海主城区内最大的滨河公园前湾公园已于三单元控规批复后第一时间完成项目立项，正倒排时间表、精画作战图，加紧推进技术前期研究工作和现场动迁等各项土地前期工作。

3. 高端配套设施稳步推进，国际社区品质持续提升

符合长三角高端国际化人才特征的南虹桥3.0国际社区方案完成，力争成为新一代国际社区新标杆，为吸引长三角乃至全国高端人群来宜居兴业提供良好环境。高品质

住宅加快推进，商品房一期部分项目和前湾租赁住房项目实现结构封顶，为区域内高层次人才提供安全、舒适、宜家的高品质居住空间。国际医疗和教育优势凸显，投资超百亿的新虹桥国际医学园区正加快推进，华山医院西院已投入运营，新加坡百汇等5家国际化医院将于年底投入使用，服务辐射长三角国际医疗水平不断提高；美国学校、英国学校等多所国际学校凸显国际教育优势，民办上闵外启动建设，华师大闵行新虹基础教育实验园区已落地推进。重大城市配套持续完善，朱建路、繁兴路等一批区域交通骨干路网基本建立，机场联络线、嘉闵线和轨交13号线西延伸已开工建设；10平方千米苏州河生态廊道等生态项目基本建成。

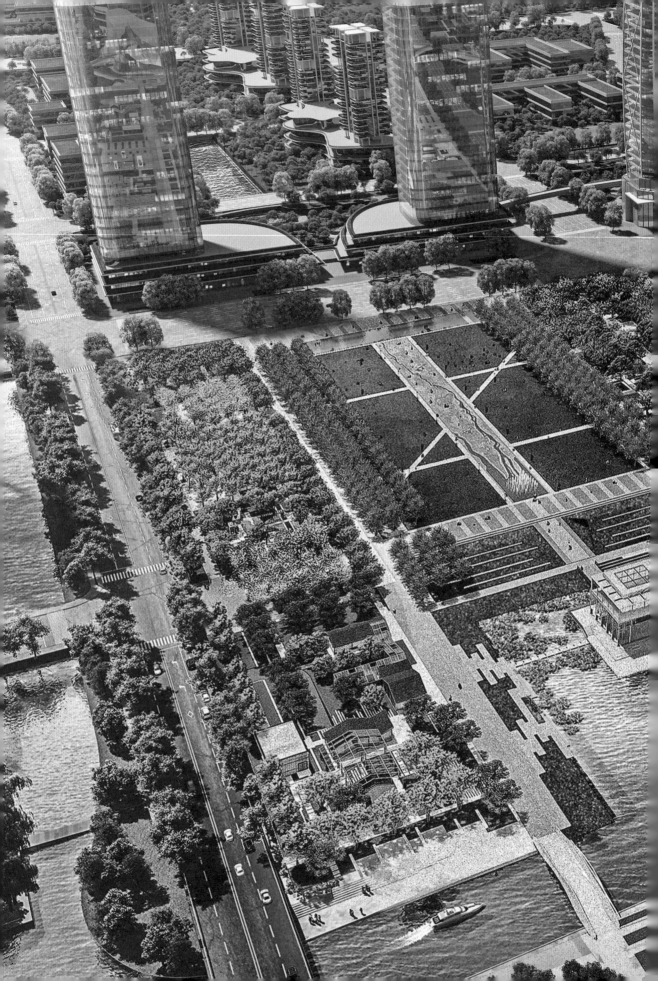

图 4-2　前湾公园效果图

第二节　长宁片区

长宁区增强责任意识、机遇意识，深刻认识建设虹桥国际开放枢纽的重大意义，牢牢把握建设虹桥国际开放枢纽对长宁发展的重大战略机遇，以高度自觉的大局意识和义不容辞的责任担当服务好国家战略的推进实施，更好地服务"大虹桥"建设，更有力度地打好"虹桥"这张王牌，主动服务，积极赋能，加快推动相关政策措施、功能平台和重大项目落地。

一、依托工作机制发挥政策支持效能

（一）加强顶层设计落实

为推动《总体方案》在长宁区落实落地，加快推进示范区（含拓展区）建设各项工作，长宁区结合区发展基础和特色优势，于2021年制定《长宁区推进虹桥国际开放枢纽建设行动方案》，努力把长宁打造成为上海推动虹桥国际开放枢纽建设的先行者和排头兵。

（二）建立和完善工作机制

建立联席会议制度，由14个部门组成，加强统筹协调，形成工作合力，联席会议下设联席办，成员单位6个（长宁区发展改革委、一街一镇一园区、长宁区投促办、长宁区规划资源局），负责具体任务的推进与落实。2021年，根据虹桥国际开放枢纽建设的相关要求，成立长宁区推进虹桥国际开放枢纽建设领导小组，统筹推进长宁区虹桥国际开放枢纽建设各项工作。联席办与枢纽办协同推进，同时，加强一街一镇一园区的协同发展，在产城融合、公共资源配置、企业服务等方面相互补充、相互配合，利用新泾镇、程家桥街道国际社区集中、教育医疗等公共服务资源丰富等优势，为示范区内企业及人才提供保障服务。

（三）促进区域间的功能联动

依托虹桥国际中央商务区大交通、大商务、大会展三大功能，立足示范区国际化程度高以及航空服务、总部经济、数字贸易等先发优势，打造功能性平台、集聚高能级主体，支撑虹桥国际中央商务区强化国际定位、彰显开放优势、提升枢纽功能。加强与长三角地区的交流合作，积极落实长宁区政府与湖州、苏州相城等地区签署的战略合作协议，以项目合作、资源对接实现优势互补、双向服务，充分调动示范区企业积极性，鼓励平台型企业赴长三角开展合作、开拓业务，支持长三角企业来示范区设立总部型机构等。

二、依托政策制度创新赋能产业生态

（一）虹桥国际开放枢纽政策正在加速落地

2021年，举办国际互联网数据专用通道临空示范区企业座谈和宣贯会，市通信管理局信息通信管理处、上海电信、上海移动、上海联通政企部负责人和22家企业用户代表参加座谈。示范区内和浦通信、邓白氏、携程集团、电气数智等5家企业首批接入国际互联网专用通道，搭上国际网络"高速直达列车"，享受超低时延、极速双栈等优质服务。上海高岛屋百货获批拟开展离境退税"即买即退"试点。国家知识产权局商标业务上海长宁受理窗口在示范区完成设立，并开通注册商标专用质押登记业务。

（二）充分发挥"6天+365天"交易服务平台作用

推进长宁区内交易服务平台之间的合作，新联纺（提供分拨仓库）、深屹、兰唯乐（提供物流体系，帮助配送）实现深度合作。与东浩兰生、高岛屋拟合作开展"进博倒计时100天活动"，推动企业签约入驻交易服务平台，同时推动平台加入上海展示展销联盟。

（三）争取飞机租赁制度创新政策突破

在上海市发改委、上海市财政局、虹桥国际中央商务区管委会等部门的支持下，通过虹桥国际中央商务区专项资金对东航经营性租赁飞机给予补贴支持，2020年进一步复制推广到春秋和中货航。东航飞机经营性租赁补贴资金2020年已完成兑付0.83亿元；2021年，东航、春秋和中货航三家公司共申请补贴资金1.2亿元左右。2021年以来，携手虹桥国际中央商务区管委会深入调研东航、春秋和中货航等航司，研究推动发展飞机融资租赁业务。

（四）加大金融服务创新力度

长宁区累计推荐13批次近300家企业开立自由贸易账户，其中示范区（含拓展区）内企业占比50%。长宁区已有6家企业开展"贴现通"业务试点，其中示范区内有4家。长宁区相关银行已获跨境资金集中运营主账户办理行资格，将开展跨境资金交易，为长宁区内某在线旅游服务平台及其境外上市主体策划FT账户体系构架，助力其赴港上市后所涉外汇交易结算服务。

（五）优化人才发展环境

与虹桥国际中央商务区就人才领域开展深度合作，共同建设虹桥国际商务人才港，挂牌成立了虹桥国际人才港分中心。持续推动外国人来华工作许可高效办理，在虹桥海外人才一站式服务中心启用外籍高层次人才工作、居留"单一窗口"，实现A类外籍人才在窗口同时提交工作许可和居留许可申请，2021年全年成功办理、受理外国人申请49人次。

（六）积极争取虹桥国际中央商务区专项资金支持

在商务区管委会的大力支持下，虹桥国际中央商务区专项发展资金自2018年起覆盖至示范区，已覆盖至示范区（含拓展区）。为用好用足虹桥国际中央商务区专项资金，积极开展年度专项资金申报评审工作。2020年获批现代服务业项目13个，涉及资金3 366万元；2021年组织申报并通过初审的项目19个，申请扶持资金1.87亿元。

三、依托重大项目建设做深产业生态

（一）加快推进机场东片区改造提升

有序推动相关地块出让及项目建设，做好南北园北块、南块和望春花地块前期评估工作，为地块出让做好准备工作。完成机场集团5幅土地、东航8幅土地、中航油2幅土地的双评估补地价工作，签订土地合同，后续配合相关主体推进项目建设。主动对接华东民航局、空管局，配合其梳理存量转型地块，推进双评估补地价工作。机场集团北地块桩基工程完成80%，5号楼基坑开始地下结构施工；P04地块开始编制项目建议书。东航Q7-1地块已完成立项，正在方案设计中，准备送市规划局送审。完善示范区内部交通，开展轨道交通以及外环线抬升后地面交通组织优化研究，形成初步方案；积极与虹桥国际中央商务区沟通，将东片区中运量规划研究纳入商务区中运量系统加快推进。

（二）加速落地一批重大项目

打造全智能化的"长宁大健康产业基地"，推进联影智慧医疗园建设。截至12月底，虹桥人才公寓二期（IV-H-07地块）项目已开工2个地块，光大安石虹桥中心正式运营。东虹桥中心于11月竣工，将打造集商业、办公、休闲景观于一体的产城社区。

第三节　青浦片区

青浦区充分利用长三角一体化及中国国际进口博览会战略契机，承接虹桥国际开放枢纽功能，全力推进产业转型升级，持续培育新动能，优化营商环境，提升产业能级，承接进博会溢出效应，加强优质服务供给，产业结构不断优化，综合经济实力稳步提升。2021年，青浦片区全口径税收收入100.7亿元，同比增长47.7%；规模以上工业总产值80.5亿元，同比增长3.7%；社会消费品零售总额87.5亿元，同比增长11.4%；全社会固定资产投资237.8亿元，同比增长22.7%；实到外资1.4亿美元，同比增长44%。

一、加快特色总部经济集群发展

围绕徐泾重点产业方向，着力吸引集聚多功能、高能级企业总部，加快形成总部经济产业集群。引进培育21家各类总部型企业，其中，德邦物流、中昊针织、则一供应链、永利带业、义达国际被认定为市级民营企业总部，壹米滴答被认定为市级贸易型总部。洽谈引进山鹰国际管理总部、龙信集团上海投资总部、巨人能源总部、美庐生物特医食品研发中心等，注册资金62.9亿元，计划投资强度43亿元。不断提升总部企业的创新研发、贸易销售、投资结算等功能，推动总部企业功能向价值链、产业链高端发展，加快特色总部经济集群发展。

二、积极推动楼宇经济提质增效

积极探索产业空间管理的弹性和包容性，整合多方资源，打造功能复合、创新灵活的产业空间。出台楼宇招商专项支持政策，为每栋楼宇配备楼长，编织楼宇精准"画像"，组建联合招商队伍，与楼宇联合开展招商、招租，提供工商、税务一条龙服务。以楼宇清源行动作为工作重点，以杜绝新增异地企业为底线，有序推进属地化进程。全镇楼宇总面积153万平方米，培育亿元楼4栋（麦迪睿、e通世界、虹泾、同联），市、区特色产业园区9家（其中7家为楼宇企业），属地注册率累计提升了近8%。e通世界、同联等104区块存量楼宇加快转型升级，传统工业厂房正往可移动式建筑、青年创客聚集地、体育产业配套空间、电商摄影配套空间等方向优化布局。德真、太睿、鸿林、虹泾等新建楼宇加快提升产业能级，确立了精准医疗、电子商务、人工智能、互联网+等新兴产业发展方向。麦迪睿医械e港、迪丰、碧创空间等加快构建创业孵化体系，产业园中园特色进一步凸显。

三、全力推进国际公共采购服务

"联合国/国际组织可持续采购服务、信息分享与能力建设项目"（联采项目），落地徐泾镇同联创新产业园区，是联合国机构在亚洲首次实施的以促进企业参与国际公共采购市场的国际合作示范性项目。"联采项目"信息平台1.0版本已启动建设。在线上，1.0版本的信息平台将实现"1+3+1+X"功能，即"联合国风采展示，信息发布、线上培训、活动报名，数据分析，多功能端口"，用户可在联采项目官网上做到对联合国采购信息的"一网通览"。在未来的建设过程中，将着力引进更多联合国机构、国际组织在项目区域设立其亚洲区域采购总部或运营中心。以"联采项目"为抓手，完善国际采购产业链，围绕联合国采购所涉及产业链特点及配套需求，引进信息服务业、检验检测、冷链物流、金融、咨询、贸易代理等配套服务产业，形成国际贸易、产品研发、高端服务集聚的国际公共采购服务集聚区。

图4-3　联采项目

四、提升优质服务供给

一是快速布局高端医疗机构。上海冬雷脑科医院与新虹桥国际医学园区、首都医科大学三博脑科医院、德达医院等实现战略合作,德达医院、禾滨康复纳入医保定点医疗机构。远大健康城一期项目投入使用,是集医疗、科研、教学等功能为一体的独立、多专科、现代化医疗健康城,总建筑面积近48万平方米,总投资约50亿元。

二是扩大优质文化供给。深入打造环国展公益文明"区域带""实践区",虹馆演艺中心、世界你好美术馆等一批文化设施丰富群众生活。"四叶草"文化艺术节、中外文化交流节等文化品牌不断加强。徐泾北(华新拓展)大型居住社区文化中心项目,于2021年1月正式启用。项目用地面积5 631平方米,总建筑面积5 149.64平方米。主要包括文化中心1号楼、文化中心2号楼、水泵房等附属设施。徐泾北(华新拓展)大型居住社区体育中心项目已完成前期手续。项目用地面积约11 033平方米,建筑面积约19 826.5平方米。主要包括新建4层体育馆主题建筑、游泳馆、篮球馆、健身房、变电房等功能用房及公共绿地。这两个场馆投入使用后,将满足附近4万多常住居民的文化健身需求。

三是提升城市整体风貌。对标"世界会客厅"要求,持续提升城市整体风貌,以"美丽街区"改造美化、优化集镇区整体景观、道路。围绕"15分钟社区"生活圈目标,大力推进基础项目建设,徐泾北大型社区综合配套设施、北大居体育中心等一批全镇市级、区级重大项目陆续完工,累计投入近30亿元。虹泾12万平方米商业楼宇及配套2万平方米环岛公园竣工;名岑、灿辉、正荣御天、万科"天空之城"、山鹰国际总部等一批产业、商业配套项目持续推进。蟠龙"城中村"通过改造,重构蟠龙区域的道路体系,新建5条道路贯通东西,勾连南北,改善河道水域超3万立方米,新建高品质绿地23万平方米,建成后,地上建筑面积为38.55万平方米。老集镇"城中村"改造范围35.19万平方米,涉及居民1 009户、企业25家。采用集体资产引进社会资本改造模式,总投资80.4亿元,项目包括3个安置房基地、3个商品住宅、6个商办、2个商业及若干基础设施建设项目(2条旧改道路、3条新建道路、1个幼儿园、1个养老院、16块公共绿地),建成后地上建筑面积42.8万平方米。大力推进"五违四必"整治、中小河道治理、创全创文等重点工作,成功获得全国文明城镇、上海市生活垃圾分类示范街镇、上海市第一批河长制标准化街镇等荣誉。全面实施乡村振兴,成功创建金云村市级美丽乡村示范村,致力打造"桃溪柳岸　乐享生活"的江南新天地。

第四节　嘉定片区

2021年，嘉定区以"二次开发""二次创业"的精神状态，聚焦"一核一带一圈"建设，以高水平协同开放融入并服务长三角更高质量一体化发展，全力推动《总体方案》全面实施，做优做强北虹桥商务区开发建设。2021年以来，北虹桥片区不仅在重点政府投资项目和重大项目上齐发力，双双实现超额完成年度目标，而且在产业发展、招商引资、城市建设等各方面均迈开了新步伐、实现了新突破、打开了新局面、取得了新成绩，在新起点上实现更大作为。

一、强化项目推进，迈出开发建设新步伐

（一）圆满完成2021年度总控计划目标任务

积极加强与虹桥国际中央商务区的主动沟通和资源对接，充分发挥北虹桥商务区管委会统筹推进的作用，有力推进重点政府投资项目和重大项目超额完成年度目标计划。2021年年底，重点政府投资项目完成投资8 049万元，完成率103.1%；重大项目完成投资49.934亿元，完成率100.8%，均超额完成目标计划。

（二）盯紧重点项目持续推进发力

把"一区、一城、一湾"三大标杆性项目作为重中之重，紧抓不放、全力推进。在北虹桥城市更新片区"城中村"改造项目中，通过开展"奋战三十天"行动，进一步发挥区镇村企四方合力，做好土地动迁征收工作，为后续项目尽早开工建设抢抓时间。动迁工作进展迅速，招商工作同步开展，形成拿地即开工、建成即投产的良好态势。在临港科技城项目建设中，与临港集团携手加快启动"北虹之云"首发地块的开发建设，为后续整体园区开发建设进一步打开了局面，在虹桥新慧总部湾项目建设中，持续抓好雅运染整研发总部项目、盈创互联网营销研发总部等重点项目，为提升总部集聚能级奠定基础，一期7个出让地块中已全部实现开工，二期、三期已完成规划调整，储备了仪菲、亚细亚、澳海、富吉等一批优质研发总部项目。

二、强化招商引资，取得产业发展新成果

（一）聚焦头部企业，着力招大引强

加强对区域内重点产业上下游产业链和头部企业的分析，着力寻找短板和缺口，精准引进和培育了一批引领性项目，加快形成总部经济集聚态势，目前已集聚民营总部企业4家，并储备了蔚来国际总部、重塑新能源研发生产中心、福隆集团总部等一批重大项目。

（二）聚焦产业链条，彰显产业特色

围绕优势产业、细分行业、重点企业，突出链式招商，不断提高区域重点产业和特色产业园区的影响力和集聚度，率先形成良好的产业生态。在医疗器械产业方面，已入驻包括璞美医疗、璞康医疗、诺昕医疗等12家企业，动物实验中心建设加快推进。在泛娱乐产业方面，通过平台引进企业110家，其中今年新引进43家。在调味品产业方面，通过加强与太太乐集团和调味品协会紧密合作，雀巢调味品大中华总部等重磅项目有望落户北虹桥片区。

（三）聚焦功能平台，提升招商能级

通过与中宝航、天瑞金、谷川联行等一批专业功能性平台展开合作，全力做好策划、组织、推介，打造宣传招牌、招商平台，提升区域知名度和吸引力。以城市数字化转型为契机，加快布局数字化产业，推进创新服务平台建设，发挥功能性平台引领作用，长三角数字版权贸易服务中心与国家对外文化贸易基地、国家版权贸易基地（上海）深入合作，加快推进数字文化内容出海工作。上海（虹桥）高新技术成果转化孵化基地与中国高科技产业化研究会紧密合作，打造科技企业发展加速器，已签订招商服务合作协议，引进3家科技型企业。

（四）聚焦宣传推介，打响虹桥品牌

成功举办北虹桥商务区区域推介会，会上10个产业平台启动、10个重点项目签约落户。积极参与长三角民营企业总部集聚区推介暨项目集中签约大会，嘉定区6家企业在会上进行了集中签约。工作中，充分注重对虹桥品牌宣传推介，通过与区招商大使及江苏、浙江、安徽、福建等商会领导的紧密沟通，进一步寻找合作商机、发掘潜力企业。

三、强化政策保障，赋能优质发展新动力

（一）积极对接虹桥国际开放枢纽建设重大政策

紧紧围绕虹桥国际开放枢纽建设29项高含金量政策，主动加强与市级部门沟通，

全面梳理"三个一批"102项工作中与嘉定相关的内容，特别是在国际化平台、人才、医疗等方面，重点推动核心政策的研究、对接和落地。29项政策措施已落地25项，并结合全区"1+4+N"产业政策体系，制定了《关于加快北虹桥商务区产业集聚的若干意见》《嘉定区鼓励企业设立贸易型总部的若干意见》。

（二）积极争取虹桥国际中央商务区专项发展资金支持

加强与虹桥国际中央商务区管委会的工作对接，围绕区域发展重点，细化制定年度项目建设计划，积极争取更多虹桥专项资金支持，让政策资金直达项目、惠及企业。今年分两批、按节点稳步推进专项资金申报工作，完成了现代服务业政策9家项目单位框架协议签约上报，合计扶持资金1 232.12万元；当年度拨付573.8万元。启动拨付历年专项资金5个项目，共计400.05万元，助力企业更好发展。

（三）成功取得重点项目建设政策扶持

在嘉定区和长宁区临洮路区区对接道路建设中，成功取得了75%市级补贴的政策，有力保障项目推进，该道路已顺利建成通车，有效缓解了华江公路交通拥堵，促进虹桥国际中央商务区联动发展。今年嘉定区和闵行区启动了金运路—申昆路和金园一路—申长路两条区区对接道路建设，两条区区对接道路争取到了沿用75%市级补贴的政策，已列入明年的总控计划，争取早日开工建设。

四、强化城市品质，推进产城融合新突破

（一）交通路网建设不断加强

轨交嘉闵线金园五路站、金运路站启动建设，14号线西延伸方案研究中期成形；地面路网链接持续打通，华江路桥、纪鹤路桥、临洮路跨吴淞江桥已顺利通车，华江支路道路维修工程按期完成；金运路—申昆路和金园一路—申长路两条区区对接道路前期各项工作进展有序，加快完善交通出行体系。

（二）城市整体环境持续改善

华翔路等5条道路合计10.57千米的架空线入地工程已基本完成；北虹桥区域内63条河道整治提升工程全面启动；全力推动长江经济带生态环境"百日攻坚行动"，吴淞江北岸生态廊道项目建设有序推进；沪宁铁路沿线绿化提升工程已建成并对市民开放；开展125家工业企业废水排放能力复查，落实112家汽修企业大气污染防治工作，着力推进城市绿色低碳发展。创新户外广告招牌管理办法，设立江桥镇户外招牌行政许可受理窗口。推动城市环境再优化。

（三）公共服务品质不断提升

围绕加强优质公共服务供给，加快布局优质教育医疗资源。上海市第一人民医院嘉定新院投入运营，打造紧密型医联体。吴淞江文化创意产业带建设持续推进，加快北虹桥时尚产业园、中国国家画院艺术交流中心上海（嘉定）基地、北虹桥体育中心等建设，提升城市文化软实力。新时代文明实践分中心、文体中心龙湖分中心、百姓公共文化"醉"空间等多个基层文化阵地正式启用，丰富群众文化生活。

（四）社区治理能级有效提高

全面聚焦指挥中心智能化、片区管理网格化等工作，完成17个村、41个社区综治中心和"街镇—村居"视频会议系统建设，实现110个封闭式小区及农村居住地智能安防，试点安装道路乱停车和垃圾分类智能感知设备，健全以城运中心为枢纽、各终端为节点的通信指挥网络。

五、强化统筹协调，机制建设得到新加强

（一）强化领导，统筹推进工作

嘉定区成立区全面融入和推动虹桥国际开放枢纽建设工作领导小组，由区委书记和区长任双组长，相关分管副区长担任副组长；进一步做实北虹桥商务区管委会，实行办公室实体化运作，调配了专职常务副主任负责日常工作，下设综合工作部、规划建设部、产业发展部和派驻虹桥国际中央商务区的工作组，成立北虹桥商务区投资促进工作专班，强化北虹桥区域的招商引资、服务保障等工作统筹。

（二）强化沟通，形成工作合力

与管委会保持积极沟通对接，确保合作更为紧密，工作推进更为有力。区委书记带队前往虹桥国际中央商务区管委会开展座谈交流，为更好地推动下阶段工作明确了方向、奠定了基础。建立健全了管委会成员单位工作网络，推动责任有效落实。

（三）健全机制，保障工作落实

优化例会、协调、督办等工作制度，形成抓推进、抓落实的有效闭环。对照虹桥管委会会议机制，嘉定形成了区委书记双月听取工作汇报、区长每月研究部署工作、分管领导每周召开工作会议的机制，进一步形成了下好"一盘棋"，紧跟"一个调"，拧成"一股绳"的工作格局。北虹桥管委会切实统筹协调各类资源，服务保障各项工作全面顺畅运作。

第五章 打造世界一流营商环境

第一节 城市精细化治理

一、持续深化"一网通办"改革

（一）闵行片区

一是"不见面办理"与24小时自助区域建设。为加强"一网通办"综合类自助终端建设，推动智能服务终端进社区，实现多条线、多业务的政务服务事项集成办理，根据上级部门安排，闵行区在已有受理中心和党建服务中心两台"一网通办"自助终端的基础上，结合自身实际，开辟独立空间，以建设24小时自助服务区域，将"一网通办"为民服务工作以更高水平延伸至社区。二是宣传推广情况。通过微信公众号与政务网等线上平台以及大型公益广场活动将"一网通办"相关政策的宣传工作落实到全镇各基层组织和广大群众，同时通过现场所设展板、安排两位窗口业务骨干与居民面对面交流"不见面办理"及"两个免于提交"业务等手段加大宣传，倾听年长居民关于"一网通办"业务受理的难点问题，手把手教会居民"随申办"APP各事项办理步骤，以填补"一网通办"工作推进过程遇到的年长居民"电子盲区"问题。三是长效机制完善情况。开通"一网通办"的网上申请件响应接单服务，并设专人负责此项服务，做到24小时内必响应、必接单；重视线上、线下"好差评"服务评价系统反馈，重点针对"差评"反馈的回复，在听取"差评"意见与解决问题的过程中不断总结经验，进一步提升网上办理效率和服务质量。四是提升效率、便捷程度情况。政务服务中心已开始推广电子证照的应用，随着"一网通办"政务服务流程及系统的优化和完善，政府服务效能将进一步提升，会让群众和企业办事越来越满意。

（二）长宁片区

长宁区新泾镇持续贯彻落实区委区政府关于深化"一网通办"改革工作的精神和

图5-1　新虹街道"一网通办"

要求，持续打造一流营商环境，积极承接市、区试点项目，以政务服务"好差评"为提升服务质量的有力抓手，持续提升政务服务"一网办、一窗办、一次办"能级，稳步提高政务服务在线办理率、全程网办率和一次办成率。纵深推进流程再造，推动政务服务由"窗口+PC端"向"多元化终端"转变，推进线上线下标准一致、渠道互补，积极打造全区一流的"一体化、跨终端、广覆盖"的线上线下融合政务服务平台。"新泾彩虹桥综合服务队"获评第20届"全国青年文明号"荣誉称号、新泾镇获评2021年度长宁区"一网通办"政务服务优秀集体。

1.深化流程再造，持续扩容新泾网办

长宁区新泾镇结合工作实际出发，运用治理数字化思维，通过优化流程再造，围绕"高效办成一件事""好办""快办""不见面办理"等方面，办事整体提速30%。聚焦"高效办成一件事"，积极对接市区部门及委办局关于跨部门、跨层级、跨区域的高频事项，相关"一件事"办理事项98件，办理总量较去年增长21%。今年以来，全面推进"居住证一件事"及"救助一件事"落地实施，助力政务服务由"窗口办"逐渐向"网上办""移动办""掌上办"转变。聚焦"两个免于提交",新泾镇政务服务窗口持续开展多元化的宣传,鼓励社区居民添加电子证照、使用电子证照,已100%实现可扫描电子证照亮证办事,加快实现一站式全程办理,一网式在线办理和一门式高效办理。

2.创新特色模式,持续打造新泾样板

加速政务服务的体验度,结合综合窗口的建设,推出"310105"政务服务,率先开设"310快办窗口",通过简化填表、智能审批等方式,运用电子亮证功能,实现"3分钟填报、1分钟办结、零材料提交"快捷办理,自4月开办以来受理事项4 895件,快办成效显著提升。推出"105特色服务",即"综合1窗办、预约0排队、上门5G办",压缩办事流程,提升办事效率,提供"一窗受理、只跑一次"的集成优质服务。5月起新泾镇推出全新便民服务举措"上门5G办",为镇域内高龄老人、残障人士等群体提供上门帮办服务,享受足不出户就能办事的便利服务,真正实现让数据多跑路,群众少跑腿。推动自助智能延伸服务,新泾镇用心打造2.0版本自助区,引入超级终端、5GIPAD、电脑、自助机等设备,实现自助服务空间一体化。引入"一键延伸办"政务服务,实现远程视频连线电子化办理。加快覆盖"一网通办"超级终端自助服务区,全面形成"东西南北"全方位格局。推进"长三角"政务服务,助力促进长三角一体化政务服务发展向纵深推进,作为长三角政务服务点,通过长三角"一网通办"专窗,为上海长宁与苏州相城政务服务提供跨省通办,让镇域内居体验到"异地办""网上办""指尖办"的服务体验。

（三）青浦片区

推动公共数据跨部门共享,落实政务服务"一网通办"各项举措,围绕"采集、归集、治理、应用、安全、运营"数据全生命周期,规划标准体系、开展标准研制,加快推进公共数据标准化,打破部门间"数据孤岛",实现互联互通。

2020年4月正式开通两大服务专窗（项目受理与综合服务）,按照"一窗受理、一链办结"新流程,为企业提供帮办代办一站式服务,累计共受理企业各类服务事项73件,办结51件,办结率为70%。组织业务骨干积极参加市区两级业务培训会和内部学习会,集中学习《上海市促进中小企业发展条例》《2021年度青浦区惠企政策汇编》等相关内容,全面提升办事人员的综合素质和业务能力。

徐泾镇社区事务受理服务中心（明珠路800号）,共涉及"一网通办"事项201项,涉及公安、民政、人社、医保、卫健、粮食、总工会、残联、档案、经信委、税务共

图5-2　青浦区徐泾镇"一站式"社区事务中心

图5-3　青浦区徐泾镇"一网通办"

12个条线。

徐泾镇社区事务受理服务中心北大居分中心（尚鸿路820号），共涉及"一网通办"事项137项，涉及公安、民政、人社、医保、卫健、粮食、总工会、残联、档案、经信委、税务共12个条线。

徐泾镇共建有10个村级社区事务服务中心，共涉及直接办理"一网通办"事项40项，涉及公安、民政、残联、档案、住建共5个条线。共涉及代办事项45项，涉及公安、民政、医保、总工会、残联、税务共6个条线。

徐泾镇建成2个幸福社区，分别为民主村幸福社区和尚鸿路居委会幸福社区，共涉及"一网通办"事项44项，涉及残联、粮食、民政、人社、医保、住建、经信委、公安、档案8个条线。

二、持续推进"一网统管"建设

（一）闵行片区

闵行区华漕镇建设和完善"一网统管"机制体制建设，构建"镇城运中心—处置网格—自治网格"三级工作架构，坚持"一屏看华漕、一网管全镇"的目标定位，推进城市治理数字化转型，深化线下自治共治与线上智能管理的融合，逐步实现实战中管用、基层干部爱用、群众感到受用。主要推进成效从以下五方面入手。

1. 提升自治能力，夯实居村前端平台

按照"一网统管""应用为王、管用为王"的工作思路，梳理闵行区华漕镇自治网格42个，其中村委网格16个、居委网格14个、街面网格4个和拓展网格8个，细分责任块366个。2020—2021年，居村自治网格主动发现社会治理"牛皮癣"案件7.873 3万件，前端处置6.248 6万件，占比79.36%；"12345"群众诉求案件8 724件，前端处置4 345件，占比53.48%。居村自治网格真正起到了将城市管理顽症发现在早、预防在先、解决在小，最大限度减少了后端执法管理成本。

2. 划分处置网格，明确力量对应入网

制定了《华漕镇关于"一网统管"处置网格运行机制的工作方案》，将全镇同步划分为5大处置网格，明确了公安、城管、市场监管、综治、安监、整违、房管等7支队伍作为基本力量。镇城运平台将自治和共治人员——对应到网格中，作为城运中心平台主要巡查、受理和处置力量，初步形成条块结合、专常并举、线上线下融合的自治共治运行机制。

3.强化联勤联动，做实高效处置一件事

结合近3年闵行区华漕镇网格化平台群众投诉比较集中的疑难问题，列出群租、非改居等14项跨部门疑难问题，作为联勤联动处置事项清单，并完成了"一事项、一清单、一流程"。制定了处置网格运行机制、"一网统管"案件派发流程规则和闵行区华漕镇城运平台案件办理职责。

4.远程指挥，助力基层减负增能

采购智能终端单兵设备60台，覆盖居村和主要职能部门，将华漕辖区内公安交通道路638视频点位嵌入"一网统管"平台，将纪王、诸翟集镇和赵家村等80多个视频接入平台，进一步提高解决问题可视性、有效性和处置过程留痕，通过镇城运"一网统管"平台进行远程指挥，切实在联勤整治、疫情防控、垃圾分类、网格巡查、防台防汛等实战中发挥作用。

图5-4　闵行区华漕镇城市运行"一网统管"

图5-5　闵行区新虹街道城市运行"一网统管"

5. 多系统融合，智能化场景显特色

闵行区华漕镇把"自选动作"融入平台。一方面，融入华漕镇智慧水务综合管理平台，该系统已由镇水务站开发应用，对镇水务管理起到了较好的辅助效果，具有华漕特色亮点。另一方面，纳入智慧城管平台，展示镇城管中队网上办公开展情况。接入气象监控系统，随时了解台风、雨量、风力、云图和应急响应等实时动态信息。镇"一网统管平台"和区应急局应急指令发布对接，确保应急指令第一时间接收并反馈至相关领导和部门。

（二）长宁片区

长宁区新泾镇坚持"一屏观全域，一网管全城"，以数字化、网络化、智能化为突破口，统筹社区管理各类资源，抓好城市常态管理，做强城市应急管理，着重打造集业务、数据和智能为一体的城市运行"一网统管"，激发城市精细化治理活力，着力提升城区治理科学化、精细化、智能化水平。

1. 探索业务流程，实现智能化网格治理

不断强化镇城运管理"枢纽"功能建设，严格落实网格化管理工作要求，形成全流程培训、全覆盖回访、全过程督办工作机制，进一步提升精细化治理水平。优化完善网格派单制度，落实"四员"闭环流转处置机制，助力传统人工派单向机器派单顺利转变。全面执行首单责任制、项目负责制，按照"1、5、12"的新泾时效标准，理顺各类案件派单、协调、处置、监督的业务流程，通过减时间、减环节、快处置、快结案，提升案件处置率和办结率，推动政务微信平台应用落地落实。截至2021年11月，网格共处理一般流程案件12 946件，其中通过物联感知上报的智动案件3 813件，结案率99.3%，处置时间压缩70.2%，有效实现智能化数字治理。

2. 探索地域特色，打造智能化河湖应用

长宁区新泾镇积极贯彻城市新发展理念，针对当前河湖治理效率的瓶颈问题，在全区率先探索可视化、信息化治理模式，打造"一网统管"河湖管理系统，推进实现河湖治理体系、治理能力现代化。通过"三屏联动"（手机端、电脑端、大屏），实时掌握河道动态，加强河道巡查管理和涉水事件处置督管力度。截至11月，已有30路监控实现大屏展示，其中10路叠加智能感知系统，通过物联感知系统抓拍处置案件128起，结案率100%，实现科技赋能河湖管理新模式。

3. 探索新型分类，健全智能化预警处置

持续巩固垃圾分类新成效，从源头加快促进生活垃圾减量化，构建生活垃圾分类常态长效，新泾镇积极打造智慧垃圾分类监管系统，通过"三灯"评估预警机制，建立健全物业公司和居委会双责制度，有效落实自发自处智能化处置。率先在中泾居委建立智能箱房，在世纪之春、泉口路109弄、天山怡景苑等小区推广建筑垃圾收集箱试点。截至11月，中泾路18弄垃圾箱房已拍照取证并解决案件650起。通过引入智慧化分类管理模式，加快实现"一屏观分类、一网管全程"的精细化管理目标。

（三）青浦片区

不断推进城市运行"一网统管"，紧扣"一屏观全域、一网管全城"目标，依托电子政务云加强各类城市运行系统的互联互通，全网统一管理模式、数据格式、系统标准，形成跨部门、跨层级、跨区域的协同运行体系。

发挥"应发现、尽处置"职能，提升网格化管理水平。提升网格化管理水平，依托徐泾镇网格化指挥平台，整合公安、城管等各方管理力量，打通数据共享渠道，充分发挥平台闭环管理成效，提升区域治理能力。严格落实"1+8"城市精细化管理机制和三级巡查机制，加快建设村（居）四级平台，健全完善案件监管、绩效考核等制度规范，建立健全片区例会制度、居民区例会制度，探索建立问题发现及处理一体化网格管理制度。2020年3月正式启用"一网统管"政务微信端，截至2021年年底共立案345 311件，其中监督员上报268 716件，结案267 832件，结案率99.67%；新冠疫情案件50 279件，结案50 279件，结案率100%。

"绣花功夫"推进精细管理，夯实网格管理基础。在"三网融合"基础上，深入总结保障进博会经验，通过"一网统管"撬动社会治理创新，更大力度推动部门职能整合、业务流程重塑、体制机制优化，构建更加科学高效的城运体系，全镇对应5个责任网格建立5个联勤联动工作站，落实镇派出所、城管中队、市场监管所等11个部门常态化进驻联勤联动工作站。同时，建立2支由公安应急勤务力量为主体的城市运行和应急快速处置队伍，确保7×24小时全覆盖的工作模式。开展各项专项检查治理，强化环境市容环境保障，在保障"双创、进博会、三大整治"三项工作同时，紧抓"街面"以及"宅前屋后"，治理"乱堆物""无证设摊""跨门经营""三合一"场所、"居改非"、群租、日租、非法加油、储存危化品、食品地下加工等乱象1 400余件。

三、持续提升城市综合管理能力

（一）闵行片区

一是垃圾分类开展情况。根据生活垃圾四分类标准，全镇42个小区、10个村及82家单位分别完成了分类垃圾箱房标准化改造和功能提升；建成1座镇级两网融合中转站，59个两网融合回收服务点；根据《定时定点导则》，按照每300—500户居民设置一处临时投放点位的标准，新建临时投放点位57处。二是园林绿化方面。2020年至2021年9月底对长势差的绿地等进行了调整补种，共计面积9 300m²。对缺株、死树的道路行道树进行了补缺和更换，共计47株。纪翟路、北翟支路、运乐路、保乐路等道路更换景观花卉共计11万余盆。苏州河（闵行段）景观提升一期项目建设内容为景观灯光和绿地调整提升，涉及长度为1.46千米，改建绿地2 200平方米，计划进博会前完工。三是市政交通方面。为维护我镇农村桥梁基础设施完好，保障居民安全出行，落实养护资金，组建养护队伍，并每周上报桥梁情况，维修加固并加装桥梁护栏与桥梁养护牌124块、警示牌4块。派遣巡查人员进行每周不少于2次的巡查，制定一桥洞一卡，配合区交通委对我镇桥下空间检查并及时落实整改8处，保障桥下空间可控，无违章行为。组建了2支养护单位组成的应急抢险队伍，其中人员20名、车辆3辆，制定了防汛防台应急预案。

图5-6　闵行区华漕镇城市景观

（二）长宁片区

长宁区新泾镇从群众需求和城市治理突出问题出发，以网格化管理为基础，运用智能化管理手段，整合资源力量，管理重心下移，不断加强精细化管理，有机更新公共空间，使镇域环境越来越生机勃勃、焕发活力。

1.加强精细治理，有效解决城市顽症痼疾

持续强化精细化治理，不断提升镇域居住品质。稳步推进存量违建逐步减量工作，实施三轮"破墙开店"综合整治，改善道路、门面的环境面貌。荣获2019—2021年度国家卫生镇称号。积极开展空中坠物等安全隐患专项整治，共拆除各类店招牌1 122块，完成800余块户外招牌整治恢复工作。高质量推动全镇承接的20条道路18.32千米的架空线入地和合杆整治项目，已完成仙霞西路、双流路、广顺路、天山西路等10余条道路的拔杆撤线工作。创新推出新泾镇群租治理"六步工作法"，形成查隐患到防回潮的闭环模式，持续开展群租联合整治行动，做到排查无死角、排摸全覆盖、部门齐参与。

2. 加强精准投入，有效实施城市更新战略

持续强化精准投入，破解"老、小、旧"难题，完成11.03万平方米的旧小区综合整治；实施22个类别家门口工程和助民专项项目；开竣工精品小区建设累计20余万平方米。全面完成20处企事业单位雨污混接改造和11个住宅小区19处雨污混接改造。引导实施既有多层住宅加装电梯，坚持抓签约、抓开工、抓竣工，通过专班推进、领导包干、指标细化，加装电梯持续提速，截至11月，已累计签约132台，建成并投入使用电梯13台，在建68台，积极探索老旧小区修缮改造更新机制，有效弥补公共服务配套短板。建成以休闲、体育、文化为主题的泉口路美丽街区，实现设施、功能、效益全面提升。聚焦"小镇味、江南韵、生态风"，匠心打造周家浜文化滨水公共空间。贯通启用新泾港健身步道，形成滨水慢行活动走廊，促进绿脉、水脉、文脉、人脉深度融合，成为"老百姓家门口的好去处"。

长宁区新泾镇将坚持遵循城市发展规律，树立全生命周期管理理念，统筹空间、规模优势，协调规划、建设、管理和生产、生活、生态等各个方面，更好发挥政府、市场、社会各方力量，着力打造治理体系和治理能力现代化的城区样本，让城市运行更加安全高效，实现"人人都有人生出彩机会、人人都能有序参与治理、人人都能享有品质生活、人人都能切实感受温度、人人都能拥有归属认同"的美好愿景。从群众需求和城市治理突出问题出发，运用智能化管理手段，更主动、更及时、更高效加强标准体系建设。加快"云、数、网、端、安"基础设施建设，强化数据赋能、功能融合，提升复杂社会条件下城市管理综合治理、协调联动和基层治理等实战能力，为全面加快建设具有世界影响力的国际精品城区，实现城区社会主义现代化建设贡献新泾力量。

（三）青浦片区

一是城市管理精准高效。深化探索从"三网融合"到"一网统管"的实践融合，打造"三级平台、五级应用"逻辑架构，进博会期间深化12类智能化应用场景、"1+8"网格人机交互巡查和"103060"时限处置机制，智能化场景和视频巡查发现案件占比提升至80%，初步实现"一屏观天下、一网管全城"的目标，该管理模式获评首届"上海城市治理最佳案例奖"。成立徐泾镇城运中心平台，理顺城市运行管理工作边界，加快"1+3+N"平台系统应用，充分发挥联勤联动功能，高效实现城市日常管理。大力推进"三大整治"专项行动，30个村居通过"人居环境先进村居"创建。率先启动全镇域一体化养护保洁精细化作业，覆盖道路、绿化、河道近700平方米。

图5-7　青浦区"微笑四叶草"志愿服务队

二是社会治理智慧创新。完善社会治安防控智慧化建设，已完成92个小区、22栋单位楼宇、3个宗教场所、1个自然村落、1家医院的智慧安防建设及4085户农村租赁房小技防建设，并结合"天眼"项目计划和"雪亮工程"建设，实现辖区智能安防布控全覆盖，从管理上完成"传统人工"向"智慧集成"的转变。全面推进市域社会现代化治理，以"五治"管理夯实城市发展基石。大力推广"房管家联盟"社区管理模式，结合"十字工作法"，严格做好出租房的闭环式管理。完成31家"客堂间"村民自治平台的规范化建设，推进"一站两中心"提质增效，增强村居干部下楼开放式集中办公实效。不断完善创新社会治理体系，完善"社区云"智慧系统，加快"幸福社区"建设运用，"四门工作法"成为上海市改革开放40周年创新成果卓越品牌。

三是安全底线不断筑牢。持续梳理排查重大风险，加大防范化解力度。完善疫情防控指挥机制，实行社区"限时封闭管理"和"红黄蓝三色证"管理制度，组织发动1500多名各级财供人员、1000多名在职党员和1200多名社会志愿者汇聚基层一

图5-8　安全检查

线，全力筑牢疫情防控"铜墙铁壁"。严格贯彻"应种尽种"要求，累计完成全镇域接种29.5万剂次，完成率78.8%。健全平安徐泾建设工作协调机制，顺利建成34个信访代理服务站，形成问题联治、工作联动、平安联创的良好局面，切实提高群众满意度。强化安全责任落实，做好"危化品""粉尘涉爆""食品安全""消防安全"等重点领域的执法检查和专项管理。持续加大公共安全整治力度，圆满完成龙联汽配城拔点工作。深化健全扫黑除恶、安置帮教、人口调控、禁毒、反邪教等社会治安综合治理工作。

（四）嘉定片区

一是完善城市道路体系。衔接已建、在建、将建的三条地铁线（轨交13号、14号线，嘉闵线），全面提升公交换乘、绿化环境、站点开发等能级水平，实施曹安路沿线综合提升工程。区区对接道路华江路桥、纪鹤路桥、临洮路桥均已顺利通车，打通江桥镇与虹桥国际中央商务区地面交通道路，进一步完善路网体系。

二是城市风景更加靓丽。依托进博会的成功举办，聚焦道路整修、墙面美化、户外广告专项整治等重点内容，区域整体环境面貌显著提升。持续推进"五廊一片"生态廊道建设，完成华翔路、金沙江西路等沿线绿化景观升级改造。

三是医疗教育更加均衡。加快推进教育现代化建设，深化教育领域综合改革，大力引进优质教育品牌，不断优化教育资源布局；全面提升医疗卫生服务能级，上海市第一人民医院嘉定分院投入运营，紧密型医联体建设步伐不断加快，"3+X"新型家庭医生签约服务模式实现全覆盖，分级诊疗体系不断健全。

四是文化产业布局渐成规模。推动北虹桥海派特色文化产业发展，吴淞江文化创意产业带围绕"文化旅游、文教休闲、文创科技"，成功入驻北虹桥时尚产业园、海上轩海派红木家具馆、中国国家画院艺术交流中心上海（嘉定）基地、北虹桥体育中心等主体。

五是智慧城市建设逐步推进。完成17个村、41个社区综治中心和"街镇—村居"视频会议系统建设，实现街镇与村居综治中心的可视化联动。完成110个封闭式小区及农村居住地的智能安防建设，实现人脸抓拍、车辆抓拍等安防功能，江桥镇的110报警数降幅明显。

第二节　人才高地建设

为贯彻落实《长江三角洲区域一体化发展规划纲要》，高水平规划建设虹桥国际开放枢纽，促进长三角地区深化改革、协同开放，国务院恢复、国家发展改革委印发《总体方案》。《总体方案》提出，创设虹桥国际商务人才港，大力吸引专业性、国际化、创新型人才。

一、精神摘要

贯彻尊重劳动、尊重知识、尊重人才、尊重创造方针，深化人才发展体制机制改革，全方位培养、引进、用好人才，充分发挥人才第一资源的作用。——《中共中央关于制定国民经济和社会发展第十四个五年规划和二○三五年远景目标的建议》

创设虹桥国际商务人才港，大力吸引专业性、国际化、创新型人才。在虹桥国际中央商务区开展国际人才管理改革试点，为境外高层次专业服务人才来华执业及学术交流合作提供签证、居留、永久居留便利。——《总体方案》

综合国力竞争说到底是人才竞争。人才是衡量一个国家综合国力的重要指标。国家发展靠人才，民族振兴靠人才。我们必须增强忧患意识，更加重视人才自主培养，加快建立人才资源竞争优势，加快建设世界重要人才中心和创新高地，必须把握战略主动，做好顶层设计和战略谋划。——2021年9月中央人才工作会议

创设虹桥国际商务人才港。创新人才服务机制，加大专业性、国际化、创新型人才引进力度。完善人才安居管理体系和管理制度，提升人才综合服务水平。引进国际化人力资源服务企业，打造面向高层次人才的共享服务平台。开展国际人才管理改革试点，建立外籍高层次人才申请永久居留和工作居留直通车制度。——《关于加快虹桥商务区建设打造国际开放枢纽的实施方案》

要全面确立人才引领发展的战略地位，率先实行更加开放更加便利的人才引进政策，深化人才发展体制机制改革，形成具有吸引力和国际竞争力的人才制度体系。优化人才发展平台和环境，提升人才服务能级，最大限度激发人才创新创业活力，加快厚植人才优势。要加大青年人才集聚、培养力度。——《中共上海市委关于制定上海

市国民经济和社会发展第十四个五年规划和二〇三五年远景目标的建议》

　　聚焦重点产业、重点区域和基础研究领域大规模引育优秀青年人才。加快构筑人才发展治理体系，形成人才制度优势。集聚海内外优秀人才，打造最优人才发展生态。——《关于新时代上海实施人才引领发展战略的若干意见》

二、目标定位

　　虹桥国际商务人才港是贯彻落实国家和市委、市政府关于打造虹桥国际开放枢纽精神，在市有关部门的指导下，管委会牵头统筹会同相关区，整合政府部门人才服务功能资源，整合人才引进和创新创业扶持类公共机构，集聚具有全球人力资源配置服务能力的市场机构，打造体验佳、效率高、服务优的人才服务枢纽，建设区域人才合作交流和便捷办事的一流服务平台，不断提升虹桥国际中央商务区人才服务的核心竞争力，以人才服务推进虹桥国际中央商务区营商环境的提升。

三、主要内容

　　根据《总体方案》和《规划》，虹桥国际商务人才港的主要内容有：

　　（1）探索建立人力资源服务产业园（或分园），推进移民政策实践基地建设。

　　（2）创新人才服务机制，加大专业性、国际化、创新型人才引进力度。

　　（3）引进国际化人力资源服务企业，打造面向高层次人才的共享服务平台。

　　（4）完善人才公寓管理体系和管理制度，充分发挥人才公寓在青年人才引进和集聚中的激励和导向作用，提升人才综合服务水平面。

　　（5）完善长三角企业海外人才互通机制，建立长三角外籍人才服务平台，提升面向长三角的海外人才就业服务功能。

　　（6）为境外高层次专业服务人才来华执业及学术交流合作等提供签证、长期居留、永久居留等便利。

　　（7）经认定的外籍高层次人才可凭其持有的外国人永久居留身份证，创办科技型内资企业。

　　（8）其他人才集聚、服务等相关工作。

四、基本思路

　　总体按照政府主导、资源整合、聚焦重点、市场服务、政策支持的原则推进。

将人才工作与功能打造相结合。聚焦虹桥国际中央商务区发展最新功能定位推进商务区人才服务工作，作为吸引人才、留住人才的主要工作方向。

将人才工作与投资促进相结合。以人才服务工作促进招商引资工作，充分运用人才政策促进项目落地，重点聚焦企业项目的中高端人才服务。

将人才工作与环境营造相结合。围绕打造虹桥国际中央商务区的目标，按照打造一流营商环境的要求，落实以人为本的理念推进商务区人才服务工作。

将人才工作与区域统筹相结合。立足管委会区域统筹的职责，会同各相关区共同做好人才服务，形成商务区人才服务整体协同的工作框架。

五、框架体系

（一）服务平台

1. 虹桥国际商务人才港（闵行分中心）

闵行区在虹桥国际中央商务区核心区建立虹桥国际商务人才港（闵行分中心），设置服务窗口提供人才引进、居住证积分、留学生落户、就业服务、社会保险、来华居留及工作许可等服务事项。

2. 虹桥国际商务人才港（长宁分中心）

依托虹桥海外人才一站式服务中心建立虹桥国际商务人才港长宁分中心，外国人、台港澳人员就业证，华侨华人事务，出入境证件，外国专家证，海外人才居住证（即俗称的"B证"）等多项业务可通过同一个办理大厅得以解决，为人才提供优质、高效、便捷的专业化服务。

（二）产业平台

1. 人力资源产业园

国家级人力资源服务产业园分园，将申昆路2377号4号楼约1.7万平方米的空间作为虹桥园主楼，向外辐射吸引更多人力资源企业，重点引入行业龙头企业、平台资源型企业，逐步形成规模化产业园。

2. 留学生创业园

积极推进海外留学生创业园建设，辐射长三角海外留学创业人才服务高地，集聚创新资源、创新人才，吸引和扶持留学人员创业，充分释放人才新政效应，打造一流人才孵化平台。

（三）政策环境

移民政策实践基地。在市出入境管理局的支持指导下推进移民政策实践基地的建设，积极争取便利化移民政策措施先行先试，促进海外优秀人才集聚，为服务商务区内的外籍人才，设立出入境外国人服务窗口，打造虹桥国际中央商务区移民融入服务站，推进外籍高层次人才申请在华永久居留推荐，开展移民管理政策研究、宣传推介、实施评估、创新论证等工作。

国内人才服务。加强与市级各条线主管部门对接，进一步争取人才业务和工作能级的拓展及人才落户等政策的相关支持；加强与长宁、闵行、青浦、嘉定四区相关部门对接，统筹协调商务区内人才政策实施；加强与长三角服务各相关部门对接，推进长三角地区人才服务有关工作。

六、建设成效

（一）推进虹桥国际商务人才港主体建设

管委会协调闵行区人社局、南虹桥公司，推进虹桥国际商务人才港（闵行分中心）建设，集成人力资源产业发展必需的人社、公安、社保、工商、税务、科委等区级公共服务事项。与长宁区人社局对接海外留学生创业园建设，现已初步确定选址在临空园区，正共同梳理相关政策。

配合闵行区做好中国上海人力资源服务产业园区虹桥园申报工作，10月份获批复。在人才港区域已注册落地或新设的人力资源类企业已逾30家，正在迁移及注册的人力资源类企业8家，在谈及跟踪推进的人力资源类企业近30家。预计产业园正式开业前夕，区域内落地的人力资源类企业可达40余家。

（二）完善人才公寓配租及管理制度

管委会受理企业递交的人才公寓申请，每周汇总上报相关单位，召开第十三批、第十四批人才安居房配租评审会，共有30家企业提出申请，配租旭辉人才公寓4套，乐贤居人才公寓25套，乐贤居续租2套；走访调研商务区内市场化租赁房源，梳理排摸虹桥国际中央商务区市场化租赁房源及企业白领人才需求，完善虹桥国际中央商务区市场化租赁房源资源库，打造人才安居房供需对接平台；举办市场租赁房供需对接会，听取与会企业对优化虹桥国际中央商务区企业白领居住环境配套的意见与建议。与地产城方集团对接"城方活力社区申虹路店"市场化人才公寓相关事宜，为其搭建与企业的对接平台并予以政策支持；草拟虹桥国际中央商务区市场人才公寓管理制度，通过政府引导、市场运作、政策支持等方式，积极探索人才公寓配套模式，服务虹桥国际中央商务区企业。

（三）推进移民政策实践基地相关工作

虹桥国际中央商务区作为移民实践基地组成单位之一，协助开展移民管理政策研究、宣传推介、实施评估、创新论证等工作，作为落实移民政策实践基地具体措施，开设出入境外国人服务窗口，为商务区内的外籍人士提供服务；制定《虹桥商务区推荐外籍高层次人才申请在华永久居留的认定管理办法（试行）》。探索虹桥国际中央商务区专项发展资金在人才服务专项方面的使用。

七、未来愿景

（一）服务长三角

着力提升服务长三角的能力，发挥长三角地区优势，建立创新型人才评价体系，推进长三角人才评价标准互认和人才保障服务标准协同。完善长三角企业海内外人才互通机制，提升面向长三角的海内外人才就业服务功能。

（二）体现国际化

着力提升联通国际的能力，打造面向海内外的优质人才服务品牌，引育国际一流人才。

第三节　生态品质升级

为进一步提升上海虹桥国际中央商务区城市管理精细化水平，巩固推进商务区市政市容综合养护工作，2021 年 12 月，上海虹桥国际中央商务区管理委员会、市住房和城乡建设管理委员会、闵行区人民政府、长宁区人民政府、青浦区人民政府、嘉定区人民政府根据《总体方案》和《规划》要求，联合制定了《上海虹桥国际中央商务区市政市容综合养护导则（试行）》（以下简称《导则》）。

一、《导则》主要内容

市政设施运维和养护是市政行业"规建管养"的最后一环，也是市政设施全生命周期的重要组成部分。而综合养护，则是将市政养护中各专业的部分或全部工作内容进行整合和打包，是打破行业条块分割，统筹各类资源，提高利用效率的有效方式。

为巩固商务区已有的综合养护成果，进一步提升区域内的综合养护水平，统一区域内各街镇相关市政基础设施日常保洁和养护的技术标准，规范养护工作，推广"1+X"的综合养护模式，制定本《导则》。

其中，"1+X"为综合养护的推进模式。"1"表示一体化保洁，"X"表示道路、园林绿化、水务等专业的日常养护。综合养护应以一体化保洁作为基础，宜包含道路、园林绿化、水务等一个或多个专业的日常养护。

《导则》的主要内容大致包含以下几个方面：

第一，在对商务区进行一体化保洁区域等级划分的基础上，分等级制定不同的保洁要求。另外道路、园林绿化、水务等各专业的日常养护仍遵循专业特点，参考《虹桥商务区规划建设导则》的相关规定，进行专业养护等级的划分。

第二，从作业安全、交通安全、流动作业几个方面规定综合养护作业期间的安全防护要求。

第三，针对商务区"大交通、大会展、大商务"的区域特点，编写正文章节——重大活动及节日保障以及附录章节——应急处置。前者从保障对象、时间、范围、具体要求等方面做出规定，后者从突发事件和异常气候两个方面对综合养护单位提出应急处置的一般要求。

第四，为响应"智慧虹桥"及上海城市数字化转型的建设需求，编写了数字化运维与管控章节，明确提出应该配合综合养护工作，建设综合养护数字系统，为市政基础设施的日常养护提供数字化支持，满足市政基础设施日常养护和环卫保洁的全过程管理需求。并对综合养护数字系统的系统架构和功能要求作出详细规定。

第五，为配合《导则》的落地实施，《导则》在附录章节编写了考核办法作为配套，提出了综合养护指标作为衡量区域综合养护水平的重要标准。该章节规定了考核模式、考核主体与对象以及综合指标的加权计算方法，并制定了各类分项的考核细则。

二、《导则》主要特点

（一）顺应规划

《上海市国民经济和社会发展第十四个五年规划和二○三五年远景目标纲要》明确指出，"以绣花般功夫推进城市管理精细化，坚持高标准引领，充分释放网格化管理效能，推动规划建设管理一体化贯通，努力形成超大城市管理精细化示范样本"，并提出具体举措"健全城市基础设施运维长效机制，开展综合养护试点，打破行业条块分割，将区域性较强的设施打包实施综合养护和管理"。本《导则》顺应了规划文件的要求。

（二）概念明确

本《导则》是国内首个提出"综合养护"概念的技术指导文件，并配套了相对明确的指标体系作为考核支撑，为推进市政基础设施综合养护的落地和推广提供了切实可行的技术支撑和应用保障。

（三）"1+X"模式

首创"1+X"推进模式，打包项目菜单化、模式化、扁平化。可应对不同区域的特点，进行不同项目、不同专业的打包和叠加，具有较强的普适性。

（四）虹桥特色鲜明

《导则》在多个方面体现出商务区的鲜明地域特点，表现在：（1）按照商务区各片区的重要程度划分一体化保洁区域等级；（2）园林绿化专业养护在核心区域特殊时段提出超一级养护概念；（3）针对商务区"大交通、大会展、大商务"的区域特点，突出重大活动与节日保障及应急处置；（4）参考多地多区域的地方标准，综合考量，对标"最高标准，最好水平"。

（五）数字运维

为响应"智慧虹桥"及上海城市数字化转型的建设需求，编写了数字化运维与管控章节，提出综合养护数字系统的架构与功能要求。

（六）依据充分

《导则》在编制过程中，上下游均有翔实依据。一方面参考《虹桥商务区规划建设导则》的整体框架与分类标准；另一方面在前期对商务区范围内的养护状况进行深度调研，调研对象包括区级、街镇两个层级的市政设施养护行政主管部门、市级相关条线主管部门、区域内外综合养护试点区域的牵头部门和主要实施单位以及管委会内部各相关处室，拥有相对翔实的实践基础，具有较强的可行性和落地性。

三、推进《导则》实施主要措施

（一）基本原则

1. 政府主导、行业协同

管委会制定技术标准，加强督促指导；市级各行业主管部门进行行业指导；商务区各区承担属地责任，制定相关综合养护管理文件和扶持政策，具体推进区域内综合养护工作并对街镇开展考核。

2. 整体统筹、逐步推进

统一规划，整体统筹推进；兼顾地域特性，因地制宜，分区分级，逐步推进，从综合养护"1+1"模式逐步全面实现"1+N"模式，循序衔接既有模式。

3. 作业一体、服务专业

集约资源开展日常性养护，综合各行业力量开展专业化养护作业；综合养护实施责任主体和各行业部门共同考核评价，形成齐抓共管、协同高效的推进局面。

（二）工作思路

以总体统筹、逐步推进为基本要求，以理顺体制机制为基础，以数字化转型为契机，以扶持政策为保障，以标准规范为引领，以提升人民幸福感、提高城市管理水平为目的，开展综合养护推进工作。

1. 深入调研分析，助力科学决策

商务区各区深入开展调研分析，梳理区域内市政基础设施分布情况、运行情况，梳理市政基础设施权属情况、养护现状及养护模式，梳理综合养护推进中的瓶颈问题，进行系统分析，为科学决策提供依据。

2. 发挥专业力量，促进项目实施

依托专家技术力量，联合各行业部门，组建专家组，为计划制定、方案编制、项目推进、考核评价提供技术支撑。

3. 科学编制计划，逐步巩固成果

梳理既有养护模式、归属部门，编制综合养护行动计划，循序衔接既有模式；以重点区域，重大活动区域、区域活动中心等为前期重点，结合城市精细化管理、新城建设等工作，制定综合养护年度计划；逐年推进，逐步加压，实现综合养护全面实施目标。

4. 实行联勤联动，协同共治共享

充分发挥责任主体牵头、行业部门协同、社会力量监督作用，形成信息共享、相互监督、协同联合的联勤联动机制，建立起综合养护运行机制；集中养护资源进行日常性、巡查性工作，行业部门指导监督进行专业性的养护工作，确保综合养护高质量服务；建立定期检查、随机抽查制度，对综合养护服务进行考核评价。

5. 释放网格效能，依法监督处置

以商务区各区城运中心（网格化中心）为基础，建立完善综合养护应用场景，形成市容、环保、安监、消防、交警、治安、专业养护以及重要管理服务对象等组成的网格化综合治理体系；依托执法机构权威、各行业部门力量，依法监督贯穿养护工作全过程；建立平台上事件巡视、发现、提交、分发、处置、反馈、跟踪的完整闭环流程。

6. 依托平台作用，发挥数字赋能

采用现代化信息技术，助力养护工作数字化、智能化升级，运用数字技术推动养护手段创新、模式创新、理念创新；搭建各区综合养护平台，通过专业性、综合性分析实现养护问题预测、养护效果评估；通过布设感知神经元或外部数据接入，丰富平台多源数据；对接融入一网统管，充分发挥"一网统管"城市运行管理平台作用。

（三）保障措施

1. 建立协调机制

建立由管委会牵头，市相关行业主管部门和商务区四区人民政府共同参与的商务区综合养护工作协调机制，定期召开专题会议，及时研究解决推进中的各类问题，督促落实各项推进任务。

2. 组建领导小组

商务区各区组建区综合养护领导小组，由区分管领导、区各行业主管部门及街镇负责人组成，建立工作联动制度，整体统筹推进，制定综合养护相关管理文件和扶持政策；制订工作计划，负责具体推进工作。

3. 健全考核体系

根据综合养护推进工作目标和任务要求，商务区各区要将各街镇推进工作情况列入年度工作考评。组建工作巡查监督小组，由管委会相关处室及市、区行业部门的专业人员组成，进行定期巡查；依托综合养护平台和一网统管，建立养护客观数据评估体系；建立专业化的第三方综合评价机制，进行现场巡查和养护数据综合评估。考核结果综合考虑巡查监督小组评价、平台原始数据及第三方后评估报告评分。

4. 强化资金保障

商务区各区制定综合养护相关扶持政策，做好综合养护年度预算，区财政予以资金倾斜支持。

四、维护市容保障主要行动

虹桥国际中央商务区管理委员会有序推进商务区市容环境保障工作。一是主动对接市绿容局，积极协调属地政府做好"建党100周年"、花博会、进博会等重大活动的市容环境优化提升及保障工作。二是贯彻落实《建党100周年暨进博会、花博会等重大活动市容环境优化提升行动方案》要求，编制实施《第四届中国国际进口博览会虹桥商务区市容环境提升工作方案》。组织召开第四届进博会虹桥国际中央商务区环境提升工作推进会，认真落实各项制度措施，统筹协调市、区相关政府部门以及机场集团、地产集团等企业单位开展第四届进博会商务区市容环境提升工作。组织第三方开展市容环境巡查，依托商务区城市管理精细化工作平台，以线下现场巡查与线上任务清单督查督办相结合的模式，变往年的"挂图作战"为"网上作战"，确保问题解决率。10月26日，召开第四届进博会虹桥国际中央商务区市容环境提升专家检查评估暨工作推进会，邀请市委市府督查室、市行业主管部门、有关专家、人大政协及市民代表对市容环境整治效果进行评估考核，并形成市容环境提升检查评估报告报市委市政府。三是做好户外广告的审批和日常管理工作。进一步规范户外广告设施设置审批工作，提高行政审批服务水平和效能。做好批后日常管理，召开户外广告设施安全检测专题培训、督促企业加强防汛防台期间的安全巡检和值班值守。截至11月30日，共发出正式许可66份，印发临时许可9份。四是对接四个区贯彻落实李强书记调研商务区指示的工作任务清单。走访调研华漕、新虹、江桥、新泾、徐泾、程桥等街镇，和分管领导及工作部门进行工作沟通，围绕如何建设"国际化品质风貌示范区"和"城市管理精细化管理标杆示范区"，在建机制、搭平台、出亮点等方面进行交流沟通，提前谋划下阶段工作。

第六章　制度创新经验

虹桥国际中央商务区自2009年设立以来，历经扩区和进博会、长三角一体化等战略落地，跨行政区范围不断扩大，功能内涵不断延伸，大交通、大商务、大会展特色日益凸显，并已基本形成"产城融合发展、环境生态文明、配套优势明显、区域特色鲜明"的新一代商务区框架。

在此过程中，虹桥国际中央商务区不断深化体制机制改革，积极探索并形成了一批有价值的制度创新成果和经验做法。总结起来主要有两点：一是统筹协调。虹桥国际中央商务区聚焦目标原则、建设规范、技术标准、运行准则、管理要点、保障机制等内容，在规划设计、开发建设、运营管理、服务保障等各个领域出台了一系列政策文件，有效统一协调了五大片区和各职能部门的相关工作。二是先行先试。虹桥国际中央商务区坚持创新发展之路，在绿色低碳、智慧城市、海绵城市、平台打造、人才服务等方面不断谋划、推陈出新，使虹桥国际中央商务区始终走在改革开放的最前列，同时也为国内其他地区的发展提供了有益的经验借鉴。

为此，我们梳理总结出涉及统筹规划、开发建设、平台功能、城市管理、综合保障五大方面共17项制度创新经验，并从政策内容、组织管理、实施效果三个方面对每项制度创新经验进行说明，同时附上相关政策文件作为依据。

表 6-1　虹桥国际中央商务区制度经验清单

序号	制度经验	主要思路和做法	相关政策文件
一、统筹规划			
1	统筹空间规划	针对虹桥主城片区多主体的特征，商务区统一规划编制，加强虹桥主城片区空间结构整合，规划形成"一网、六片、多组团、多中心"的空间结构，各空间单元功能互补、错	《上海虹桥主城片区单元规划》

续 表

序号	制度经验	主要思路和做法	相关政策文件
		位发展。通过制定涵盖规划设计、开发建设、管理运营全过程的"虹桥标准",提高了一体化开发建设水平	
2	统筹发展规划	历经三个五年发展规划中,从开发建设到功能打造,虹桥国际中央商务区始终贯彻协调发展理念,在规划管理、土地管理、项目管理、要素自由流动和公共服务等方面加强统筹、共享和协同。积极推动商务区与闵行、长宁、嘉定、青浦四大片区的基础设施连通拓展和产业链联动延伸,加强与虹桥经济技术开发区等功能区的互动合作,探索建立核心区与周边区域的产业协作机制,构建"总部+基地"的产业联动发展格局	《上海市虹桥商务区"十二五"发展规划》《上海市虹桥商务区"十三五"发展规划》《上海市虹桥商务区"十四五"发展规划》
3	统一规划建设标准	虹桥国际中央商务区遵循城市精细化管理的思路,引导管理部门和设计、建设单位在实施规划和项目建设中统一理念标准,从规划设计、开发建设、运行管理的全过程角度,打造城区规划建设的"虹桥标准"。在规划编制过程中,多次召开座谈会、研讨会,多次征询市相关部门及闵行、长宁、青浦、嘉定四区政府意见,最终形成导则方案	《虹桥商务区规划建设导则(试行)》〔沪虹商管〔2020〕25号〕
4	统筹综合交通规划	虹桥枢纽涵盖多种交通方式,涉及多个管理部门,各管理主体单位在各自所辖范围内按照本系统、本行业的特点和要求行使管理职责。虹桥国际中央商务区通过建立枢纽联席会议制度、组建枢纽应急响应体系、协调枢纽整体服务,实现了枢纽内交通设施管理及不同交通方式的衔接、集散和转换,有效协调落实了应急保障工作等职责	《虹桥商务区综合交通规划》
5	统筹项目总控计划	虹桥国际中央商务区对商务区151.4平方千米范围内开发建设项目进行了梳理,政府投资项目聚焦基础设施、公共服务、生态环境建设等领域,做好基础设施和功能环境打造;重点缓解商务区当前发展瓶颈;重点引导将各区体现功能定位要求的项目纳入总控计划发展	《上海虹桥商务区2020年度总控计划》〔沪虹商管〔2020〕27号〕

续　表

序号	制度经验	主要思路和做法	相关政策文件
二、开发建设			
6	绿色低碳实践	虹桥国际中央商务区把"最低碳"摆在六大发展理念之首，并很早明确了建设六大低碳工程（区域集中供能、新建绿色建筑、屋顶绿化、区域用能监控、复合慢行智能交通系统、生态绿化）、开展低碳领域研发、加强低碳工程管理、建设低碳运行监测信息平台4项重点任务。实践过程中，虹桥国际中央商务区在充分听取各片区、职能单位意见的基础上，有序开展低碳建设全过程中的统筹规划、开发实施、组织管理、指导协调等工作。在组织保障上，协调管委会各处室职能分工，压实责任；在项目管理上，形成了一套贯穿土地出让、规划、设计、施工、竣工验收和运营管理全过程的政策体系和工作机制	《上海虹桥商务区管委会关于推进低碳实践区建设的政策意见》[沪虹商管〔2019〕101号] 《关于在虹桥商务区四个片区进一步加强绿色低碳建设工作的指导意见》[沪虹商管〔2019〕11号] 《上海虹桥商务区核心区集中供能管理试行办法》[沪虹商管〔2013〕087号]
7	"智慧虹桥"建设	聚焦大商务、大会展、大交通的功能定位和现实需求，虹桥国际中央商务区在新型基础设施建设、国际互联网数据专用通道、5G+AI应用示范落地、数字经济产业发展、会展经济智慧化提升、"两张网"（"一网通办""一网统管"）建设方面先行先试，率先探索城市数字化转型和精细化治理新路径	《上海虹桥商务区管委会关于"智慧虹桥"建设的政策意见》[沪虹商管〔2019〕100号] 《虹桥商务区推进新型基础设施建设行动计划（2020—2022年）》
8	海绵城市建设	在规划编制过程中，横向对比、分析国内外生态城市建设先进案例经验，在海绵城市建设上率先探索出一整套综合解决方案。在组织管理上，明确区域联动机制，成立虹桥主城片区海绵城市建设工作领导小组，统筹协调项目管理、实施和考核，切实分解、落实目标责任	《虹桥主城片区海绵城市建设规划（2020—2035）》[沪虹商管〔2020〕59号]
三、平台功能			
9	优化商务环境	虹桥国际中央商务区支持环境营造项目、公共服务项目、"会商旅文"建设项目以及其他符合虹桥国际中央商务区产业导向和功能定位，具有重大功能性，具有行业和地区重要影响力，具有较好社会和经济效益的项目	《上海虹桥商务区管委会关于优化商务环境建设的政策意见》[沪虹商管〔2017〕091号]

续　表

序号	制度经验	主要思路和做法	相关政策文件
10	人才服务管理	虹桥国际中央商务区对符合申请条件的单位及个人,提供人才安居房源;对符合特殊条件的单位,提供重点保障房源;允许注册在长三角的企业聘雇的长期工作在虹桥国际中央商务区功能性平台备案企业的外国人就近在沪办理外国人工作许可;外籍高校毕业生到虹桥国际中央商务区工作可申请办理工作证明	《长三角入驻虹桥商务区功能性平台企业外籍人才在沪办理工作许可的办事指南》〔沪虹商管〔2018〕051号〕《外籍高校毕业生到虹桥商务区工作办理工作证明的办事指南》〔沪虹商管〔2018〕052号〕《虹桥商务区人才安居房源配租管理规定》〔沪虹商管〔2018〕111号〕
11	重点产业、功能性平台发展	虹桥国际中央商务区支持服务长三角一体化发展国家战略的功能性平台建设;支持符合国际贸易中心新平台要求的功能性平台建设;支持承接和放大中国国际进口博览会溢出效应的功能性平台建设;支持打造"数字贸易国际枢纽港"功能性平台建设	《虹桥商务区产业发展重点支持目录》〔沪虹商管(2010)29号〕《上海虹桥商务区关于支持功能性平台发展的政策意见》〔沪虹商管〔2019〕102号〕
12	现代服务业发展	虹桥国际中央商务区对符合条件的现代商贸业、会展旅游业、航空服务业、现代物流业、信息服务业、专业服务业、金融服务业、文化和创意、教育培训和生命健康服务业、生活性服务业、高新技术产业、贸易机构和组织、重点引进项目、特色园区(楼宇)、社会事业配套、各片区结合功能定位打造的特色产业以及经认定的具有重大贡献的引进项目进行资金扶持	《上海虹桥商务区促进现代服务业发展的政策意见(2019年修订)》〔沪虹商管〔2019〕103号〕
四、城市管理			
13	城市管理综合执法	建立指挥协调机构、区际结合部协同治理机制,以及案件信息双向移送告知制度,加大精细化管控力度,加强重大活动和重要节假日执法保障,从严管控户外广告设施,加强智能化手段建设	《关于加强虹桥商务区城管执法工作的指导意见》
14	枢纽应急管理	建立科学完善的虹桥综合交通枢纽应急管理体系,细化预防准备、监测预警、应急响应、信息共享、应急处置、应急保障与监督管理方案	《上海虹桥综合交通枢纽突发事件应急预案(总案)修订版》

序号	制度经验	主要思路和做法	相关政策文件
五、综合保障			
15	专项资金管理	专项资金由市级财政与四区财政按1∶1的比例共同安排，主要支持虹桥国际中央商务区内符合区域功能定位、产业政策、规划布局和开发建设要求的相关项目，按照"突出重点、注重绩效、加强监督、专款专用"的原则加强使用管理	《上海市虹桥商务区专项发展资金管理办法》［沪财预〔2019〕15号］《上海市虹桥商务区专项发展资金使用管理实施细则（2019年修订）》［沪虹商管〔2019〕95号］
16	政府投资项目管理	虹桥国际中央商务区建立了前期审批和后期监管并重的政府投资项目管理制度。在土地出让、项目储备、项目年度计划、项目审批管理、项目监管稽查等方面积极协调，并统筹平衡主功能区政府投资	《上海虹桥商务区政府投资项目管理办法》［沪虹商管法〔2017〕002号］
17	综合数据统计机制	制定上海虹桥国际中央商务区综合报表制度，明确虹桥国际中央商务区的统计口径，并确立通过季报、半年报、年报的形式实施虹桥国际中央商务区统计工作，确定虹桥国际中央商务区报表的正式表号（以"HQSWQ"开头）	《上海虹桥商务区综合统计报表制度》（试行）

第一节　统筹规划

一、统筹空间规划制度创新经验

针对虹桥主城片区多主体的特征，商务区统一规划编制，加强虹桥主城片区空间结构整合，规划形成"一网、六片、多组团、多中心"的空间结构，各空间单元功能互补、错位发展。通过制定涵盖规划设计、开发建设、管理运营全过程的"虹桥标准"，提高了一体化开发建设水平。

（一）政策内容

《上海市虹桥主城片区单元规划》（以下简称《单元规划》）于2020年初编制印发，是虹桥主城区空间规划、土地利用及生态环境保护的重要依据。《单元规划》着重对虹桥主城片区的目标定位、功能结构、空间组织、交通组织、品质提升进行再思考和新规划，全面提升虹桥地区的核心竞争力，推动产城融合，提高交通和公共服务水平，以期更好地引领虹桥主城片区的发展。

《单元规划》在原主功能区和拓展区的基础上，进一步依据功能特色，形成核心区、机场片区、西虹桥、南虹桥、北虹桥和东虹桥六大片区的总体空间格局，并对各片区功能进行提升。其中，六大片区的核心区重点塑造面向国际、服务长三角的商务区和交通枢纽，机场片区主要以机场功能为主，西虹桥在会展功能基础上拓展贸易和消费功能，南虹桥体现公共服务创新示范功能，北虹桥营造创新产业特色功能，东虹桥发展航空创新服务。片区之间以生态网进行渗透，各片区内部强调居住和就业功能融合，并结合地区中心和社区中心设置，提高公共服务水平。

同时，在各片区内部形成若干个2—3平方千米的组团，进一步通过不同功能用地的混合布局，以及用地内部垂直方向的功能混合，促进职住平衡和设施共享，营造富有活力的城市氛围。根据不同组团的功能导向，分为宜居组团、就业组团和创新组团三种类型，形成差异化的发展策略。

（二）组织管理

针对虹桥主城片区多主体的特征，进一步强化建立协调统一的规划编制和开发建设机制。在规划编制上，加强虹桥主城片区空间结构整合，制定涵盖规划设计、开发建设、管理运营全过程的"虹桥标准";在开发建设上,落实"两先行两同步"建设理念("两先行"指生态环境建设和末端设施建设应优先于经营性用地开发,"两同步"指基础设施建设和公共服务设施建设与地区发展同步),坚持弹性适应规划调整机制,切实提高一体化开发建设水平。

（三）实施效果

虹桥主城片区已初步形成"一网、六片、多组团、多中心"的空间结构,各空间单元功能互补、错位发展。其中,"一网"即生态空间网和城市空间网深度融合发展;"六片"即核心区、机场片区、西虹桥、南虹桥、北虹桥和东虹桥六大片区协调发展;"多组团"即各片区内部各组团的功能混合和空间混合,职住平衡和设施共享效应初步显现,空间布局愈发合理;"多中心"即虹桥主城副中心、3个地区中心和12个社区中心的公共活动中心体系,正在逐步实现公共服务均等化,以满足不同单元的公共活动和公共服务需求。

二、统筹发展规划制度创新经验

历经"十二五""十三五"两个五年发展规划,从开发建设到功能打造,虹桥国际中央商务区始终贯彻协调发展理念,在规划管理、土地管理、项目管理、要素自由流动和公共服务等方面加强统筹、共享和协同。推动商务区与闵行、长宁、嘉定、青浦四大片区的基础设施连通拓展和产业链联动延伸,加强与虹桥经济技术开发区等功能区的互动合作,探索建立核心区与周边区域的产业协作机制,构建"总部+基地"的产业联动发展格局。

（一）政策内容

虹桥国际中央商务区自2009年设立以来,已编制了"十二五""十三五""十四五"三个五年发展规划。规划一以贯之地强调依托综合交通枢纽优势,着力提升现代服务业和国际贸易功能打造,凸显大交通、大商务、大会展特色,并进一步聚焦"五型"经济（创新型经济、服务型经济、开放型经济、总部型经济、流量型经济）,逐步形成"一区五新"总体发展框架,即构建以一流的国际化中央商务区为承载主体,打造开放共享的国际贸易中心新平台、联通国际国内综合交通新门户、全球高端要素配置新通道、高品质的国际化新城区、引领区域协同发展新引擎等五大特色功能,成为虹桥国际开放枢纽核心承载区。

"十二五"期间,虹桥国际中央商务区着力打造贸易服务便利化改革的新高地、集聚高端贸易机构和组织的新中心、宜人宜商宜居的新社区、带动上海西部经济发展的新引擎、长三角通向亚太地区的新门户。通过"智慧虹桥"建设，全面提升区域综合服务功能，增强核心竞争能力，初步建成国际贸易中心的承载平台。

"十三五"时期，旨在通过加强统筹管理和功能开发，促进高端商务、会展和交通功能融合发展，形成"产城融合发展、环境生态文明、配套优势明显、区域特色鲜明"的世界一流商务区框架，逐步朝着"长三角城市群联动发展新引擎"和"世界一流水准商务区"的发展目标迈进，逐步将商务区打造成为服务长三角、面向全国和全球的一流商务区。

"十四五"期间，虹桥国际中央商务区在高能级主体集聚、现代产业经济集群初显、带动区域经济高质量发展的引领力增强、核心功能显著提升的基础上，全面确立中央商务区和国际贸易中心新平台功能框架和制度体系，显著提升综合交通枢纽管理水平，充分发挥服务长三角和联通国际的作用，基本建成虹桥国际开放枢纽核心承载区。

（二）组织管理

在推动实施发展规划过程中，虹桥国际中央商务区不断加强组织领导，统筹协调发展，推动资源整合、优势互补、力量凝聚。不断强化法治保障，提高行政效能和政务服务水平。严格执行重大行政决策程序规定，推进重大决策科学化、民主化、法治化。进一步完善虹桥国际中央商务区建设和管理运行机制，建立和完善区域经济统计制度，建立市区相关数据报送机制。强化管委会在规划编制和实施、功能打造、计划管理、枢纽协调和进博会综合服务保障等方面的统筹协调作用。发挥相关区和功能性国有企业的主体作用，形成加快虹桥国际中央商务区建设的更大合力。

（三）实施效果

在两个五年发展规划的统筹引领下，虹桥国际中央商务区已由开发建设阶段进入功能打造阶段，大交通、大商务、大会展功能逐渐显现，基本形成了"产城融合发展、环境生态文明、配套优势明显、区域特色鲜明"的新一代商务区框架。空间范围从86.6平方千米进一步拓展至151.4平方千米，虹桥国际开放枢纽建设全面启动。截至2020年年末，商务区全域生产总值和税收总额分别为约1 500亿元和250亿元，10年年均增幅超过20%。

三、统一规划建设标准制度创新经验

虹桥国际中央商务区遵循城市精细化管理的思路，引导管理部门和设计、建设单位在实施规划和项目建设中统一理念标准，从规划设计、开发建设、运行管理的全过程角度，打造了一套标准化的综合系统解决方案。在规划编制过程中，多次召开座谈会、研讨会，多次征询市相关部门及闵行、长宁、青浦、嘉定四区政府意见，最终形成规划建设导则方案。

（一）政策内容

为引导虹桥国际中央商务区的新一轮高质量发展，配合《上海市虹桥主城片区单元规划》，统一虹桥国际中央商务区的规划建设管理，虹桥国际中央商务区于2020年年初发布的《虹桥商务区规划建设导则》，遵循国际一流、绿色低碳、智慧互联、以人为本、问题导向、统筹协调的原则，从产城融合的国际城区、联通世界的交通枢纽、对标一流的生态环境、集约低碳的市政设施、品质高尚的美丽街区、智能互联的智慧虹桥、统筹有力的保障体制等七个方面提出了规划、建设和管理的目标、策略和标准要点，凸显了虹桥国际中央商务区"最低碳、特智慧、大交通、优贸易、全配套、崇人文"的发展特色，体现了城市精细化管理的思路。

七大板块中，产城融合的国际城区旨在实现高品质的公共服务、崇人文的国际社区、最低碳的城市建筑、国际化的营商环境、更高效的综合开发；联通世界的交通枢纽旨在实现综合一流的交通枢纽、安全畅通的道路交通、舒适通达的公共交通、便捷宜人的慢行交通、井然有序的静态交通；对标一流的生态环境旨在实现自然宜人的生态环境、健康开放的公园绿道、和谐美观的街区绿化、水绿交融的景观水系；集约低碳的市政设施旨在实现高效安全的绿色市政、海绵化的水循环系统、低碳清洁的能源体系、整洁美观的市容环境、绿色环保的施工建造；品质高尚的美丽街区旨在实现把握适宜的空间尺度、开放宜人的街区界面、富有内涵的城市风貌、时尚雅致的城市家具；智能互联的智慧虹桥旨在实现新一代信息基础网络、集成一体的城市大脑、多元创新的场景应用；统筹有力的保障机制包含创新建设模式、深化导则编制、强化实施管理、落实保障机制等内容。

（二）组织管理

管委会按照"目标、策略与要点"的框架结构认真梳理研究，并借鉴纽约、伦敦、东京等国际化大都市和雄安新区、北京通州副中心、广州肇庆新区等先进理念和经验，结合虹桥国际中央商务区实际，多次召开座谈会、研讨会，多次征询市规划资源局、市住建委、市交通委、市发展改革委等部门及闵行、长宁、青浦、嘉定四区政府意见，形成初稿。

在编制过程中，根据市领导的指示和要求，对《虹桥商务区规划建设导则》不断优化调整，着重突出虹桥国际中央商务区的新定位、新目标、新要求，更加强调高起点定位、国际对标，综合统筹、协作互利，开放共享、以人为本，景观形象、品质提升，建管并重、全程管控。

（三）实施效果

《虹桥商务区规划建设导则》向上承接《上海市虹桥主城片区单元规划》，对下指导各专业规划和建设事项，引导管理部门和设计、建设单位在实施规划和项目建设中统一理念标准，从规划设计、开发建设、运行管理的全过程角度，打造城区规划建设的"虹桥标准"，为同类工作开展树立了标杆，有效杜绝各自为政，防止开发强度和功能配比失衡。《虹桥商务区规划建设导则》可作为指导各类投资建设项目规划建设运行活动的纲领性文件、基本建设原则和管理的重要依据，对进一步借鉴推广先进的规划建设理念，推动区域高质量一体化发展，引领长三角更高质量一体化发展，起到重要作用。

四、统筹综合交通规划制度创新经验

虹桥枢纽涵盖多种交通方式，涉及多个管理部门，各管理主体单位在各自所辖范围内按照本系统、本行业的特点和要求行使管理职责。虹桥国际中央商务区通过建立枢纽联席会议制度、组建枢纽应急响应体系、协调枢纽整体服务，实现枢纽内交通设施管理及不同交通方式的衔接、集散和转换，有效协调落实应急保障工作等职责。

（一）政策内容

虹桥枢纽客流和交通量持续增长，国展中心的全面运营、商务区主功能区、核心区及拓展区的开发，虹桥国际中央商务区的交通面临更大的挑战。2015年下半年，按照市委、市政府的总体要求，虹桥国际中央商务区管委会和市交通委共同牵头组织编制了《虹桥商务区综合交通规划》（以下简称《综合交通规划》）。

《综合交通规划》从地区交通需求及特征分析出发，将虹桥枢纽、国展中心和商务区核心区、主功能区、拓展区作为整体综合研究，并适当向外扩展，形成道路、轨道、地面公交、静态交通、慢行交通等5个实施层面规划。

道路交通方面，通过推进既有规划快速通道建设，完善快速路匝道系统、区域地面干道系统，加密跨屏障通道布局，辟通跨区道路，构建组团内部路网格局，优化外围通道功能，形成"四横三纵"高快速路网、"五横六纵"的区域地面干道系统、"七越九跨"的穿越屏障通道的路网布局。

轨道交通方面，近期规划建设3条轨道交通线路，远期将构建多通道进出中心城的轨道快线，加强商务区与重要枢纽和城市重点区域的快速联系，推动内部勾联整体发展。

地面公交方面，围绕轨道交通建设情况和重点地区建设，构建多层次、多模式的公交体系，发挥地面公交对轨道交通补充、衔接和过渡的作用。在主要干道规划中运量（快速公交）体系，覆盖地面公交客流走廊，串联商务区主要功能区，衔接重要轨道站点及延安路中运量。优化既有公交系统，新增换乘公交，扩大公交覆盖面。完善商务区公交线路、公交场站和换乘设施建设，提高商务区公交服务水平。

静态交通方面，进一步完善虹桥枢纽停车，加快扩建西交通中心二期停车库和扩容东交通中心P5和P8停车场。加快国家会展中心配套停车场建设，加快国家会展中心综合交通枢纽建设，推进4个外围配套客车停车场和2个货运轮候区建设。合理规划核心区、主功能区和拓展区停车，将利用信息化手段进行需求引导，强化区域停车资源共享。

慢行交通方面，规划日常慢行空间，并保障社区休闲慢行空间。沿吴淞江滨水生态慢行空间，依托生态绿化走廊规划生态慢行空间。构建核心区立体化慢行系统，持续推进核心区立体慢行空间建设。规划自行车三级交通通道体系，鼓励共享单车，规范停放。

（二）组织管理

虹桥枢纽涵盖多种交通方式，涉及多个管理部门，各管理主体单位在各自所辖范围内按照本系统、本行业的特点和要求行使管理职责。虹桥国际中央商务区管委会组织协调枢纽内交通设施管理及不同交通方式的衔接、集散和转换，协调落实应急保障工作等职责。

一是建立枢纽联席会议制度，搭建信息互通平台。虹桥国际中央商务区管委会牵头搭建枢纽运行协调平台，畅通各运行管理主体之间的信息沟通渠道，协调运行中相互衔接的问题，明确各运行管理主体的管理边界。在枢纽协调平台的基础上，建立了枢纽运行管理联席会议和专题会议等工作制度，加强协调工作的有效性。

二是持续提升虹桥综合交通枢纽的整体服务水平。管委会牵头突破各交通方式壁垒，统一规范枢纽内的各类标志标识、整合枢纽的综合服务信息，推进了枢纽内的空铁联运、公铁联运，实现对铁路虹桥站图定列车全覆盖；进一步优化调整高铁出租车发车软硬件，提高出租车发车效率。

（三）实施效果

"十三五"期间，虹桥枢纽累计客流18.4亿人次，年均总客流3.68亿人次，日均客流量103.3万人次。2019年，日均客流量、年总客流均达到峰值，数值分别达到116.7万人次和4.2亿人次。虹桥国际中央商务区内道路网络适度超前布局，公交主导的多式协调体系初步形成，交通流量更加均衡，管理体制上更加强调统一并注重信息化管理。

项目建设上，已完成近期部分规划项目，公交线路走向优化调整，公交枢纽站完成建设、开通运营。中期部分项目区区道路对接、高品质中运量公交、西交平台改造等项目也在有序的层层推进中。随着这部分的项目落地，虹桥国际中央商务区的交通状况将得到进一步改善。

五、统筹项目总控计划制度创新经验

为贯彻落实《关于加快虹桥商务区建设打造国际开放枢纽的实施方案》总体要求，上海虹桥国际中央商务区管理委员会会同相关方面组织编制《上海虹桥商务区2020年度总控计划》（以下简称《年度总控计划》）及编制说明，根据整体性、引导性、约束性的原则，与四区政府、功能开发主体单位进行充分沟通，梳理开发建设项目，注重把握质量标准和节奏，有序开展重点项目前期推进工作，缓解商务区当前发展瓶颈。

（一）政策内容

2020年是总控计划滚动实施的第二年，与2019年度总控计划相比，2020年度总控计划覆盖范围扩展至151.4平方千米，项目总投资、年度计划完成投资、土地储备和出让规模均有所增长。对商务区151.4平方千米范围内开发建设项目进行了梳理，做到全覆盖、无遗漏。围绕市委、市政府明确的重点工作任务，聚焦重要领域、重点行业、重大项目。

围绕全力打造一流的国际化中央商务区、全力打造进出口商品集散地、全面建设开放共享的国际贸易中心新平台的工作目标，以政府资金、土地资源为抓手，政府投资项目聚焦基础设施、公共服务、生态环境建设等领域，做好基础设施和功能环境打造。土地出让紧紧围绕重大产业招商项目，重点安排华贸集团、美的集团、科大讯飞等企业总部项目。并推动各区加大土地收储力度，为未来发展预留空间。

重点缓解商务区当前发展瓶颈。在编制总控计划过程中，引导各区加大对社会事业项目和住房保障的投入，聚焦重要领域、重点行业、重大项目，确保完成提升虹桥国际中央商务区功能、促进产城融合、优化营商环境、服务长三角一体化发展、服务保障进博会等市委、市政府明确的重点工作任务，优先保证续建项目、进博会配套项目和重要市政项目。

注重把握质量标准和节奏。按照功能布局规划总体要求，重点引导将各区体现功能定位要求的项目纳入总控计划发展，推动区域协调有序发展，将闵行区的腾讯电竞中心、虹桥医学园区项目，长宁区的春秋航空总部、宜家购物中心项目，青浦区的中核建科创园、美的集团总部，嘉定区的北虹桥科创中心、华住集团研发总部等一批能级高、带动力强的项目纳入总控计划管理，并强化推进《虹桥商务区规划建设导则》的落实，严格把控建设标准和节奏。

（二）组织管理

《上海虹桥商务区2020年度总控计划》（以下简称《总控计划》）已按程序报经管委会全体会议审议通过，由管委会正式印发，分送市级相关部门、相关区政府及功能性开发公司组织实施，各相关部门进一步落实部门责任、加强协调推进、采取有效措施确保《总控计划》按期执行。

《总控计划》作为商务区统筹开发建设管理的重要抓手，市区相关部门和功能性公司采取相关措施推进落实，市区职能部门在行政审批管理过程中，对于已纳入《总控计划》的项目，直接予以审批或委托授权审批；对于总控计划外的项目审批，书面征询管委会意见。

管委会将进一步完善《总控计划》管理工作机制，委托独立第三方对《总控计划》实施情况进行跟踪评估，在年中对《总控计划》实施开展中期评估，并根据实际情况，对具备条件需补列计划的项目进行动态调整。2020年年底，管委会将联合市区相关部门制定《〈2020年度总控计划〉实施考核评估方案》，并委托独立第三方对《总控计划》推进落实、工作进度、完成质量等进行核实，考评结果将作为市区相关部门年度绩效考核的参考。

（三）实施效果

根据《总控计划》，2020年虹桥国际中央商务区安排重大投资项目计划74个，总投资额约1 092亿元，计划当年完成投资约334亿元（含重点政府投资项目49个，总投资额约228亿元，当年完成约105亿元）。土地储备实施计划项目约34个，总面积约

252万平方米；土地出让实施计划项目约25幅，总面积约82.51万平方米。截至2020年6月30日，重点政府投资与重大项目方面《总控计划》重点政府投资项目累计完成投资额约25.11亿元，同比增长6.82%；重大项目累计完成投资额约51.42亿元，同比增长8.28%。土地收储与土地出让方面，共完成4个地块收储工作，面积约8.79万平方米；完成11个地块出让，其中住宅用地7块、商办用地1块、产业用地1块，面积约36.80万平方米。

第二节 开发建设

一、绿色低碳建设制度创新经验

虹桥国际中央商务区把"最低碳"摆在六大发展理念之首，并很早明确了建设六大低碳工程（区域集中供能、新建绿色建筑、屋顶绿化、区域用能监控、复合慢行智能交通系统、生态绿化）、开展低碳领域研发、加强低碳工程管理、建设低碳运行监测信息平台4项重点任务。实践过程中，虹桥国际中央商务区在充分听取各片区、职能单位意见的基础上，有序开展低碳建设全过程中的统筹规划、开发实施、组织管理、指导协调等工作。在组织保障上，协调管委会各处室职能分工，压实责任；在项目管理上，形成了一套贯穿土地出让、规划、设计、施工、竣工验收和运营管理全过程的政策体系和工作机制。

（一）政策内容

"低碳虹桥"是虹桥国际中央商务区在成立之初就确定的一项开发建设理念。早在2011年，虹桥国际中央商务区管委会就组织制定了《虹桥商务区低碳发展实施方案》（以下简称《实施方案》）。2013年，为规范核心区集中供能及相关配套设施的规划、投资、建设、运营，虹桥国际中央商务区制定了《上海虹桥商务区核心区集中供能管理试行办法》；2019年，为全面推广原3.7平方千米核心区创建国家绿色生态城区、市级低碳发展示范区的经验和做法，虹桥国际中央商务区制定了《关于在虹桥商务区四个片区进一步加强绿色低碳建设工作的指导意见》（以下简称《指导意见》）；同年，为促进绿色、低碳技术在虹桥国际中央商务区的区域化、规模化应用与发展，虹桥国际中央商务区又调整出台了《上海虹桥商务区管委会关于推进低碳实践区建设的政策意见》（以下简称《政策意见》）。

10年来，虹桥国际中央商务区始终遵循绿色低碳发展理念，出台各类规划文件，着力推进全国首个低碳高端商务区建设，"十三五"发展规划更是将"最低碳"上升为商务区六大发展理念之首。《实施方案》明确了建设六大低碳工程、开展低碳领域研发、加强低碳工程管理、建设低碳运行监测信息平台等4项重点任务，六大低碳工程即区域集中供能、新建绿色建筑、屋顶绿化、低碳能效运行管理信息平台、复合慢行智能交通系统、生态绿化。《指导意见》旨在与各区政府形成合力、统筹推进、各司其职，通过统一绿色低碳建设运营标准、全力推进绿色生态城区建设、编制虹桥商务区绿色低碳建设发展报告、拓宽低碳专项发展资金使用、加强数据汇总信息交流，着力在绿色建筑、立体交通、屋顶绿化、共享单车管理、环境综合整治提升等各个方面实施精细化管理。《政策意见》则从资金使用的角度，重点支持在绿色建筑、低碳建设、绿色运营、生态环境保护、可持续发展等方面起到引领带动作用，并体现一定公共性、示范性、先进性和创新性的项目，项目包括绿色建筑项目、绿色能源项目、绿色照明项目、绿色交通项目、生态环境保护项目、区域集中供能项目等。

（二）组织管理

虹桥国际中央商务区管委会负责低碳建设全过程中有关低碳的统筹规划、开发实施、组织管理、指导协调等工作。其中，交通协调处负责低碳交通研究；规划管理处负责低碳专项规划、控制指标研究，方案设计绿色建筑审核等工作；开发建设处负责功能性项目落地，绿色建筑、低碳监测信息平台推进，推进低碳虹桥、智慧虹桥专项发展资金等相关工作；综合管理处协调推进低碳建设项目属地管理、低碳技术在区域公共事务管理中的应用；计划财务处负责统筹虹桥国际中央商务区专项发展资金的管理。

在项目管理上，形成了一套充分体现管理时效性，贯穿土地出让、规划、设计、施工、竣工验收和运营管理全过程的政策体系和工作机制。在土地出让阶段，出让合同明确了各地块绿色建筑星级的比例，要求全部建筑按照国家绿色建筑星级要求进行设计，50%以上按照国家绿色建筑二星级以上标准设计。在规划设计阶段，将绿建审查作为设计方案审批、设计文件审查的条件。在施工过程中，开展绿色施工现场管控。在竣工验收阶段，将绿色建筑专项验收作为竣工验收备案的前提条件。在投入营运阶段，加强绿色建筑运行管理，鼓励申报绿色建筑运行标识。

（三）实施效果

10年来，虹桥国际中央商务区在绿色低碳建设上不断整合各区力量，勇于先行先试，建设成效显著，在国家和市级层面获得多项"首个（批）"荣誉。2011年，被上海市发展改革委列为上海市首批八个低碳发展实践区之一，在此基础上，2017年又升级为"上海市低碳发展示范区"；2014年，原3.7平方千米的核心区被住建部批准为国家绿色生态示范城区；2018年10月，荣获全国首个、最高星级的"国家绿色生态城区三星级运行标识"，在国内外起到了标杆示范作用，意义重大，影响深远。

此外，在绿色建筑、屋顶绿化、集中供能、低碳能效运行管理信息平台、复合慢行交通系统、生态绿化等各个方面均亮点突出、精彩纷呈。比如，核心区重点区域58.1%建筑达到三星设计标识，41.9%达到绿色建筑二星设计标识，在全国处于领先地位。虹桥天地、龙湖天街、万科中心、冠捷科技等楼宇已获得三星级绿色建筑运营标识。核心区屋顶绿化面积达18.74万平方米，占整个核心区屋面面积的50%左右。建成组团分布、立体分层、成线成网、发达完善的复合慢行交通体系，地上有二层步廊、空中连廊，地下有人行通道、虹桥枢纽—国家会展中心"大通道"。核心区既有的1号、2号能源站供能系统每年减碳量达到23 793吨标准煤，成为虹桥国际中央商务区绿色低碳建设的重要基础和载体。

二、智慧虹桥建设制度创新经验

聚焦大商务、大会展、大交通的功能定位和现实需求，虹桥国际中央商务区在新型基础设施建设、国际互联网数据专用通道、5G+AI应用示范落地、数字经济产业发展、会展经济智慧化提升、"两张网"（"一网通办""一网统管"）建设方面先行先试，率先探索城市数字化转型和精细化治理新路径。

（一）政策内容

根据《上海虹桥商务区专项发展资金管理办法》和《虹桥商务区专项发展资金使用管理实施细则》，充分发挥专项发展资金对"智慧虹桥"建设的引导带动作用，推动新一代信息技术在商务区应用和发展，推动高标准智慧城市建设，虹桥国际中央商务区于2012年制定《关于"智慧虹桥"建设专项发展资金的暂行意见》。在此基础上，虹桥国际中央商务区于2019年研究修订《上海虹桥商务区管委会关于"智慧虹桥"建设的政策意见》（以下简称《意见》）。

《意见》提出，项目专项资金采用无偿资助的方式，重点支持智慧政务管理、智慧社区、智慧园区、智慧商贸、智慧建筑、智慧交通、智慧会展、5G商务区示范等，能够促进虹桥国际中央商务区5G示范区、"智慧新城"示范，提升虹桥国际中央商务区功能品质，且具有一定公共性、示范性、先进性和创新性的信息化建设和运营项目。2021年年初，又发布《虹桥商务区推进新型基础设施建设行动计划（2020—2022年）》，明确未来3年商务区智慧城市建设目标，提出建成由"一张网络建设"（国际精品5G网络）、"两大技术赋能"（AI+、大数据+）、"三大特色平台"（城市运营中心、进博会保障服务平台、数字贸易公共服务平台）、"四大功能体系"（智慧交通、智慧会展、智慧商务、智慧生活）组成的新基建建设总体框架，助力智慧虹桥发展。

（二）组织管理

管委会在项目申报、批复、管理、验收、监督等环节形成了一整套规范流程。申报主体在规定时限内，按照《意见》以及项目申报指南要求提交申请材料，各区负责部门（单位）受理本区域项目申报，对申报项目材料进行初审。虹桥国际中央商务区管委会设立统一窗口负责受理各区初审通过项目的申报材料。受理完成后，按照项目初审、项目评审、项目批复的步骤进行审批。项目批复后，相关区属负责部门（单位）牵头与项目主体签订项目协议书。项目执行过程中，对资金使用主体、项目内容、主要用途有调整需求的项目，项目承担单位应及时说明变更事项和理由并报请项目评审工作小组审核。项目完成后，项目单位提出验收申请，各区负责部门按照全市项目验收管理要求，制定相关验收程序和办法，并在项目完成后的一年内进行验收，出具验收评审意见并向管委会报备。管委会对专项资金使用情况进行绩效评价并接受审计监督。

（三）实施效果

在新型基础设施建设方面，到2020年年底，已基本实现核心区域5G信号全覆盖，商务区整体区域基本覆盖。已完成《上海国际互联网数据专用通道试点申报方案》的修订与国际互联网数据专用通道建设工作。

在5G+AI应用示范落地方面，到2020年年底，已实现长宁片区"临空园区5G+AI运营系统项目"、嘉定片区亿达北虹桥创业城"智慧园区"项目、闵行片区"南虹桥智慧园区平台项目"、青浦片区"北斗智慧园区服务平台"等项目落地升级，智慧园区建设取得新进展。建成全球首个5G室内数字系统（DIS），完成虹桥火车站5G网络深度覆盖。建成上海新虹桥国际医学中心医技共享信息平台（一期）、嘉定片区江桥进博安保疏导区5G通信基站建设等项目，全力推进智慧应用在各领域的示范落地。

在数字经济发展方面，发布了《虹桥商务区全球数字贸易港建设三年行动计划（2020—2022年）》，举办了虹桥全球数字贸易港开港仪式，开通了上海数字贸易促进平台虹桥分站。云集云上会展、广联达、新榜直播、小i机器人等30个数字企业（项目）开业（启动），在线新经济企业不断积聚，头部企业不断涌现。

在会展经济智慧化提升方面，"云上会展"在商务区全面运作，虹桥进口商品展示交易中心、绿地全球贸易港、东浩兰生进口商品展销中心等进博会功能辐射承接主平台的智慧应用建设取得新进展，试点仓展销直播模式，区块链应用初见成效。

在"两张网"建设方面，积极推进各服务事项纳入市"一网通办"体系，推进审批、服务、监管等场景下的AI智能化应用。完成商务区六个街镇区域的数据切割工作，实现商务区全区域街面管理、小区管理、综合管理、绩效考核、分析研判、专项管理（进博会、玻璃幕墙、深基坑、视频监控）的可视化管理。协调六个街镇，推动"一网统管"接入虹桥国际中央商务区综合指挥平台。探索"物域网"建设，推动形成全区域覆盖、跨区域协调、统一监管的管理平台。

三、海绵城市建设制度创新经验

根据《关于加快虹桥商务区建设打造国际开放枢纽的实施方案》和《上海市虹桥主城片区单元规划》在生态建设方面提出的更高要求，虹桥国际中央商务区提出了"联通长三角，生态最中心"，打造"中国生态经济共荣之都"的海绵城市建设总体构想。在规划编制过程中，横向对比、分析国内外生态城市建设先进案例经验，在海绵城市建设上率先探索出一整套综合解决方案。在组织管理上，明确区域联动机制，成立虹桥主城片区海绵城市建设工作领导小组，统筹协调项目管理、实施和考核，切实分解、落实目标责任。

（一）政策内容

为全面贯彻落实《关于加快虹桥商务区建设打造国际开放枢纽的实施方案》，打造世界一流生态塑底、绿色宜居的高质量商务区，依据《上海市海绵城市专项规划》《上海市海绵城市规划建设管理办法》《虹桥商务区规划建设导则（试行）》等，虹桥国际中央商务区管理委员会和上海市住房和城乡建设管理委员会于2020年联合发布了《虹桥主城片区海绵城市建设规划（2020—2035年）》（以下简称《建设规划》）。

《建设规划》从项目背景、规划总论、海绵城市建设条件、水系统现状及问题分析、海绵城市建设目标和思路、海绵城市空间格局、海绵城市分区管控、海绵城市建设系统方案、近期建设重点、相关专项规划衔接、规划实施保障等几个方面，提出了海绵城市建设和管理的总体目标思路、具体管控指标和综合系统方案。

具体而言，《建设规划》基于智慧水务、和谐共融、百姓获得、自适应城市和价值可评估五类要素内涵，设立打造新型海绵城市建设最佳实践区、创建共享区域的总体目标，并构建了水生态、水环境、水安全、水资源四大类11小项构成的建设目标指标体系。在生态本底条件评估的基础上，从生态骨架构建、绿色廊道贯通、城市绿地渗透三个方面构建海绵空间格局，划定河道蓝线和生态绿线范围，并从河湖水面控制率、建设用地布局控制、城市排水等方面划定平面和竖向管控标准。在划定管控单元的基础上，依据海绵生态保护核心区、海绵高标准建设区、海绵品质提升区、海绵理念推广区分类制定建设指引和标准，最终形成包含水生态修复、水环境提升、水安全保障、水资源利用的海绵城市建设系统方案，并从近期建设重点、专项规划衔接、规划实施保障方面予以明确。

（二）组织管理

一是明确区域联动机制。由虹桥主城片区管委会负责统筹规划范围内长宁、嘉定、青浦、闵行四区的海绵城市建设工作。

二是成立工作机构。成立虹桥主城片区海绵城市建设工作领导小组，由虹桥主城片区主要分管领导任组长，各区建管委负责海绵城市推进工作的人员为副组长，各区财政、国资、发改、建管、规土、水务、交通、环保、绿化市容和相关建设开发公司等单位主要领导为成员，统筹协调指导建设工作，解决海绵城市建设过程中遇到的重大问题。

三是明确责任主体，由虹桥管委会全面负责组织协调、统筹考核以及相关项目建设的管理和实施等工作。

四是分解目标责任。制定海绵城市建设实施意见和推进海绵城市建设的近期行动计划，把目标任务分解到每个年度，确保责任、措施和投入"三到位"，形成上下联动、部门协作、各司其职、合力落实的责任体系。

（三）实施效果

树立起一流的环境建设标准，相关海绵城市指标、建设要求得到广泛认可，国际城区的生态宜居品质不断提升。海绵城市规划打破了跨界行政区划束缚，统筹完善了工作推进机制，创建出一个高效运行的国际绿色枢纽。设定的4大类11项指标完成情况良好，"联通长三角，生态最中心，打造中国生态经济共荣之都"的创建构想初步实现。

第三节　平台功能

一、优化商务环境政策制度创新经验

为进一步优化上海虹桥国际中央商务区的商务环境，根据《上海虹桥商务区专项发展资金管理办法》和《上海虹桥商务区专项发展资金使用管理实施细则》，虹桥国际中央商务区统筹推进，充分发挥各区、相关企业、平台及重点产业园区能动性，聚焦重大产业、重点项目、重大平台，着力区域经济密度提升和功能打造，营商环境显著提升。

（一）政策内容

鼓励环境营造项目。对于虹桥国际中央商务区重点公共区域高品质的环境营造，提高虹桥国际中央商务区的知名度、美誉度与影响力为目的的宣传推介活动、媒体推广活动、宣传载体建设、论坛等活动及宣传推广其他项目予以支持；对重点主题具有影响力的宣传推广、合作交流活动项目予以支持；对企业组织的对商务区有整体影响力的宣传项目给予支持，鼓励虹桥国际中央商务区范围内的社会组织参与商务区宣传推广和活动策划。

支持公共服务项目。对于完善社会事业发展和公共服务设施的项目，有助于优化商务区金融服务环境建设以及有助于优化产业、人居和自然生态环境建设等公共服务项目给予支持。围绕相关主题进行的发展评估、效果监测、成果著作等项目予以支持。支持社会力量在虹桥国际中央商务区新建文教卫体等非营利性、公益性的社会公共配套项目以及停车设施管理项目，进一步提升商务区功能和人文环境建设。

开展"会商旅文"建设项目。鼓励企业和机关及其他社会组织等市场化主体积极参与虹桥国际中央商务区"会商旅文"建设，对在虹桥国际中央商务区举办的具有示范和宣传推动作用的文化项目、商旅项目以及相关主题活动和大型演出等给予支持；鼓励虹桥国际中央商务区所涉及的部门搭建招商推介平台，针对为虹桥国际中央商务区招商引资举办的具有特色并取得显著效果的招商推介活动给予支持。

同时推进其他符合虹桥国际中央商务区产业导向和功能定位，具有重大功能性，具有行业和地区重要影响力，具有较好社会和经济效益的项目。

（二）组织管理

在项目资金支持方面。虹桥国际中央商务区管委会按照项目批复意见，会同四区政府，与项目承担单位签订项目管理合同，明确项目内容、实施进度和扶持资金额度、资金拨付计划等内容。项目承担单位按期完成项目后，应当向虹桥国际中央商务区管委会提出验收申请，虹桥国际中央商务区管委会会同四区政府对项目组织验收。项目验收可以委托第三方机构进行。专项支持项目发生重大事项变更的，项目承担单位应当及时说明变更事项和理由，报请虹桥国际中央商务区管委会审核。

（三）实施效果

聚焦重大产业、重点项目、重大平台，虹桥国际中央商务区大力优化商务环境建设，如支持高端国际化会展引进和数字云会展发展，支持企业年会、新品发布会等在商务区举办，发挥会展对经济1:9的推动作用；加快虹桥品汇二期建设。统筹协调酒店、餐饮、交通等综合服务配套。全力打造虹桥"全球数字贸易港"；统筹组织各类商务活动，举办虹桥国际美食节、进博好物节、跨境电商发展高峰论坛等活动，营建商务区产业发展环境氛围。

二、人才管理服务制度创新经验

为进一步加快区域功能打造，切实优化营商环境，加快推进虹桥国际中央商务区功能性平台建设，更好地服务入驻企业，虹桥国际中央商务区统筹四区，为企业及其人才营造良好的商务配套和生活环境，完善人才公寓管理体系和管理制度，创新服务模式集聚海外人才，建设虹桥国际商务人才港。

（一）政策内容

虹桥国际中央商务区人才安居房源配租。为满足上海虹桥国际中央商务区人才居住的需求，为企业及其人才营造良好的商务配套和生活环境，虹桥国际中央商务区对符合申请条件的单位及个人，提供人才安居房源；对符合特殊条件的单位，提供重点保障房源。同时优先安排入选中央和上海市"千人计划"引进人才、上海市领军人才和特殊专业人才、紧缺人才以及重点项目企业中、高层管理人员入住非公租房性质房源。通过个人资格预审、单位申请、管委会拟定并审议执行房源额度分配方案、企业内部确定入住和轮候名单、入住人员资格审核、单位与房源运营方签订租赁合同等流程进行申请及配租。

外籍人才在沪办理工作许可。为进一步推进虹桥国际中央商务区发展长三角制造业企业总部基地和产业集聚发展，加大虹桥国际中央商务区人才引进力度，落实好长三角一体化的要求，依据上海市人力资源和社会保障局、上海市外国专家局《关于外籍高校毕业生来沪工作办理工作许可有关事项的通知》（沪人社规〔2017〕25号）和《关于支持虹桥商务区外国人才引进的通知》，允许注册在长三角的企业聘雇的长期工作在虹桥国际中央商务区功能性平台备案企业的外国人就近在沪办理外国人工作许可。同时对于在上海地区高校毕业且拟应聘在虹桥国际中央商务区工作的外籍高校毕业生，以及在虹桥国际中央商务区跨国公司地区总部、投资性公司和外资研发中心聘用的世界知名高校优秀应届毕业生，经上海虹桥国际中央商务区管理委员会出具证明，学历放宽至本科及以上学历，可申请办理外国人来华工作许可手续。

（二）组织管理

加强组织领导。完善管委会牵头，市人力资源和社会保障局配合，四区职能部门广泛参与的工作机制。各成员单位明确责任领导、责任部门和联络员，按照职责分工主动对接、主动服务，凝聚服务合力。

完善机制保障。争取市级职能部门和长三角城市群的支持，促进信息互通，进一步健全长三角人才服务工作体系。虹桥国际中央商务区管委会企业服务中心具体负责实施工作，细化分解目标任务，加强组织协调和督促落实，确保各项目标任务完成。

抓好考核评估。完善考核机制，将人才服务工作纳入目标考核体系，年终由管委会组织相关部门人才服务工作情况进行量化考核，对工作表现突出的单位和个人予以表彰。

加大宣传力度。综合运用各类宣传媒介，加强对人才服务工作的信息沟通和宣传报道，多方位、多角度、立体化开展宣传报道，注重对创新实践、典型示范、行业引领等方面的报道，做好政策宣传解读，及时回应市场关切的问题。

（三）实施效果

立足区位优势，做好服务引领。立足虹桥国际中央商务区长三角桥头堡优势，围绕服务长三角、集聚海内外创新创业人才、激发创新创业活力、完善人才管理服务机制，提升服务水平。2018年以来共计发放外国人来华工作许可证955件。商务区现有人才公寓1 673套，2017年以来总计实际配租1 686套人才公寓。

虹桥国际中央商务区人才公寓配套不断完善，在做好现有房源配租的基础上，积极拓展市场化房源，推动地产虹桥G1MH-0001单元III-T01-A02-02地块318套及乐贤居二期总建筑面积近10万平方米约1 700套、临空园区总建筑面积378 371.46平方米约

5 183套等人才公寓加快建设。同时结合"十四五"规划制定，管委会协调推动与国际一流商务区相适应的大型文体设施落址虹桥国际中央商务区。努力提升商务区商业能级，全方位营造高水平、高品质营商环境。

三、重点产业、功能性平台政策制度创新经验

虹桥国际中央商务区遵循"统筹协调、突出重点、差异化发展"原则，先行先试，积极推进若干功能性平台建设，充分发挥平台服务长三角、服务全球优势，集聚资源，提高国际贸易能级，力争打造成为高质量国际化的中央商务区。

（一）政策内容

推动服务长三角一体化发展国家战略的功能性平台建设。促进长三角城市产业联动、企业互动和人员走动，推动长三角高质量一体化融合发展。

支持符合国际贸易中心新平台要求的功能性平台建设。进一步整合国际贸易资源，集聚高端商务要素和国际商务活动，营造适合国际贸易发展的环境，提升国际化商务功能能级。

鼓励承接和放大中国国际进口博览会溢出效应的功能性平台建设。聚焦商品贸易、服务贸易、技术贸易等内容，发挥虹桥国际中央商务区对国际国内两大市场的枢纽功能，进一步做强引领和辐射能力。

推进打造"数字贸易国际枢纽港"功能性平台建设。强化虹桥国际中央商务区国际开放枢纽功能，推动建设数字贸易跨境服务功能区，允许符合条件的境外企业提供数字贸易增值服务，结合长三角城市群合作平台构建加快形成资源配置和服务功能，探索形成高水平的跨境数据流动开放体系。

（二）组织管理

功能性平台由虹桥国际中央商务区管委会会同四区政府结合区域发展重点规划建设。管委会按照"统筹协调、突出重点、差异化发展"的原则统一审核认定。经认定为重点推进的功能性平台将予以政策扶持。专项资金采取无偿资助的方式，包括租金补贴和开办资助。支持对象为经虹桥国际中央商务区管委会统筹认定的在虹桥国际中央商务区设立的功能性平台及其平台运营企业、入驻平台的相关企业以及境内外贸易机构和社会组织等。

根据项目批复情况，四区区属负责部门牵头与项目单位签订《虹桥商务区专项发展资金项目实施框架协议书》，明确项目内容、扶持资金额度、资金支持方式、资金支

持内容、资金使用计划、绩效管理目标、违约处理等内容。同时各平台功能和作用按照项目协议书情况实行项目绩效评价，绩效评价由四区区属负责部门委托第三方机构开展，每年向管委会报送绩效评价情况。项目单位每季度向管委会及四区报送平台打造进度和实施情况。对于绩效评价不合格的项目，取消扶持资质，收回已发放的补贴。扶持资金按照"突出重点、注重绩效、加强监督、专款专用"的原则加强使用管理，接受审计监督。

（三）实施效果

进一步做强高端商务功能，服务长三角区域一体化高质量发展国家战略，充分承接和放大中国国际进口博览会溢出效应，集聚全球资源，提高国际贸易能级，把虹桥国际中央商务区打造成为高质量国际化的中央商务区，重点支持虹桥国际中央商务区搭建长三角一体化发展服务平台、打造国际贸易新平台、承接和放大进口博览会溢出效应等功能性平台及平台入驻企业。

目前商务区内已经形成虹桥海外贸易中心、长三角会商旅文体示范区联动平台、虹桥新地外资企业总部园等一批园区、平台、楼宇，其中为积极推进虹桥国际开放枢纽建设、着力打造国际化中央商务区和国际贸易中心新平台、主动承接进口博览会的溢出效应，构建了虹桥进口商品展示交易中心、绿地全球商品贸易港等进博会常年展销平台；以长三角虹桥·嘉善国际创新中心为代表的长三角共建平台；以上海阿里中心智慧产业园、京东（虹桥）跨境贸易数字经济中心等为代表的全球数字贸易港承载平台。形成了以上海虹桥临空经济示范区、上海新虹桥国际医学中心为代表的特色产业园区；以世界手工艺产业博览园为代表的特色文化园区。在商务区核心区建设了以虹桥海外贸易中心、长三角会商旅文体示范区联动平台等为代表的特色楼宇。

四、现代服务业发展制度创新经验

虹桥国际中央商务区坚持国际一流商务区城市运营标准，推进职住平衡，统筹闵行、长宁、青浦、嘉定四区发展，按照建设世界一流水准商务区的要求，形成"一主多辅、相互配套、协同发展"的格局，通过大力促进重点产业发展、产城融合，推动现代服务业集聚发展。

（一）政策内容

为进一步推进虹桥国际中央商务区开发建设，鼓励现代服务业集聚发展，进一步做强高端商务功能，提高虹桥国际中央商务区国际贸易能级，打造国际化的中央商务区，对符合条件的现代商贸业、会展旅游业、航空服务业、现代物流业、信息服务业、专业服务业、金融服务业、文化和创意、教育培训和生命健康服务业、生活性服务业、高新技术产业、贸易机构和组织、重点引进项目、特色园区（楼宇）、社会事业配套、各片区结合功能定位打造的特色产业以及经认定的具有重大贡献的引进项目进行资金扶持。

（二）组织管理

南虹桥片区，充分依托闵行南虹桥的载体优势，加快打造面向长三角、服务全国、辐射亚太的进出口商品集散地，推动国际贸易、高端商业、高端医疗、国际教育等高端产业引领发展。东虹桥片区，争取海关支持，协作探索保税功能创新。西虹桥片区，聚焦会展辐射效应，优化城市规划布局，加快产业转型升级。北虹桥片区，在"上海服务"方面，依托虹桥国际中央商务区的区位优势，发挥江桥镇的交通优势和城市功能较为完备优势，持续完善科技服务、信息服务、商贸服务等综合服务体系，打响北虹桥综合商务区的商务、创新、文化三大名片，建设国内一流的总部型企业集聚区和在国内有影响力的会展服务区。

（三）实施效果

商务区在产业发展上已形成一主多辅的产业格局。核心区作为商务区"大交通、大会展、大商务"战略功能的核心承载区，重点发展高端商务、总部经济、商务创新、交通枢纽等功能。四个片区结合各自的功能定位推进产业差异化发展。闵行片区围绕生物医药、电竞文创、集成电路、研发总部、专业服务业等产业定位，形成国际医疗、教育、文化等国际社区高端配套和品牌优势。长宁片区加快推动国家级虹桥临空经济示范区建设，形成航空服务业、互联网+生活性服务业、时尚创意、人工智能、总部经济等特色产业形态。青浦片区依托国家会展中心（上海）、中国北斗产业技术创新西虹桥基地等重要载体，着力发展会展服务和位置科技服务业，会展产业链逐渐完善，北斗产业基本形成产学研一体化的北斗功能平台集群，成为国内北斗导航产业的标杆。嘉定片区围绕"四新经济"和创新创业先行区的功能定位，加快聚集创新创业要素，人工智能产业链核心环节确立，众创空间初具规模，创业团队增势迅猛。

第四节 城市管理

一、城市管理综合执法制度创新经验

为巩固拓展首届进博会城管执法保障工作成果,《关于加强虹桥商务区城管执法工作的指导意见》在建立指挥协调机构的基础上,形成区际结合部协同治理机制,建立案件信息双向移送告知制度,加大精细化管控力度,加强重大活动和重要节假日执法保障,从严管控户外广告设施,加快构建"科学化、精细化、智能化"的城市管理机制,为持续办好进口博览会提供更优城管执法保障。

（一）政策内容

在建立智慧协调机构方面。成立虹桥国际中央商务区城管执法工作指挥部,整合城管执法系统和相关部门的力量和资源,高标准高质量做好虹桥国际中央商务区区域城管执法工作;坚持精准施策,采取"一点一方案、一点一策略"方式,对每个问题点位量身定制具体整治措施,明确责任单位、责任人和完成时限;坚持销项管理,采取挂图作战方式,逐一开展拔点整治行动,清除环境秩序乱象,切实做好优化环境、提升品质工作。运用现场检查、实地暗访、随机抽查等多样化手段,对虹桥国际中央商务区执法管控情况进行督查,切实把最严的管控要求、最严的管控标准、最严的监管措施贯穿始终。

在加强重大活动和重要节假日执法保障方面。管委会相关处室加强对重大活动执法保障工作的统筹协调,四区城管执法部门和机场执法支队科学制定勤务工作计划,重点聚焦国家会展中心周边、主要出行道路、轨交站点、公交枢纽、接待宾馆等区域,综合运用队员固守、视频巡逻、机动巡查等多种方式,实施全天候、全方位、全覆盖执法管控,确保能够在第一时间发现问题、第一时间处置问题。市城管执法局视情抽调相关单位实施执法增援,增强国家会展中心等重点区域的执法力量,全力维护良好的城市环境面貌。

在从严管控户外广告设施方面。管委会业务处室按照《上海虹桥商务区主功能区户外广告设施设置阵地实施方案》,依法规范审批户外广告设施设置,并及时向城管执法部门通报户外广告设施设置的相关审批信息;加强日常巡查,及时督促有关单位和个人限期拆除擅自设置的违法户外广告设施，维护良好的空间视觉效果。对拒不自行拆除的违法户外广告设施，相关城管执法部门将会依法严格查处，消除环境秩序乱象。

（二）组织管理

虹桥国际中央商务区城管执法工作指挥部，由市城管执法局主要领导和管委会分管领导任总指挥，市城管执法局分管领导任副总指挥，闵行、长宁、青浦、嘉定区城管执法局和机场支队、执法总队主要领导，以及管委会相关处室负责人为成员。指挥部下设办公室，具体负责推进落实指挥部各项工作部署，处理指挥部日常工作事务；办公室主任由市城管执法局相关处室负责人兼任。指挥部建立工作例会制度，每季度召开1次专题会议，研究部署有关工作；加强指挥调度、指导协调和监督检查，推进解决城市环境重要违法违规问题，提升常态长效管控水平。

区际结合部协同治理由执法总队牵头，闵行、长宁、青浦、嘉定区城管执法部门和机场执法支队参加，建立虹桥国际中央商务区区际结合部联动执法工作联席会议，定期会商结合部区域环境治理疑难问题，适时开展跨区域联合执法整治行动。

（三）实施效果

建立完善的指挥协调机构和区际结合部协同治理机制，联合管委会和四区执法部门，加大精细化管控力度，加强智能化、信息化手段运用，构建"科学化、精细化、智能化"的城市管理机制，把虹桥国际中央商务区打造成"更干净、更有序、更安全"的城市管理示范区域，为持续办好进口博览会提供更优城管执法保障。

二、枢纽应急管理制度创新经验

为确保枢纽安全运行、保障公众健康和生命财产安全，增强枢纽突发事件防范与处置能力，上海虹桥国际中央商务区管理委员会编制《上海虹桥综合交通枢纽突发事件应急预案》，统筹各部门建立科学完善的虹桥综合交通枢纽应急管理体系，细化预防准备、监测预警、应急响应、信息共享、应急处置、应急保障与监督管理方案，最大程度地预防突发事件的发生，减少突发事件造成的损害，维护公众的生命财产安全，保障枢纽安全运行。

（一）政策内容

根据枢纽特征对突发事件进行分类分级，明确使用范围和工作原则，构建组织体系，建立应对各类突发事件的计划、方案和预案体系。

在预防准备方面，枢纽各运营管理单位和枢纽应急办公室充分考虑枢纽突发事件特征趋势和枢纽运行特征，全面调查应急资源，统筹安排应对突发事件所必需的应急管理人员队伍和应急管理基础设施建设。

在监测与预警方面，枢纽各运营管理单位建立突发事件监测体系，枢纽应急办公室根据不同运营阶段特征整合监测信息资源，对各种可能发生的突发事件进行预测分析，提出防范建议。依据枢纽突发事件的紧急程度、发展态势和可能造成的危害程度，划分预警级别，发布和解除预警，对突发事件预警进行响应。

在应急响应方面，枢纽各运营管理单位作为责任主体，遵循"各司其职、协同应对，信息共享、应急联动"的枢纽应急管理原则，根据突发事件响应等级，启动相应级别的应急预案或响应规程。枢纽应急领导小组作为枢纽地区应急管理总牵头机构，根据突发事件影响范围，负责协调枢纽各运营管理单位开展应急处置工作。

在信息共享方面，建立统一高效的枢纽应急信息系统，依托枢纽信息系统进行信息报送，并建立因地制宜、快速反应的枢纽信息汇总、分析及共享机制。

在应急处置方面，枢纽各运营管理单位根据枢纽应急响应级别，明确本单位或部门应急处置职责，开展应急处置工作。在突发事件发生后，启动相应级别的应急预案及相关响应规程，迅速开展先期处置工作。

在应急保障方面，枢纽各运营管理单位根据本单位应急管理的需要，制定相应的应急保障规划，落实应急保障方案，明确人员、物资、资金等保障方式。

在监督管理方面，枢纽应急办公室负责汇总枢纽各运营管理单位编制的各类预案，建立枢纽预案体系。组织枢纽各运营管理单位定期举行突发事件应急处置综合演练，重点对枢纽应急办公室各成员单位之间的信息互通、协调联动机制等进行演练，以提高枢纽应急协调处置的效果。建立枢纽应急管理培训机制，确保应急管理人员、工作人员和现场值班人员接受必要的应急培训，以便熟悉预案的基本内容和相互协调关系。

（二）组织管理

虹桥国际中央商务区管委会会同相关部门和单位组建上海虹桥综合交通枢纽应急管理领导小组及其办事机构、应急联动机构，协调落实枢纽应急管理工作。

枢纽应急领导小组组长由虹桥国际中央商务区管委会常务副主任担任，全面负责枢纽的应急管理工作。在突发事件发生时，经上海市人民政府授权，作为主要责任人，负责指挥、协调枢纽应急领导小组各成员单位实施应急处置工作。枢纽应急领导小组副组长由虹桥国际中央商务区管委会专职副主任和上海市公安局分管领导担任，具体负责枢纽应急管理的日常工作。在突发事件发生时，协助枢纽应急领导小组组长实施应急指挥、协调工作。虹桥国际中央商务区管委会、上海市公安局、上海市城乡建设和管理委员会、上海市交通委员会、长宁区人民政府、闵行区人民政府、上海铁路局、上海机场（集团）有限公司、上海申通地铁集团有限公司、上海申虹投资发展有限公司等为成员单位，其单位分管领导为成员。枢纽应急领导小组成员参与枢纽应急管理体系建设，紧急状态下，负责本单位枢纽站点或驻点的应急处置工作，协助枢纽应急领导小组组长指挥、协调枢纽突发事件的应急处置。

（三）实施效果

虹桥国际中央商务区综合指挥平台包含综合应急指挥响应系统、应急视频采集与监控系统、协调决策指挥功能、融合通信管理系统及相关配套工程等。2020年度，平台实现了画面更清、信息更全、处理智能、解读直观的效果。硬件方面采用了70平方米的小间距LED屏，达到了8K超高清的像素显示。在原有158路模拟视频信号保持接入的基础上，新增机场、高铁、轨交、长途、公交等高清视频的接入，新增高清视频数量达到200路，通过软件接口获取机场航班、火车列次的实时数据信息并升级信息获取方式；通过关联分析等数据手段，对客流进行数据分析及趋势预测，电子化规范预案处置流程，并辅助分析决策，在预案管理、数据分析、辅助决策等方面更为智能。系统开发了多种呈现模式，将枢纽客流数据、各交通方式所占比例、重点区域视频信息等综合显示，通过数据、图表、视频等多种方式对枢纽运行的解读更为直观。

第五节　综合保障

一、专项资金管理制度创新经验

为加强专项资金管理，健全长效机制，细化职责分工和操作流程，按照"突出重点、注重绩效、加强监督、专款专用"原则，虹桥国际中央商务区配合市财政局《上海市虹桥商务区专项发展资金管理办法》（沪财预〔2019〕15号），统筹四区政府，制定《上海市虹桥商务区专项发展资金使用管理实施细则（2019年修订）》，通过重点聚焦促进产业集聚、功能营造和人才吸引的商务、交通项目，优化商务环境，集聚创新创业人才，完善商务环境建设，提高商务区商贸能级和竞争力。

（一）政策内容

专项资金由市级财政与四区财政按1∶1的比例共同安排，主要支持虹桥国际中央商务区内符合区域功能定位、产业政策、规划布局和开发建设要求的相关项目，按照"突出重点、注重绩效、加强监督、专款专用"的原则加强使用管理。虹桥国际中央商务区管委会会同四个区政府对重点领域的专项资金使用，分别拟定支持政策意见，明确相关领域具体支持对象、支持重点、支持条件、支持标准、支持方式等有关内容。支持方式包括无偿资助、贷款贴息、政府补贴以及政府购买服务等。

虹桥国际中央商务区管委会会同四个区政府，根据虹桥国际中央商务区发展规划和阶段性发展目标，结合相关重点领域支持政策意见，在每年8月31日前研究确定下一年度专项资金的重点支持方向和领域，编制发布项目申报指南，组织项目申报。项目申报指南按照确定的重点领域分类编制，明确支持重点、支持标准、支持方式、申报资格、申报时间、申报流程、评审程序、评审标准、项目管理等内容。

（二）组织管理

市财政局负责落实市级财政预算资金，监督专项资金的使用管理情况；市发展改革委会同虹桥国际中央商务区管委会负责指导、协调专项资金使用中涉及跨区域、跨部门、跨领域等重大政策平衡；闵行区、长宁区、青浦区、嘉定区等四个区政府（以下简称四个区政府）分别负责落实区级财政预算资金；虹桥国际中央商务区管委会会同四个区政府制定统一的产业与招商政策，制定专项资金实施细则，按照形成一主多辅的领域专项资金支持政策意见，制定错位发展的产业布局导向，研究提出项目申报指南，组织开展项目评审，编制年度专项资金预算，对专项资金使用情况实施日常监督和绩效评价，负责公开专项资金使用情况，做好专项资金日常管理工作。

（三）实施效果

2018年专项资金使用支出2.26亿元，2019—2020年新一轮专项资金使用支出共计5.5亿元。2020年虹桥国际中央商务区专项发展资金预算安排总额4.8亿元，依据各区申报项目，2020年申报总金额3.17亿元，2020年预算安排支出2.9亿元。

规范虹桥国际中央商务区政府投资项目管理，健全科学、民主的决策机制，完善建设程序，提高投资效益，建立前期审批和后期监管并重的管理制度。通过重点聚焦促进产业集聚、功能营造和人才吸引的商务、交通项目，促进产业集聚，提高商贸能级和竞争力，即支持国际贸易、文化创意、航空服务、信息服务、新型金融服务等领域的重大项目，促进商务区高端商务和现代服务业发展;支持引进企业总部、特色会展资源，做大做强商务、贸易、会展功能;支持"会商旅文体"示范区建设，支持社会化投资教育培训、健康医疗等领域的重大项目，促进商务区产城融合。同时通过优化商务环境，推进低碳实践区、绿色生态示范城及智慧虹桥建设提升服务功能，完善商务环境建设。进而集聚创新创业人才，打造国际化人才高地。支持培育和引进急需人才，强化政策激励;支持人才创新创业，完善配套政策和服务;支持人才评价体系建设，推进人才制度创新。

二、政府投资项目管理制度创新经验

为进一步规范虹桥国际中央商务区政府投资项目管理，健全科学、民主的决策机制，完善建设程序，提高投资效益，虹桥国际中央商务区建立了前期审批和后期监管并重的政府投资项目管理制度。虹桥国际中央商务区在土地出让、项目储备、项目年度计划、项目审批管理、项目监管稽查等方面统筹协调，并统筹平衡主功能区政府投资。

（一）政策内容

为进一步规范政府投资项目管理，健全科学、民主的决策机制，完善建设程序，提高投资效益，建立前期审批和后期监管并重的管理制度，虹桥国际中央商务区于2017年制定《上海虹桥商务区政府投资项目管理办法》(以下简称《办法》)。

《办法》明确项目适用范围是位于商务区内，统筹列入商务区主功能区政府投资平衡范围并由政府财政性资金直接投资建设的公共性、公益性配套工程项目。涉及市级建设财力项目、区级政府投资项目除外。同时，在项目计划管理、项目审批程序、项目建设管理、项目监督检查等方面统筹协调各区域各部门及各实施主体，实现了政府投资项目在项目审批、建设、管理、督查、追责等方面的统一协调。

（二）组织管理

虹桥国际中央商务区管委会负责本区域政府投资项目的审批管理工作。一是按照本区域中长期发展规划及专项规划、行动计划等，建立项目储备库，组织编制年度商务区政府投资项目计划；二是统筹平衡主功能区政府投资，组织开展政府投资项目前期工作，提出项目执行的可行性方案；三是负责政府投资项目的项目建议书、可行性研究报告、初步设计及概算的审批和综合竣工验收备案；四是组织开展政府投资项目资金监管、项目稽查工作。

（三）实施效果

截至2020年，政府投资项目中极少出现擅自提高建设标准、扩大建设规模、改变建设方案的项目单位，未发生重大质量和安全生产事故，相关管理部门在项目审批、执行建设程序、工程建设监督管理等方面未出现行政过错，相关国家工作人员在政府投资项目审批、建设、管理和监督过程中也未出现犯罪或滥用职权、玩忽职守、徇私舞弊、索贿受贿等。参建部门未出现弄虚作假等现象。

三、综合数据统计机制制度创新经验

虹桥国际中央商务区在市统计局的大力支持及四区统计局积极配合下，立足虹桥国际中央商务区发展目标任务，对接上海市统计局标准统计口径，拟定了《虹桥商务区综合统计报表制度（试行）》，明确虹桥国际中央商务区的统计口径，完成各项定期报表和年度统计报表，推进疫情关键期复工复产统计工作。

（一）政策内容

为全面贯彻落实中共中央、国务院印发的《长江三角洲区域一体化发展规划纲要》的有关精神，根据国家统计局印发的《长三角一体化发展统计监测工作方案》的有关要求，以及上海市委、市政府印发的《关于加快虹桥商务区建设打造国际开放枢纽的实施方案》，科学有效地组织虹桥国际中央商务区统计工作，依据《中华人民共和国统计法》等法律、法规，特制定上海虹桥国际中央商务区综合报表制度，明确虹桥国际中央商务区的统计口径，并确立通过季报、半年报、年报的形式实施虹桥国际中央商

务区统计工作，确定虹桥国际中央商务区报表的正式表号（以"HQSWQ"开头）。报表包括地区社会经济基本情况年报、地区社会经济基本情况半年报、地区社会经济基本情况季报、经贸会展基本情况季报及机场及高铁旅客规模情况季报。

（二）组织管理

闵行区、长宁区、青浦区、嘉定区统计局为各区填报单位，负责协调区内相关单位做好填报工作。虹桥枢纽区域相关数据由上海虹桥国际中央商务区管理委员会应急响应中心填报。上海虹桥国际中央商务区管理委员会企业服务处负责数据汇总。由虹桥国际中央商务区管委会定期召集相关单位召开工作例会，研究解决填报过程中存在的问题，汇报分享虹桥国际中央商务区经济发展情况。

（三）实施效果

完成疫情关键期复工复产统计工作。为在疫情关键期助力企业共渡难关，及时跟踪掌握企业复工情况，相关处室通过与商务区范围内6街镇保持高效对接，高频率更新商务区各片区企业复工复产情况。

完成各项定期报表和年度统计报表。根据《虹桥商务区综合统计报表制度（试行）》的统计标准和统计要求，完成2021年以来商务区的各项定期和年度总报表的相关统计工作，形成年度统计报告。

区内相关单位按照报表制度规定的统计表式、指标名称和统计范围及制度规定的要求正在进行初步统计工作，将本单位应填报的报表填妥，并按制度规定的报送时间和报送方式上报，科学有效地组织虹桥国际中央商务区统计工作。

第七章 "十四五"规划

第一节 虹桥国际开放枢纽中央商务区"十四五"规划

为更高水平、更高质量推进虹桥国际开放枢纽中央商务区(以下简称"商务区")建设,根据《总体方案》和《上海市国民经济和社会发展第十四个五年规划和二○三五年远景目标纲要》,制定本规划。

一、"十三五"发展回顾

"十三五"期间,商务区由开发建设阶段进入功能打造阶段,大交通、大商务、大会展功能逐渐显现,服务保障三届进博会成功举办,基本形成了产城融合发展、环境生态文明、配套优势明显、区域特色鲜明的新一代商务区框架。截至2020年年末,商务区全域生产总值和税收总额分别为1 196亿元和268亿元。

（一）大交通枢纽功能全面升级

四通八达的骨干路网基本形成,集民用航空、高铁、长途客运、轨交、公交于一体的综合交通体系不断完善。依托虹桥国际机场、虹桥高铁站两大功能性项目,商务区与长三角主要城市基本实现一小时通勤。"十三五"期间,虹桥枢纽累计客流18.4亿人次,年均总客流3.68亿人次,日均客流量103.3万人次。各运营单位之间信息共享、应急联动水平持续提高,春运、节假日、进博会举办期间等重要时间节点应急保障水平不断提升,疫情防控举措落实得力。

（二）大商务集聚效应初步显现

核心区重点区域基本建成,349栋楼宇结构封顶,封顶率达99%;竣工面积485万平方米,竣工率达83%。招商引资和企业入驻进入高峰期,截至2020年年末,商务区入驻法人企业4.9万家，集聚国内外具有总部功能的企业357家，其中内资总部类及上市公司239家，外资总部类企业118家。重点打造虹桥进口商品展示交易中心、长三角电子商务中心、虹桥海外贸易中心等18家具有特色的产业园区，长三角会商旅文体联动平台、虹桥品牌（商标）创新创业中心、虹桥绿谷WE-硅谷人工智能（上海）中心等7家特色楼宇。

（三）大会展品牌形象日益凸显

"十三五"期间，国家会展中心（上海）累计办展面积2 831万平方米，成功举办三届进博会。商务区基础设施建设、交通组织完善、城市精细化管理、会展配套服务、应急联动处置等服务保障获得广泛认可。以进博会为契机，商务区加快构建"大会展"生态圈，引进会展促进机构及与会展相关的专业服务业企业200多家，云上会展功能成功落地。积极承接进博会溢出效应，搭建以虹桥进口商品展示交易中心为主的"1+N"贸易平台矩阵。

（四）各片区错位发展亮点涌现

南虹桥产业发展空间深度释放，初步形成总部经济集聚，生物医药、国际商贸、现代金融、科技服务齐头并进的良好态势，生活配套功能进一步健全。东虹桥加快推动国家级虹桥临空经济示范区建设，航空经济、互联网经济、总部经济三大高地态势渐显，金融、人工智能、时尚创意等高端服务业活力迸发。西虹桥依托国家会展中心（上海）、中国北斗产业技术创新西虹桥基地，会展服务产业生态初具规模，产学研一体化的北斗功能平台集群基本形成。北虹桥研发总部集聚效应加速形成，创新创业功能初步显现，智能服务制造、医疗器械、汽车研发设计、时尚文化旅游等新兴产业发展格局逐步形成。

（五）主城区服务功能逐步提高

高品质公共服务配套逐步完善，新虹桥国际医学中心一期正式运营，国内外优质教育资源初步集聚，商业集群渐成规模，文化场馆建设推进有序，基本形成"15分钟生活圈"。智慧城市建设格局初显规模，率先实现核心区千兆网络全覆盖，5G网络、人工智能、大数据等信息技术广泛落地应用。绿色低碳、生态环保的花园式商务区形态大致显现，核心区建成三星级以上绿色建筑达204栋，占比达58%，获得全国首个绿色生态城区三星级运行标识证书。舒适宜人的高品质生活空间初见雏形，城市景观、市容环境品质大幅提升。

商务区发展在取得新成绩的同时，还存在一些不足；一是经济能级有待提高，产业集聚度、区域显示度还需增强。二是区域发展均衡度需进一步提升,开发标准有待进一步统一。三是产城融合水平相对滞后,职住功能、公共服务和生态环境建设还需加强。四是内外衔接的综合交通体系仍需完善,城市交通设施建设对区域功能发展的支撑作用有待进一步加强。五是营商环境仍需持续优化,政企沟通、企业服务等还需完善。

二、"十四五"发展总体要求

(一)指导思想

以习近平新时代中国特色社会主义思想为指导,全面贯彻党的十九大和十九届二中、三中、四中、五中全会精神,坚持新发展理念,落实"四个放在",提升"四大功能",全面对接、深度融入长三角一体化发展,牢牢把握进博会战略机遇,以"强化国际定位、彰显开放优势、提升枢纽功能"为主线,着力建设国际化中央商务区,着力构建国际贸易中心新平台,着力提高综合交通管理水平,着力提升服务长三角和联通国际的能力,紧紧围绕"五型经济"要求,在人才、品牌、通道、产业链、平台等方面改革创新突破,强交通、强会展、强商务,推动高质量发展、创造高品质生活、促进区域协同联动,打造虹桥国际开放枢纽,将商务区建设成为上海提升城市能级和核心竞争力的重要增长极、引领长三角一体化的重要动力源、落实国家战略的重要承载区,努力打造新时代改革开放的标志性区域、长三角强劲活跃增长极的战略承载地、服务构建新发展格局的关键链接点。

(二)发展定位

"十四五"期间,商务区服务长三角一体化和进博会两大国家战略,形成"一区五新"总体发展框架,即:构建以一流的国际化中央商务区为承载主体,打造开放共享的国际贸易中心新平台、联通国际国内综合交通新门户、全球高端要素配置新通道、高品质的国际化新城区、引领区域协同发展新引擎。

一流的国际化中央商务区。顺应国际化中央商务区发展趋势,以提升核心功能为重点,构建高端赋能、融合发展的现代化产业体系,汇聚全球商务流、人才流、资金流、技术流、信息流,探索新服务、新技术、新业态、新模式、新动能的示范应用,成为全球高端总部机构集聚、国际人才交流密切、高端商务活动频繁的功能复合型国际化中央商务区。

开放共享的国际贸易中心新平台。当好"持续办好中国国际进口博览会的主力军",充分发挥进博会的国际采购、投资促进、人文交流、开放合作四大平台作用,强化展会国际公共平台和公共产品功能,全面承接并进一步放大进博会溢出带动效应,打造联动长三角、服务全国、辐射亚太的进出口商品集散地,创新发展新型国际贸易,集聚高能级贸易平台和主体,推动商务区贸易功能向国际交流、平台展示、贸易消费功能升级,打造面向国际的贸易平台和交流平台。

联通国际国内综合交通新门户。高水平建设交通基础设施,全面强化虹桥综合交通枢纽核心功能,完善与周边机场、高铁、港口协作机制,强化对内对外联通,优化拓展虹桥机场的国际航空运输服务功能,完善虹桥综合交通枢纽的城际服务功能,全面提升管理水平,成为服务长三角、联通国际的重要门户节点。

全球高端要素配置新通道。做好"打造国际一流营商环境的践行者",发挥大交通、大会展、大商务融合发展优势,依托交通枢纽和贸易集散中心对要素资源汇集引流作用,打造高能级的要素出入境集散地,积极营造充满活力的商务发展环境,创新复制与国际惯例相融的规则体系,以高效市场化配置机制,吸引各类要素市场、功能机构、交易主体入驻商务区,打造万商云集、要素汇集、多元交集的全球高端要素资源交互融通的新路径。

高品质的国际化新城区。全面推进产城融合,构建布局合理、功能完备、优质高效的商务配套和生活服务体系,营造近悦远来、安居乐业的环境氛围,巩固区域绿色低碳发展基础,成为生产空间集约高效、生活空间便利完善、生态空间舒适宜人的国际化产城融合示范区。

引领区域协同发展新引擎。勇当"服务长三角一体化发展国家战略的排头兵",推动长三角产业联动、企业互动和资源流动,加快建设实体经济、科技创新、现代金融、人力资源协同发展的现代产业体系,建成一批标杆性高层次开放平台,不断提升公共服务便利共享水平。加大商务区与长三角其他地区的协同力度,打造跨区域政府协作的创新示范高地,形成与国际开放枢纽发展相适应的体制机制。

（三）发展目标

到2025年,基本建成虹桥国际开放枢纽核心承载区。在高能级主体集聚、现代产业经济集群初显、带动区域经济高质量发展的引领力增强、核心功能显著提升的基础上,中央商务区和国际贸易中心新平台功能框架和制度体系全面确立,综合交通枢纽管理水平显著提升,服务长三角和联通国际的作用进一步发挥。

表 7-1　虹桥国际开放枢纽中央商务区主要预期性指标

序号	类别	指 标 名 称	目标值（2025 年）
1	总体规模效益	地区生产总值	年均增幅高于全市至少2个百分点
2		税收收入	年均增幅10%—15%
3		外贸进出口额	年均增幅10%—15%
4		新增外资法人企业数	1 500家左右
5		商品销售额	5 000亿元左右
6	开放枢纽功能	总部型企业数量	500家左右
7		数字经济增加值占地区生产总值比重	60%以上
8		进口商品集散地主平台建成面积	50万平方米以上
9		国际性组织（机构）占全市比重	25%以上
10		国际性展览占比	80%左右
11		国际性会议占全市比重	25%左右
12		综合交通枢纽年客流总量	4.5亿—5亿人次
13	品质城区建设	人均公园绿地面积	10平方米左右
14		路网密度	4.5千米左右/平方千米
15		社区公共服务设施15分钟步行可达覆盖率	85%以上
16		绿色建筑星级运行标识认证面积	300万平方米左右

（四）功能布局

作为虹桥国际开放枢纽核心承载区，商务区规划面积为151.4平方千米，包括长宁区的新泾镇、程家桥街道，闵行区的新虹街道、华漕镇、七宝镇部分（0.3平方千米），青浦区的徐泾镇、华新镇部分（2.6平方千米），嘉定区的江桥镇、真新街道部分（0.3平方千米）。"十四五"时期要积极发挥辐射引领功能，加强与"北向拓展带"和"南向拓展带"的衔接联动，形成"1+4"总体格局，即"一核、四片区"，同时布局若干个有竞争力、有规模的特色产业园区和特色产业集群。

"一核"为核心区，是商务区核心功能主要承载区，依托国家会展中心（上海）和综合交通枢纽两大功能性设施的辐射带动作用，重点推动总部经济和高端商务集聚发展，提升完善交通枢纽功能，营造创新先行的发展氛围。

"四片区"为南虹桥片区、东虹桥及机场片区、西虹桥片区、北虹桥片区。各片区含主城片区部分和相应拓展区部分，依托现有的资源禀赋和产业基础，形成错位发展、优势互补的功能定位。

南虹桥片区——以强化发展国际化公共服务功能和高端服务经济为主要特色，围绕前湾地区培育产业生态，建设多元功能融合的中央活动区，加快生命健康、文创电竞、集成电路设计、在线新经济、特色金融及专业服务业等重点产业高质量集群发展。

东虹桥及机场片区——以突出发展枢纽经济为主要特色，重点聚焦临空经济、总部经济和数字经济，大力推进智能互联网、智慧出行、时尚创意、人工智能、数字贸易、金融科技、大健康等产业发展。

西虹桥片区——以聚焦发展会展商贸为主要特色，突出"科创+商务"的核心功能定位，放大北斗导航和会展商务等产业优势，充分利用会展经济带来的流量优势，加强高能级商贸主体的对接与引进，促进会展商贸产业集群蓬勃发展。

北虹桥片区——以重点发展创新经济为主要特色，依托制造业基础和土地资源二次开发，高水平建设北虹桥科创中心，集聚一批具有创新活力的领军企业，重点发展总部研发、高端制造、人工智能、新材料、新能源等产业。

三、"十四五"发展的主要任务

（一）提升产业能级，建设一流的国际化中央商务区

以提升经济密度和产业能级为出发点，重点发展商务会展等现代高端服务业，提升商务区显示度，大力发展资源配置能力强劲、体现国际竞争力的总部经济，着力引导临空服务、健康医药、人工智能、北斗导航等特色产业发展，持续壮大商务区发展动能，积极引进新业态新模式，培育经济新增长点，全面确立国际化中央商务区的功能框架。

1. 构建会展之都重要承载区

做大会展经济规模。依托国家会展中心（上海），以进博会等国际知名会展活动为品牌支撑，推动会展经济国际化、专业化、市场化、品牌化发展。国家会展中心（上

海）年总展览面积达800万平方米以上，国际展会展览占比超80%。推动区域内会展主办单位通过收购、兼并、参股等方式扩大规模、提升质量，打造具有国际竞争力的会展集团。大力引进国际知名会展企业总部、境内外专业组展机构、国际品牌重要展会活动以及上下游配套企业，积极争办取得国际权威机构认证的展览和会议等。围绕进博会，集聚一批具有全球影响力的顶级会展和活动，放大集群优势。持续办好中国国际工业博览会、上海国际工业汽车展览会等一批重大展览展会活动。

推动会展产业提质升级。创新会展服务模式，在会展项目、会展企业、专业人才、服务能力、管理体制、法规体系、会展技术等方面达到世界一流水平。搭建资源共享平台，推动会展与制造、商贸、旅游、文化、体育等产业联动发展。抢抓"新基建"机遇，赋能会展行业数字化升级，支持打造云上会展新平台，促进线上线下办展融合、数字会展与数字贸易融合发展，培育线上展会龙头企业和品牌展会，推动会展经济的数字化升级。

2. 构筑总部经济集聚发展新高地

吸引培育高能级总部机构。吸引集聚跨国公司地区总部、民营企业总部、央企第二总部、制造业总部等各类头部企业总部机构，拓展研发、销售、贸易、结算、数据等功能，强化决策控制，引导总部企业向价值链、产业链、创新链高端发展。推动跨国公司地区总部向亚太总部、全球总部升级，做优做强世界500强企业总部园和国际企业总部园，培育有创新活力的成长性总部。建设长三角区域城市展示中心暨长三角商会企业总部园，加快集聚长三角企业总部和功能性机构，打造浙商总部园和苏商总部园。

实施更开放的总部政策。根据国家和本市有关规定，继续放宽对外资投资性公司准入限制，对总部机构给予金融、人才、通关等方面便利。推动符合条件的跨国公司开展跨境资金集中运营管理，提高区域内企业资金使用便利性。积极吸引跨国公司设立全球或区域资金管理中心。

完善国际化的专业服务配套。积极引进具有国际服务功能的国内外知名专业服务机构，推动会计服务、人力资源、文创设计、知识产权等专业服务机构加快集聚。加强与法律、仲裁、会计等领域各类国际行业组织、协会、产业联盟交流合作，促进相关领域有国际影响力的国际组织落户，建设法律服务产业集聚高地。鼓励在临港新片区设立的境外知名仲裁及争议解决机构在商务区设立分支机构，开展国际商事、投资等领域的民商事争议的仲裁业务。加快上海国际仲裁中心项目建设，打造面向亚太的全球性国际仲裁中心。

3. 构建活力迸发的特色产业园区

打造高端临空服务业集聚区。全面落实虹桥临空经济示范区功能定位，加快机场东片区改造，通过"组合拳"项目开发，打造全球产业标示度显著的临空经济新高地。大力集聚基地航司、货航、货代、通航等主体及相关协会、联盟等机构，加快全球航空企业总部基地和高端临空服务业集聚区建设。探索开展海关特殊监管区域外重点企业特殊监管创新试点，争取开展航班时刻次级市场市场化改革试点。在飞机融资租赁、飞机全周期维护、航空培训等产业链重点环节取得突破。加强航空医疗等前沿科技研究，推进航空医学研究中心建设。深入推进一批特色产业"园中园"建设。

构建医疗健康产业园。提升新虹桥国际医学中心功能，聚焦医疗健康产业，高品质发展形成1个医技中心、2家国际综合医院、10—12家专科医院、若干门诊部的医疗服务布局，探索跨境跨区域医疗合作，打造医疗服务贸易平台，建设好国家健康旅游示范基地。依托一批行业龙头企业，加快打造百亿级生物医药创新研发产业集群，建设医药研发与创新高地。围绕药械进口形成政策聚焦，打造集展览展示、综合服务、药械贸易、市场监管等功能于一体的国际医药流通业集聚区。探索产业链延伸，加快建设若干生物医疗健康研发中心和一批医疗器械产业园，推动各片区国际医药流通产业链上下游相关产业集聚。探索贸易便利化和审评审批制度联动改革，推动国际一线医药产品和技术首次应用落地。支持和引导相关片区完善大健康产业布局。

打造人工智能创新发展集聚区。加强人工智能国际交流合作，推进虹桥国际人工智能中心建设，促进新技术、新产品、新服务在商务区推出和应用。鼓励企业打造人工智能产业驱动平台，搭建国际人工智能产业交流平台、建设国际人工智能学院、国际人工智能科技转化基地、国际人工智能应用场景展示中心等，建立多形态的人工智能服务模式，培育一批走向国际的人工智能企业。推进临空人工智能产业园建设，推动人工智能研究院、人工智能企业研发中心等创新业务总部和功能落地。依托已有产业基础，发挥龙头企业带动作用，加快促进西虹桥和北虹桥地区人工智能产业发展。

形成北斗导航产业创新基地。加快西虹桥科创中心建设，打造具有国际影响、国内领先的导航与位置服务专业化、复合化、国际化的技术创新和产业服务基地。着力发展卫星定位及相关系统运营维护、导航信息服务、位置服务及卫星导航与交通运输、智能终端和移动互联网的融合创新等领域，推动北斗卫星导航系统规模化应用。大力吸引高分遥感等科技创新企业入驻，打造高端创新型产业体系。进一步完善北斗西虹桥基地综合服务功能，强化基地创新孵化作用，促进北斗导航及相关产业企业实现集群化、产业化、规模化发展，形成集研发、测试、生产、销售、服务为一体的北斗导航与位置服务应用产业链。

不断培育壮大新业态新亮点。高标准建设和运营上海国际新文创电竞中心，以举办重大电竞赛事为基础，集聚行业领军企业，构建电竞全产业链，打造领先的电竞商务区（EBD），成为上海建设全球电竞之都的重要承载区。发挥各片区优势，大力发展流量经济、在线经济，打造集聚直播电商、网红经济、网络视听等新兴业态的流量经济产业园，提供更方便、更新颖、更快捷的消费体验，形成拉动消费的新动力。积极鼓励国际时尚消费业态发展，吸引时尚大师、名家开设工作室和实践基地，推进北虹桥时尚园建设。加强生态农业与特色旅游相融合，推进蟠龙文化休闲与创意产业集聚区发展。

4. 形成高品质商务活动集聚区

提升虹桥国际经济论坛影响力。坚持高层次国际论坛定位，对标世界一流，巩固和放大虹桥国际经济论坛品牌效应，着力扩大国际影响力，打造世界级高水平论坛和国际公共产品。积极探索市场化、机制化的论坛运作模式，搭建促进开放合作、互利共赢的交流平台。以虹桥国际经济论坛为引领，努力申办、举办一批国际性、全国性的行业会议、高峰论坛活动。推进高端国际会议场馆项目规划和建设。鼓励市场主体在商务区举办行业性的研讨会、交流会、新品发布会。

打造国际商务旅游示范区。加快打造长三角会商旅文体联动平台，争取重大市级文化艺术活动在商务区开设专场，积极举办虹桥美食节、品质生活节、购物节等系列活动，打造虹桥节庆品牌。推进以国家会展中心（上海）为核心，以绿地全球商品贸易港、虹桥品汇等展示和交易平台为重要载体，以特色产业园区为支撑，以蟠龙古镇、世界你好美术馆、虹桥路历史文化风貌区等文旅资源为依托的常态化精品旅游线路建设，争取创建4A级旅游景区。

打造虹桥国际会客厅。依托进博会大平台，汇集高端商务要素资源，推动国际交往、信息集成，构建进口和内销两个层面的渠道商联盟，举办贸易对接会、投资洽谈会、项目推介会、揭幕仪式等活动，促进进口商品贸易的撮合、成交，打造成为长三角进口商品的订单中心。高质量举办对接签约类、研究发布类、政策解读类、新品展示类等经贸领域的活动。

（二）放大进博效应，打造开放共享的国际贸易中心新平台

做好区域保障服务工作，全力办好进博会，实现进博会累计意向成交额平稳增长。全面承接并进一步放大进博会溢出带动效应，做优做强进出口商品集散地，创新发展新型贸易，高质量建设国家进口贸易促进创新示范区，进一步推动全市进口交易服务平台集聚。率先打造全球数字贸易港，促进消费提质，打造引领高端消费的新地标，推动商务区贸易功能升级，构建国际贸易中心新平台基本框架体系。

1.打造辐射亚太的进出口商品集散地

做大进出口商品集散规模。以"6+365"常年展为主要方式，持续放大进博会溢出带动效应，依托商务区保税物流中心（B型），做实和扩大以虹桥进口商品展示交易中心、绿地全球商品贸易港、东浩兰生进口商品展销中心等为重点的常年展销平台（主平台建成面积约50万平方米），逐步打造多点、多主体、各有侧重、各具特色的商务区承接体系，培育保税展示、保税交易、价格形成、信息发布等核心功能。加快进口贸易商、厂商入驻，加大品牌和商品集聚，推进业态创新，扩大保税交易规模，推动长三角地区加快承接，促进成交额较快增长。高水平建设一批面向"一带一路"国家和地区的商品直销平台、国别商品交易中心和专业贸易平台。鼓励采购商联盟企业主动对接进博会，拓宽进口渠道，做大进口业务规模。支持联合国亚洲采购中心项目建设，打造国际公共采购（GPA）活动的一站式服务平台。

不断创新政策保障。争取将进博会期间的展品税收支持、通关监管、资金结算、投资便利、人员出入境等创新政策固化为常态化制度安排。鼓励跨境电商创新发展，允许零售出口采取"清单核放、汇总统计"方式办理报关手续。探索试点开设跨境电商线下体验店。推进虹桥国际机场开展空运整车进口口岸业务。探索创新内外贸易一体化机制，促进要素自由顺畅流动，推动形成统一的国内大市场。

2.全力打造全球数字贸易港

加快形成联通全球的数字贸易枢纽。打造"全球数字贸易港"总部集聚功能。进一步发挥龙头数字贸易企业的创新发展带动作用，加快引进跨境电商龙头平台型企业，形成跨境贸易数字经济中心功能。打造便利化的数字贸易综合营商环境。结合跨境电商、垂直细分行业等场景应用，在数据流通、数据安全、网络内容监管等方面，开展事中事后监管技术建设和试点示范。鼓励企业建设跨境电商"海外仓"和海外运营中心，推进跨境电商B2B出口新模式。建设商务区数字贸易重点区域，创建国家跨境电商示范园区和国家数字服务出口基地。吸引集聚直播经纪公司、直播运营平台等，推

动中国电商虹桥国际直播中心建设。

加快建设数字贸易企业成长中心。围绕数字贸易产业链和垂直细分行业，在电子商务、数字贸易、供应链管理等领域培育引进一批独角兽企业和行业龙头企业。扶持数字贸易场景应用创新，打造多业态的跨境数字贸易路演、线下活动、购物体验、娱乐参与的标志性场景体验区。建设一批高端数字贸易服务平台与项目，引进或扶持建设数字贸易国际创新孵化平台，开拓数字经济企业跨境合作新模式。引导国有资本、民营资本、外资在商务区设立各类数字贸易创投基金，推动商务区数字贸易企业创新创业。

加快建设长三角贸易促进中心。推进一批长三角贸易一体化合作项目，进一步深化长三角会商旅文体联动平台项目合作。加强与长三角数字和软件贸易一体化联盟联动，提升长三角电商中心能级，发起成立长三角数字贸易促进中心。依托全球数字合作城市联盟，促进长三角内外国际数字经济领域重点城市交流联通。

3.建设高能级贸易主体首选地

打造国际组织和贸易促进机构集聚高地。做好区域内境外非政府组织的管理服务工作，吸引境外非政府组织在商务区集聚。优化提升虹桥海外贸易中心功能，吸引集聚国际经贸组织、贸易促进机构、商会协会等国际贸易功能性机构。积极探索并建立多平台规范化的海外机构承接体系，强化提升贸易及投资服务功能。对入驻的相关机构和平台在办公设施、人员出入境等方面提供便利。探索建立业主自治模式与法人组织模式相结合的商务区贸易发展机构。

吸引商贸领域龙头企业入驻。以进博会为契机，争取进博展商或其代理商在商务区投资入驻，设立贸易总部。吸引跨国公司在商务区设立进口商品运营总部或分拨中心，开展面向中国乃至亚太市场的集散分拨业务。鼓励具有国际竞争力的商贸龙头企业通过基金投资、企业品牌收购、品牌资产股权融资等市场化方式做大做强，培育壮大一批有影响力的平台。打通5G等应用技术创新业态，支持服务贸易企业拓展海外市场。

4.打造国际化购物消费新地标

加快高端商贸综合体项目建设，完善零售业态布局，打造新一代高品质消费商圈。依托核心商业街区，吸引知名品牌旗舰店、体验店、集成店、概念店以及快闪店等入驻。加快建设中高端消费品发布展示中心，鼓励国际品牌和本土知名品牌开展新品发布活动，引进更多国内外中高端消费品牌首店和品牌代理机构总部，形成全球知名品牌区域消费中心、国际化消费体验中心。促进智慧零售、跨界零售、绿色零售等新零售、新业态、新模式发展。大力发展免税、保税展示、一般贸易相结合的购物业态，提升虹桥品汇能级，争取扩大虹桥国际机场航站楼免税购物场所。积极试点离境退税"即买即退"。

（三）增强辐射功能，打造联通国际国内的综合交通新门户

1. 加强区域对外交通枢纽功能

优化虹桥枢纽服务功能。积极争取拓展虹桥机场国际航运服务功能试点。推进"智慧机场""精品机场"建设，打造机场5G+AI智慧枢纽。探索值机模式创新，加强交通出港联通，推进虹桥国际机场与苏州、嘉兴等地的"一站式"协同。提升与"北向拓展带"和"南向拓展带"交通联系的便利性。加强虹桥综合交通枢纽与苏浙周边枢纽的服务协同，加强与虹桥枢纽相联接的铁路建设，提升空铁联运服务辐射能级，提升城际服务功能。持续打造商务区与长三角主要城市两小时轨道交通圈，提升沪宁、沪杭等方向的对外高速通行能力。

构建高效的物流服务体系。对接"一核两带"布局要求，构建区域内信息、资源、设施共享的物流信息平台，推动建立货物集疏运区域一体化协作机制。发挥长三角地区产业基础优势和物流枢纽经济要素聚集优势，整合区域内物流服务资源，促进物流与制造、商贸等产业融合创新发展，培育物流、信息、金融等高度融合的服务新业态。

2. 完善区域交通联系网络

加强公共交通体系建设。加快建设机场联络线、嘉闵线、13号线西延伸和2号线西延伸等既定规划线路，开展25号线等线路规划研究。到"十四五"期末，新增（含延长）3条轨道交通线路。推进枢纽西交通广场综合改造提升工程，优化道路交通组织和场站设施布局。适时推进中运量等高品质公交项目，加强核心区与拓展区之间的公共交通联系，研究集交通、观光等功能于一体的空轨设施规划布局。同步实施相关地区级公交换乘枢纽建设，优化商务区内部公交线路，加强与周边地区公交联系，构建商务区内部多层次公共交通系统。倡导绿色出行，结合地下空间、二层连廊、绿道、景观河道岸线及桥梁等，打造全连通、人性化的慢行交通系统。持续完善交通枢纽和会展中心两翼的交通联系网络，做好进博会交通保障。推动完善国家会展中心（上海）配套停车场、货运轮候区建设。

进一步完善商务区路网体系。结合外环线S20功能优化，推动商务区道路交通持续改善。推进跨吴淞江申长路—金园一路、申昆路—金运路以及天山西路辟通、临虹路、纪宏路等区区对接道路项目建设,推动广虹路—泉口路、联虹路—新泾路、东航路—新潮路、空港八路—金浜路等东西向道路联通。推进G50沪渝高速公路改造,探索研究G15公路嘉金段提升通行能力。加快漕宝路快速通道建设。继续推进迎宾三路东延伸重大工程建设,开展迎宾三路西延伸规划研究,持续提升商务区周边交通集散功能。

3. 持续提高枢纽综合管理水平

加强枢纽运行保障。完善枢纽运行管理单位常态化联席会议机制,进一步巩固和提升公安、交通等各类枢纽服务保障部门的联勤联动。不断完善枢纽安检一体化管理机制和运行保障,提高枢纽通行效率。

加强应急管理水平。不断完善枢纽应急保障体系及配套设施,持续提升虹桥综合交通枢纽应急保障水平,充分适应枢纽客流增长和功能提升的新形势。进一步完善应急管理预案体系和体制机制。依托商务区综合信息平台,加强商务区内神经元传感器布设,完善应急指挥响应、应急视频采集与监控、协调决策指挥、融合通信管理等专项系统建设,准确了解人、楼宇、高铁、飞机等要素主体信息,加强事先感知预判能力。加速与公安、交通、环保、水务、气象等部门数据共享,探索形成跨部门、跨区域的运行体系。

(四)推进改革创新,构建高效率全球高端资源要素配置新通道

进一步释放人才红利、开放红利、新经济红利、制度红利,以搭建平台、优化环境、深化改革为重要抓手,促进要素自主有序流动,汇聚全球商务流、人才流、资金流、技术流、信息流,提高要素配置效率,激发创造力和市场活力,成为全球高端资源要素集聚配置的新通道。

1. 集聚国际高端人才,建设虹桥国际商务人才港

提升国际人才综合服务水平。大力推动虹桥国际商务人才港建设,引进培育优质高端人力资源服务机构和与主导产业相匹配的社会组织和团体,探索建立一批人力资源服务产业园(或分园)。整合市、区两级政府部门人才服务和公共机构资源,在商务区建立长三角外籍人才服务平台,探索形成外籍人才公共服务"单一窗口",深入推进上海虹桥海外人才一站式服务中心建设。推进移民政策实践基地建设。搭建长三角人才中介机构联盟平台。加强"候鸟人才"服务,切实解决人才跨区域流动中的各类现实问题。充分发挥户籍政策、人才公寓在青年人才引进和集聚中的激励和导向作用,扩大政策覆盖面。

探索国际人才管理制度改革。在商务区开展国际人才管理改革试点。为境外高层次专业服务人才来华执业及学术交流合作等提供签证、长期居留、永久居留等便利。开展APEC商旅卡受理工作，经认定的外籍高层次人才可凭其持有的外国人永久居留身份证创办科技型企业，并与中国公民享受同等待遇。探索研究境外人才个人所得税税负差额分担机制。

2. 推进资本要素市场化配置，形成特色金融服务功能

发展特色金融服务。着力发展会展金融、贸易金融、航空金融等特色金融服务业。鼓励发展绿色金融，促进绿色信贷、绿色债券、绿色保险、绿色基金、绿色信托等领域的金融产品模式创新。吸引长三角产业基金、创投基金落户商务区，吸引服务长三角中小企业的商业银行、信托公司、证券等金融机构集聚商务区，鼓励扶持融资租赁机构发展。支持符合条件的项目开展REITs试点。加强与上海证券交易所和上海股权托管交易中心合作，推进长三角资本市场服务基地虹桥分中心建设。鼓励金融机构对商务区内创新型企业加大资金支持力度，加快建设相关主导产业和重点项目设施。大力推进南虹桥国际金融园、西郊国际金融产业园等特色金融园区发展，构建产融对接的金融服务生态圈。率先推广应收账款票据化、积极试点"贴现通"业务。探索建立公共信用信息和金融信用信息互补机制。积极探索金融创新与对外开放。鼓励符合条件的企业开立自由贸易账户，推动贸易真实且信誉度高的企业通过自由贸易账户开展新型国际贸易。鼓励金融机构在依法合规、风险可控、商业可持续的前提下为企业和非居民提供跨境发债、跨境投资并购等服务，试点人民币跨境贸易融资和再融资业务。鼓励符合条件的企业开展资本项目收入支付便利化试点。开展数字人民币应用场景研究，积极争取数字人民币在重点区域试点。

3. 加快发展技术要素市场，提升科技创新浓度

打造技术成果转移转化高地。抓住进博会汇聚全球创新产品和技术的机遇，重点引进生物医药、集成电路、人工智能等战略性产业的创新技术，助推先导产业加速发展。依托上海国际技术交易市场，做强国际技术转移中心功能，汇聚全球科技成果信息资源，举办高规格、有影响力的国际技术交流合作活动，促进国际前沿科技项目转化落地。鼓励跨境技术转移，提升技术进出口合同登记管理便利化水平，促进技术贸易发展。营造有利于新技术快速应用升级和中小微科技型企业创新发展的场景环境。

构建创新创业生态圈。集聚一批国内外企业研发总部和科研院所，加强与国际创新创业平台的合作，提升虹桥品牌（商标）创新创业中心等孵化平台功能，吸引国际

知名孵化器、孵化团队和国际知名企业创新孵化中心入驻,推动设立全球研发中心和外资开放式创新平台。促进技术要素与资本要素融合发展,探索通过天使投资、创业投资、知识产权证券化、科技保险等方式,推动科技成果资本化。鼓励商业银行采用知识产权质押、预期收益质押等融资方式,为促进技术转移转化提供更多金融产品服务。建立垂直化"一站式"科技服务体系。吸引集聚海内外科技中介服务机构,打造集科技咨询、检验检测、成果转化、知识产权、科技金融、维权援助于一体的生态系统,并提供海外并购、技术交流对接、人才培训等国际科技合作服务。

4.持续深化改革,构建一流的营商环境

打造国际一流政务服务环境。全面贯彻落实"一网通办"政务服务改革要求,推进线上线下深度融合,提升政务服务事项标准化和便利化水平。加快落实虹桥商务企业商事登记服务改革事项,深入推进商务区范围内跨行政区的一网服务,完善虹桥商务区管委会前台门户,提供涵盖规划管理、开发建设、户外广告、企业投资项目、公共配套和基础设施布局等领域的政务服务事项办理,探索扩大服务领域、优化服务流程,争取有关部门支持,复制推广浦东市场准入相关工作试点。设立知识产权服务、商事登记等公共服务窗口,提升企业迁移便利度,为企业提供"一窗通"服务。延伸上海商标审查协作中心窗口功能,在商务区商标受理窗口实现企业变更登记与商标变更申请同步受理。建立外商投资企业投诉中心,为外商投资企业提供投诉办理和兜底服务,加大外商投资合法权益保护力度,进一步提升营商环境的市场化、法治化、国际化水平。

构建全方位的安商稳商"服务网"。完善企业全周期服务链,拓展服务内容,从企业入驻的程式化服务转化为全方位"网状"服务,并超前为入驻企业未来延伸生产链提供先导服务。提升国际化、无差别的办事体验,为外资企业和外国人才提供多语种服务。大力弘扬服务企业"店小二"精神,建立走访服务企业和企业帮办服务制度,提供"一站式"个性化帮办服务。加强政企互动,建立制度化常态化的政企沟通机制,健全企业诉求收集、处理、反馈制度,进一步疏通沟通渠道。

探索重点领域改革创新试点。对接国际通行规则,在商事仲裁、商事救济、跨境投资贸易便利化、国际专业性人才就业执业等方面加强规则建设、功能打造、服务配套,实现重点领域改革创新试点,支持在商务区登记设立跨区域社会组织。

(五)促进产城融合,打造引领高品质生活的国际化新城区

全面推进产城融合发展,引入一批有影响力的国际医疗服务机构,加快布局一批

重大文化体育项目，构建布局合理、功能完备、优质高效的高水平居住生活服务体系，加快涉农区域的城市化进程，推进生态公园城市建设，实现生产空间集约高效、生活空间便利完善、生态空间舒适宜人，成为引领高品质生活和高水平治理的国际化新城区。

1. 加强优质服务供给，打造功能完善的品质生活圈

高标准规划建设高端宜居的国际化社区。规划布局一批国际化社区，建设符合国际人群需求的文化、体育、休闲配套设施，引入在涉外社区和人口服务方面具有丰富经验的社会机构和专业队伍，提供星级物业服务，创新社区治理体系，打造若干国际化精品社区，为商务区以及长三角的国际高端人才提供健康、生态、多元文化共融的国际化生活环境。

多途径增加满足就业人群需求的租赁住房。加大新建住宅中租赁性住房的配建比重，鼓励开发企业持有一定比例商品住房用于社会租赁；鼓励科研院校、产业园区、大型国有企业等单位利用自有土地建设公共租赁住房；鼓励社会各类机构代理经租，盘活存量闲置住房资源，形成稳定房源用于出租，促进职住平衡。探索试点利用集体建设用地建设租赁住房。着力构建与人口结构调整相匹配、与就业居住人口和功能区发展需求相适应的、高品质商品住房和租赁房相结合的多元住房供应体系。

推动高端医疗康养服务集聚。鼓励新虹桥国际医学中心高水平医疗服务平台提供临床前沿尖端技术服务、高水平医疗服务、先进适宜技术服务，优化医师区域注册管理制度。按照国家和本市有关规定，为外籍医务人员、患者及陪护人员在区域内诊疗提供入境、停留居留、执业便利。探索对区域内社会办医疗机构配置乙类大型医用设备实行告知承诺制，争取甲类大型医用设备配置指标倾斜。加快公共卫生和疾控体系的市级项目建设。探索放宽外商捐资举办非营利性养老机构的民办非企业单位准入。

完善高质量的教育资源布局。争取市级优质基础教育资源优先在商务区布局，加快推进华师大新虹桥基础教育实验园区建设。鼓励高校、职业院校在商务区设立商贸会展类专业学院，吸引全球一流高校举办高水平中外合作办学教育项目，重点增加集成电路、人工智能、生物医药等领域的合作教育项目。推动设立双语学校，试点设立招收面向全国的外籍人员子女学校。

扩大优质文化资源供给。加快布局重大文化体育项目，加快建设商务区国际艺文中心，探索打造集音乐厅、美术馆、博物馆等功能于一体的综合性文化服务高地。推进外商等多元投资主体建设剧院、电影院、音乐厅等文化场馆和设立演出场所经营单

位，引进一批有影响力的文化演出展览活动。举办时装周、音乐节等世界级节事活动以及中华优秀传统文化活动，吸引高水平职业赛事。加快建设若干面向长三角的区域级公共服务设施，进一步提升公共文化服务效能。

2. 加强新型基础设施建设，打造智慧城市样板

加强新型基础设施建设和落地应用。率先全面建成5G示范商务区。加快5G基础设施建设，推动光纤宽带网、无线宽带网、移动物联网深度覆盖。鼓励新一代通信技术在智慧交通、枢纽管理、会展服务、商贸物流等领域深度渗透和应用推广，率先推动5G网络技术融合应用升级落地，推动主城片区数字化转型取得更多进展。以虹桥临空经济示范区、新虹桥国际医学中心和北斗西虹桥基地为样板开展智慧园区管理系统建设，实现对园区AR、VR的实时动态精准管理。加快重点地区扩容优化，完善商务区新型城域物联专网平台（5G物联专网）。推动建设基于人工智能和5G物联的长三角城市大脑集群，聚焦城市设施、城市运维、城市环境、城市交通、城市安全、城市执法等领域，打通智慧化数据应用瓶颈，开发激活智慧化数字应用场景，打造国家级新型智慧城市"5（G）A（I）"示范区。

提升数据通信便利化水平。推进国际互联网数据专用通道建设，探索优化网络构架，减少跳转层级，积极推动建设快速响应的国际通信服务设施。构建公共数据资源开放共享体系，依法推动高价值、多品类、广渠道的商业数据流通，打造开放融合的国际数据港。

3. 按照世界一流标准，打造绿色低碳发展商务区

完善供能系统和低碳平台建设运营。推进能源站建设，确保商务区各分布式集中供能系统安全、有序供能。到"十四五"期末建成10个以上的能源站并投入运营，成为三联供集中供能区域。拓展商务区低碳能效运行管理平台覆盖面，进一步提升接入数据的准确性，到"十四五"期末，核心区重点区域接入率提高到95%以上，数据正常率提升到90%，覆盖至国家会展中心（上海）、虹桥枢纽交通中心、东航城等重点大型公共建筑。以三联供集中供能和低碳能效运行管理平台为依托，探索开展智慧能源网、合同能源管理、碳交易试点。

打造新型海绵城市建设最佳实践区。统筹协调商务区的水生态、水环境、水安全、水资源等水系问题，打造基于智慧水务、和谐共融、百姓获得感、弹性城市和价值可评估为主要内容的新型海绵城市建设最佳实践区。积极推进青浦区徐泾镇、长宁区虹桥机场东片区的市级海绵城市试点区建设。

推动绿色生态城区建设。复制推广原3.7平方千米核心区重点区域的绿色低碳实践、国家绿色生态城区建设经验，积极推进长宁区临空经济示范区和机场东片区、嘉定区北虹桥封浜新镇等区域建设绿色生态城区，建成绿色生态城区面积超过15平方千米。加强与长三角生态绿色一体化发展示范区联动发展。到"十四五"期末，获得绿建星级运行标识认证建筑面积达到300万平方米。

构建高品质生态空间。锚固城市生态基底，加强生态空间的保育和修复，大幅提高生态空间规模。打造以嘉闵高架和吴淞江两大生态走廊为核心的"T"字型绿色生态空间，推动以虹桥中央公园为代表的城市公园体系建设。提高重点区域的绿地、绿道、公园的建设养护标准和功能提升，形成与国际化商务区相匹配的城市景观绿化生态空间体系。继续推进商务区屋顶绿化，积极打造"第五立面"。

4.对标"双最"要求，提升城市精细化管理水平

建立健全虹桥标准管理体系。对标最高标准、最好水平，研究制定统一的道路、绿化、环卫、工程施工、户外广告、景观灯光、综合养护等公共事务管理的虹桥标准，统筹推进城市清洁、市容整治、精细管理、品质提升。完善城市管理各单元考核评价体系，建立综合养护一体化管理机制和市场环境。

加快提升城市管理智能化水平。落实全市"一网统管"要求，争取市城运中心、市大数据中心及相关部门、属地政府支持，共同推动系统集成和数据联动，在环境监测、水务市容、市政设施和园林绿化管理等方面，支持数据沉淀、信息归总和场景应用，实现公共事务管理的可视化、动态化，不断提升城市精细化管理能级和水平。

（六）扩大双向开放，构建引领区域协同发展新引擎

坚持扩大开放、深化开放、引领开放，发挥对内对外开放两个扇面的枢纽作用，推动由商品和要素流动型开放向规则等制度型开放转变。同时，加大商务区与长三角的协同联动力度，推动长三角产业联动、企业互动、资源流动，努力成为长三角区域畅通国内循环、促进国内国际双循环的枢纽节点。

1.对照国际通行规则，提高对外开放水平

积极推广贸易发展成功经验。全面实施市场准入负面清单制度，推进"证照分离"改革全覆盖，深化完善与之相适应的准入机制、审批机制、监管机制。支持国际贸易单一窗口完善服务功能，提升企业与监管部门之间、监管部门相互之间的数据共享和国际贸易相关手续的"一网通办"效率。建立跨境双向人民币资金池，加大新增地方政府债券额度倾斜力度，争取具有国际竞争力的税收制度等政策。

打造全方位开放的前沿窗口。设立企业"走出去"综合服务中心，支持国内企业组团出海。推进优势产业在"一带一路"沿线布局，打造形成一批综合效益好、带动作用大、海外反响好的"走出去"示范项目。推出区域认证企业设立FT账户系统政策，引导商务区企业为跨境贸易提供人民币融资服务，逐步开放本、外币境外融资。探索在数字贸易、金融服务、信息服务、会展服务等服务业领域试点更多的扩大开放措施，努力形成市场更加开放，制度更加规范，监管更加有效，环境更加优良的服务业扩大开放新格局。

2. 加强长三角服务辐射，释放对内开放红利

推动高端服务功能长三角共享共用。强化长三角高端人才配置。完善长三角企业海外人才互通机制，加强面向高层次人才的协同管理，推行专业技术职务任职资格和继续教育证书互认、外国人工作证互认、人力资源市场服务人员资质互认等互认互准制度。依托商务区高端商务设施，为长三角地区企业、商（协）会等设立功能性机构创造条件，更好服务长三角地区开展招商引资、人才招聘、外国人来华就业、金融服务等商业合作。定期发布国际贸易企业机构名录、进出口商品供需信息，助力国际贸易企业、机构到长三角省市投资兴业。鼓励长三角地区各类品牌展会和贸易投资促进活动加强协调和联动，探索长三角城市会展联盟等合作机制。用足用好国际化大都市的资本要素优势，鼓励创投和产业基金与优质企业项目对接，促进项目与资本、科技与金融的深度融合。研究反映贸易金融便利化程度、长三角贸易活跃度、会展活动影响力等的"虹桥指数"。

畅通长三角的特色政务服务。设立长三角企业商标受理窗口，推动企业办理事项跨区域"一网通办"。推出"长三角特色服务"清单，在知识产权保护、国际贸易法律援助、国际商事仲裁等一系列特色事项领域，为长三角城市群企业和各类市场主体对接全球经济提供便捷可靠的服务支持。支持在商务区设点受理长三角企业商标权质押登记，放宽对商务区内专利代理机构股东的资格条件限制。探索推进电子证照在长三角的深化应用，为一地认证、全网通办、异地可办、就近办理的各项改革开展试点。在坚决遏制隐性债务增量的前提下，按照市场化方式，设立服务长三角一体化发展的投资基金，支撑跨区域重大基础设施建设、科技创新产业发展、公共服务信息系统集成等。

3. 创新区域合作机制，推动地区协同发展

以商务区为起点，加强与"北向拓展带"和"南向拓展带"的功能衔接，提升核心区域的服务辐射能级，积极复制推广长三角生态绿色一体化发展示范区制度经验，

在规划管理、土地管理、项目管理、要素自由流动和公共服务等方面加强统筹、共享和协同。积极推动探索长三角地区在基础设施建设、产业联动发展、公共服务共享、完善市场准入等重点领域协同推进。深化重大平台、项目合作，有效促进跨区域信息互通、要素流动和机制共建。积极推动长三角国际贸易走廊建设，跨省、跨城整合国际贸易产业链及贸易流量，构建一体化互联互通综合国际贸易产业及现代流通体系。推动商务区与闵行、长宁、嘉定、青浦、松江、金山等周边区域的基础设施连通拓展和产业链联动延伸，加强与虹桥经济技术开发区等功能区的互动合作，探索建立商务区与周边区域的产业协作机制，构建"总部+基地"的产业联动发展格局。

四、保障措施

（一）加强组织领导，统筹协调发展

坚持党的全面领导，强化虹桥商务区管委会的统筹协调作用，发挥相关区和功能性国企的主体作用，形成更大合力。不断强化法治保障，适时完善商务区管理的法律依据。完善商务区管理运行机制，构建区域经济统计制度。

（二）强化要素支撑，推动政策落地

加大财政支持力度，用好商务区专项发展资金，支持商务区重点产业项目和功能性平台建设。盘活存量土地，推动土地复合利用，合理提高开发强度，加强土地全生命周期管理。积极推动原创性、突破性政策落地实施，扩大政策覆盖。

（三）加大招引力度，提升投资质量

树立虹桥国际开放枢纽品牌形象，加大宣传推介力度。研究更新产业发展指导目录，按照"四个论英雄"的绩效导向，科学评判项目准入。依托进博会大平台，构建国内外招商引资网络，重点推进总部机构、标杆项目落地。

（四）落实重大项目，加强督查考核

加强部门间协作，加快重点产业项目和功能性平台落地，以项目建设带动产业导入和功能植入。完善推进、协调、考核等工作机制，加强重大项目建设的跟踪分析、督促检查、综合协调和经验总结推广。

第二节 虹桥国际中央商务区闵行片区"十四五"规划

虹桥商务区（闵行部分）作为虹桥主城副中心所在地，"十四五"期间将在打造虹桥国际开放枢纽、建设国际化中央商务区和国际贸易中心新平台中发挥积极作用。为推动虹桥商务区（闵行部分）加快发展，依据《长江三角洲区域一体化发展规划纲要》《长三角生态绿色一体化发展示范区总体方案》《上海市城市总体规划（2017—2035年）》《总体方案》《关于加快虹桥商务区建设打造国际开放枢纽的实施方案》《上海市虹桥主城片区单元规划》，以及《上海市闵行区总体规划暨土地利用总体规划（2017—2035年）》《闵行区国民经济和社会发展第十四个五年规划和二〇三五年远景目标》《闵行区关于聚焦虹桥商务区积极参与打造虹桥国际开放枢纽的实施意见》等要求，结合虹桥商务区（闵行部分）发展实际，制定本规划。

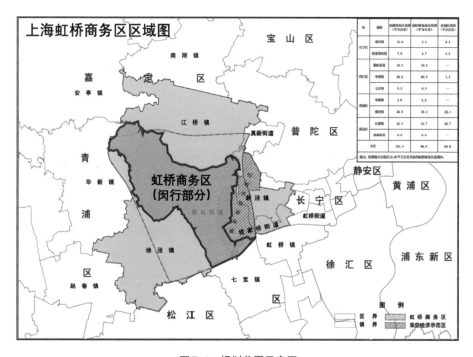

图7-1 规划范围示意图

一、"十四五"发展基础

（一）"十三五"发展回顾

"十三五"期间，虹桥商务区（闵行部分）围绕经济发展和开发建设两大任务，高站位规划布局、高水平开发建设、高质量发展经济，核心区商务枢纽功能逐步凸显、产业集群初具雏形，虹桥主城前湾地区动迁腾地有序推进、产业发展空间深度释放，品质化生活配套逐步完善，生态空间舒适宜人，初步显现出良好的经济效益、社会效益和生态效益。

1. 前瞻谋划区域前景，发展基础有力夯实

"十三五"期间，虹桥商务区（闵行部分）坚持前瞻性、高水平规划引领，提前谋划区域发展；抢抓窗口机遇，全面推进动迁腾地，为新一轮开发建设打下了坚实的基础。规划引领科学布局，衔接上海2035总规，结合虹桥商务区总体功能定位，高起点谋划、高标准定位，重构虹桥前湾城市规划格局。开展多项规划研究，深度参与《虹桥主城片区单元规划》编制。在单元规划批复的基础上，以落实区域功能定位和保证区域高品质开发建设为目标，全力推进三个单元控详规划修编及局部控详修编、开展虹桥前湾城市设计国际招标、编制南虹桥片区规划建设导则以及开展其他各类专项工作，为后续开发建设提供依据。动迁腾地全面推进，2016—2020年，虹桥前湾集建区内累计居民动迁约2 500余户，完成集体非居动迁100多万平米，完成40多家国有非居动迁，腾地近5 000亩，为新的产业集群发展和城市功能布局打开了重要的战略空间。

2. 全面提升企业服务，产业集聚初见成效

"十三五"期间，虹桥商务区（闵行部分）强化招商引资，多措并举、精细服务，营造良好的企业发展环境，核心区总部功能显现，虹桥前湾产业亮点涌现，区域经济效益大幅提升。载体建设卓有成效，核心区中央商务区3.7平方千米已基本建成并进入运营阶段，共352栋楼宇（含235栋办公楼宇），投入运营商办面积达220万平方米。招商方式不断创新，组建专业化招商团队，形成"1+23+1"招商工作机制，拓展百个重点项目、联动百家专业机构，在北京等一线城市设立虹桥商务区（闵行部分）投资促进联络处，发挥市、区两级政策叠加优势，打造"1+X"招商引资政策高地。营商环境持续优化，实行"1个虹桥商务区企业服务中心+5个楼宇工作站"网格化管理模式，提供全方位涉企事项办理和精细化、个性化的综合性园区服务，搭建政企交流平台，精准回应企业诉求。产业集聚初具雏形，核心区已引进永恒力、科施博格、梅塞尔等10家跨国公司

地区总部和中城卫、德宝汽车、骏地设计等14家内资企业总部，总部经济效应日益凸显。虹桥前湾新虹桥国际医学中心示范集聚效应初步显现，新文创电竞中心、信达研发总部、云南白药上海国际中心等优质产业功能项目加速落地，初步形成总部经济集聚，生物医药、国际商贸、现代金融、科技服务等产业齐头并进的良好态势。经济密度不断提升，2015年以来，核心区企业注册数年均增长40%，二次招商税收增速超30%。

3.承接放大进博效应，开放合作功能初现

自2018年首届进博会举办以来，虹桥商务区（闵行部分）扎实做好进博会保障工作，积极承接放大进博溢出效应，区域经济开放度不断提升。进博会保障任务圆满完成，对区域内一批道路、绿化、河道以及桥隧涂装、架空线等项目开展针对性整治工作，并加快推进配套项目建设，以进博保障为契机，实现了区域市容环境品质的大幅度提升，创造宜业宜居的良好环境。建立了全区首个街镇层面的城市运行综合管理中心，对进博会重点整治区域、主要干道沿线和一些薄弱环节的巡查精细化程度不断提升，对市容环境、飞线整治、应急保障等问题处理效率不断提高。功能性平台效用显著，联合市属国企搭建虹桥进口商品展示交易中心，一期引进近70个国家或地区的2万多种商品，其中进博会相关品牌占近70%；通过二期保税物流中心（B型）进出口货物约1 900批，货值6亿元。长三角电商中心已有唯品会、苏宁、谷歌领聚等50多家企业入驻。虹桥海外贸易中心平台的空间、招商、服务优势充分发挥，已集聚瑞士中心、新加坡企业中心、中欧国际合作促进会等代表性贸易及投资机构，培育具有国际竞争力的贸易平台和主体。虹桥国际商务人才港、上海国际技术交易市场等功能性平台加快建设和运营，为企业提供产品、技术、人才、金融等全方位服务。

4.加快推进设施建设，城市形象显著提升

"十三五"期间，虹桥商务区（闵行部分）大力推进市政基础设施和交通基础设施建设，区域面貌焕然一新。市政框架基本形成，许浦港、进博会河道整治等水系工程已经竣工，区餐厨垃圾、闵北环卫基地等基本建成，1号和2号能源站、8.5千米的区域供能管沟、110 KV变电站等供能项目建成并投入使用，张申浦水系沟通等市政配套项目加快推进。交通网络逐步完善，24条地下人行通道、13座空中连廊、连接核心区与国家会展中心的二层步廊等投入使用，轨道交通线网规划建设逐步完善，公交站点布局不断优化调整，实现核心区与国家会展中心空中、地面、地下的人行联通。完成市重大项目绥宁路建设，建成S26高速入城段、诸光路地道。纪潭路、纪鹤路、朱建路、繁兴路等主干路建设加速推进，苏虹路等区内"畅通路"竣工。生态品质全面提升，打造华翔绿地、航华公园、华漕公园等多个绿色休闲公园，建设苏州河生态廊道，北横泾、小涞港水体能见度长期保持1.5米，完成经一河、北友谊河等主干水系的联通、整治，为区域开发奠定了良好生态基础。

5. 精心打磨宜居品质，城市功能更加完善

"十三五"期间，虹桥商务区（闵行部分）加快公共服务布局，初步健全了居住、医疗、教育、文体、商业等生活配套功能，城市品质稳步提升。高品质公共服务配套逐步完善，新虹桥国际医学中心一期引进华山医院（虹桥院区）及7家社会办医医院，形成高品质的医疗服务组团。上海美国学校、上海英国学校、上海韩国学校等国际学校以及上海外国语大学闵行外国语中学等国内外优质教育资源初步集聚。商业文体配套不断完善，虹桥天地、龙湖天街、丽宝广场等商业综合体相继开业，新华联索菲特、康得斯等高端商务酒店陆续投入运营，逐步成为上海西部商圈新地标。依托虹桥天地—演艺中心等文化场馆，花火幻境灯光节、漫威电影宇宙英雄特展等文体活动相继开展。多层次住房体系逐步完善，区域内已形成集西郊庄园、金臣别墅等高档国际社区，万科时一区、富力虹桥十号等商品住宅，旭辉等人才公寓、爱博新村安置房等配套住房于一体的多层次住房体系，满足不同群体的租售需求；华漕动迁安置房一二期快速推进，完成部分交付。智慧虹桥建设成效显著，率先实现核心区千兆网络全覆盖，启动国内首个"5G示范商务区"建设，信息技术在城市管理、企业服务、民生等各领域的应用不断拓展加快。

在取得积极成效的同时，对标新定位、新要求，虹桥商务区（闵行部分）发展还存在一定的不足，主要表现在：一是区域内部主干路网衔接不足，区区对接道路联通性有待提高，轨道交通规划和建设进度相对滞后于区域发展需求，与长三角的城际交通有待加强，综合交通网络有待进一步优化。二是主导产业不够突出，产业集群效应不够显著，企业产出效益有待显现，区域经济能级需进一步提升。三是现状基础设施建设品质与国际化定位存在一定差距，亟待加快建设与国际社区匹配的高品质住宅项目，上海西部标志性的文化、体育、教育项目亟待加快引进落地，社区级公共服务设施覆盖率亟待提高，产城融合的品质能级仍存在进一步提升空间。

（二）"十四五"发展环境

1. 全球产业链布局加速重构，区域发展正逢其时，迎来功能全面跃升的关键机遇期

"十四五"时期，全球经济将面临百年未有之大变局。一方面，"逆全球化"及全球新冠肺炎疫情影响下，世界经济增长持续放缓，经济下行风险明显加大；另一方面，

以国内大循环为主体、国内国际双循环相互促进新发展格局正加快推动，上海也正在成为跨国公司产业链布局的首选地和国际资本的避风港之一，全球投资贸易规则体系加速重构，全球资源面临重新配置，为虹桥商务区（闵行部分）集聚全球资金、信息、技术、人才、商品、数据等全球高端要素资源提供重要机遇。

2.长三角国家战略全面启动，区域定位重新赋予，迎来政策倍加关注的战略红利期

长三角一体化国家战略全面启动为虹桥商务区赋予了新的定位和功能，打造虹桥国际开放枢纽、建设中央商务区和国际贸易中心新平台成为新的战略使命。虹桥商务区（闵行部分）包含核心区和虹桥前湾两大部分，承载了虹桥商务区最关键的功能打造和战略落实使命，区域发展受到前所未有的关注，"十四五"期间，在要素集聚、重大项目推动、创新政策突破等方面有望获得倾斜与支持。

3.国际进口博览会持续召开，带动效应持续显现，迎来贸易功能提升的加速发展期

2018年以来，已成功举办三届中国国际进口博览会，参展企业和交易额逐年增长，国际影响力持续提升，已成为全球商界的顶尖盛事。虹桥国际经济论坛高质量召开，并将逐渐打造成为与世界一流论坛比肩的全球国际贸易话语权的风向标。"十四五"期间，虹桥商务区（闵行部分）有望进一步承接并放大进博会和虹桥国际经济论坛的溢出效应，进一步提升进口商品集聚功能，打造贸易开放新亮点。

4.总体规划布局正日渐明晰，区域特征更加鲜明，迎来品牌形象打造的集中建设期

《上海市城市总体规划（2017—2035年）》《上海市闵行区总体规划暨土地利用总体规划（2017—2035年）》《闵行区关于聚焦虹桥商务区积极参与打造虹桥国际开放枢纽的实施意见》等上位规划和文件相继发布，虹桥商务区（闵行部分）的定位布局日渐明晰，"国际化"特征多次强调，"国际化"发展格局迈向新高度，将着力打造虹桥国际开放枢纽、建设国际化中央商务区和国际贸易中心新平台的核心功能承载区。依托良好的区位优势和资源优势，"十四五"时期，虹桥商务区（闵行部分）进入全面提升品质、树立高水平"国际化"品牌形象的重要建设时期。

二、指导思想、发展定位和目标

（一）指导思想

以习近平新时代中国特色社会主义思想为指导，深入贯彻习近平总书记关于推进长三角一体化发展重要指示精神，践行"人民城市人民建、人民城市为人民"重要理念，紧紧围绕中央交给上海的"三大任务、一大平台"战略，对标国际，面向全球，

站在长三角建设"一极三区一高地"的战略高度，在服务辐射长三角战略任务中肩负起主力军职责，加强与上海"五个中心"和闵行"创新开放、生态人文的现代化主城区"对接联动，打响"四大品牌"，重点围绕"五型经济"，以"加快高质量发展，创造高品质生活、实现高效能治理"为目标导向，以"全面提升国际开放枢纽核心功能，着力打造国家产城融合示范标杆"为发展主线，全面提升区域发展能级与核心竞争力，打造成为引领长三角高质量发展、具有国际竞争力的虹桥国际开放枢纽核心功能承载区和服务长三角一体化的桥头堡。

（二）发展定位

"十四五"时期，在虹桥国际开放枢纽新发展格局下，加强改革创新，全面提升在全球资源配置、开放枢纽门户、高端商务要素集聚、国际贸易功能交融等方面的中心节点和战略链接地位，建设总部经济首选地、要素出入境集散地、新时代改革开放标志性区域，打造虹桥国际开放枢纽核心功能承载区；在服务长三角一体化国家战略指导下，加强开放合作，做强长三角强劲活跃增长极"极中极"的"核中核"，推动长三角产业、人才、活动等要素高效聚合流动，构建特色产业集群、完善高品质国际配套、营造绿色宜居生态空间，满足长三角高端人才的国际化高品质居住需求，打造服务长三角一体化的桥头堡。

（三）发展主线

结合虹桥商务区打造虹桥国际开放枢纽、闵行区建设创新开放、生态人文的现代化主城区要求，进一步放大虹桥商务区（闵行部分）在交通区位、发展空间、国际化品质等方面的优势，虹桥商务区（闵行部分）将"全面提升国际开放枢纽核心功能、着力打造国家产城融合示范标杆"作为"十四五"发展主线。

1."全面提升国际开放枢纽核心功能"

坚持围绕国际化中央商务区、国际贸易中心新平台和综合交通主枢纽等虹桥国际开放枢纽核心功能。提升国际化中央商务区功能，着力优化营商环境，建立优势突出、特色鲜明、增长强劲的现代服务业产业集群，全面提升总部能级、经济规模和发展质量，强化全球资源配置能级。提升国际贸易中心新平台功能，增强面向国际国内"两个扇面"的集聚和辐射能力，全面承接放大进博会溢出效应，推动贸易功能向国际交流、平台展示、贸易消费功能升级。提升综合交通主枢纽功能，依托枢纽优势，加强开放合作，提升与长三角城市群的创新协同与产业链协同能级，推动产业联动、服务共享等领域的一体化探索和实践。

2."着力打造国家产城融合示范标杆"

践行"人民城市人民建，人民城市为人民"重要理念，对照闵行区"提升核心优势，深度产城融合"发展主线，高水平建设虹桥商务区（闵行部分），满足国内外高端人才国际化高品质生活需要，重点打造虹桥主城前湾地区，提升城市功能品质，增强虹桥城市副中心国际化配套的功能集聚和辐射能级，全面提升国际社区、国际医疗、国际教育、国际文体等核心城市功能和生态品质。

（四）发展目标

1.主要目标

到2025年，虹桥商务区（闵行部分）经济总量、经济贡献度、商务楼宇产出率、服务经济发展质量等显著提升，各类总部企业活跃，国际专业服务配套完善，高端商务活动频繁，国际化中央商务区功能初步显现；国际贸易中心新平台功能凸显，对内对外开放两个扇面的枢纽作用得到充分发挥，虹桥国际开放枢纽核心功能承载区初步建成。长三角优质企业总部和高端人才集聚，特色现代服务产业集群效应凸显，长三角协同创新能力提升，国际教育、国际医疗、国际文体、国际社区等功能丰富完善，产城融合示范效应显现，服务长三角一体化的桥头堡功能明显提升。

（1）综合经济实力显著增强。税收总收入达到150亿元，增长速度高于全区，领先全市，楼宇单位面积税收产出达到3 000元/平米，营利性服务业营收450亿元，企业注册数达到3.6万户，集聚一批领军企业和高端产业，现代服务业产业集群增长强劲，虹桥商务区（闵行部分）作为闵行北部经济引擎的辐射带动效应进一步凸显。

（2）总部经济集聚优势凸显。一批改革创新举措落地实施，总部经济新优势进一步提升，高能级总部型机构、创新型企业、功能型平台和国际高端人才加快集聚，总部类企业数达到400家（其中经市级认定总部40家），境内外上市公司达到4家，建设成为全球高端机构集聚、高端商务活动活跃、国际化专业服务配套完善的总部经济首选地。

（3）进出口商品集散能级逐步提升。进博会溢出带动效应进一步放大，国际贸易功能进一步升级，商品贸易总额达到5 000亿元（其中进出口商品交易总额2 000亿元），基本建成联动长三角、服务全国、辐射亚太地区的要素出入境集散地，形成国内国际双循环相互促进的全球贸易和国际交往新格局中的新亮点。

（4）国际化产城融合示范作用初步显现。区域内常住人口达到30万人，大力引进海内外高层次人才。新增住宅建筑面积180万平方米，新增公共文化设施面积9.2万平方米，人均公园绿地面积15平方米，公共交通站点500米覆盖率90%，形成产业层次高端、城市品质卓越、经典建筑多元、国际配套完善、交通便捷通畅、生态环境优良的宜居宜业国际化新城区。

展望2035年，综合经济实力取得突破性进展，高端商务要素集聚迈上新台阶，国际贸易功能大幅跃升，全球资源配置枢纽节点和开放枢纽门户功能充分凸显，虹桥国际开放枢纽核心功能承载区全面建成。以国际贸易、专业服务、生命健康、文创电竞、在线经济、集成电路设计等产业为引领的现代服务业产业高品质集聚，国际社区、国际配套品质达到全球一流水准，服务长三角一体化的桥头堡地位更加巩固。

2. 主要指标

表 7-2　虹桥国际中央商务区闵行片区"十四五"主要预期性指标

类　别	指　标	2020 年基准值	2025 年预期目标
经济发展	税收总收入（亿元）	60	150
	当年度新增实际到位外资（亿美元）	3.7	4
	税收亿元楼数量（幢）	9	15
	楼宇单位面积税收产出（元/平方米）	2 000	3 000
	营利性服务业营收（亿元）	277	450
功能提升	企业注册数（户）	18 000	36 000
	总部类企业数（其中经市级认定总部，家）	200（12）	400（40）
	上市企业数（家）	1	4
	外资企业数（家）	800	1 500
	高新技术企业数（家）	92	350
	国际组织机构数（家）	10	30
	专业服务业机构数（家）	2	30
	商品贸易总额（其中进出口商品交易总额，亿元）	1 545（50）	5 000（2 000）

续　表

类　别	指　标	2020 年基准值	2025 年预期目标
产城融合	常住人口（万人）	23.6	30
	新增研发用地规模（建筑面积，含教育类，万平方米）	114（2020 年现状值）	170
	新增商办楼宇面积（万平方米）	380（2020 年现状值）	200
	新增住宅建筑面积（万平方米）	620（2020 年现状值）	180
	新增公共文化设施面积（万平方米）	/	9.2
	新增基础教育阶段学校数（所）	16（2020 年现状值）	13
	人均公园绿地面积（平方米）	9.3	15
	路网密度（千米/平方千米）	4.9	7.6
	公共交通站点 500 米覆盖率	80%	90%
	新增住房中政府、机构和企业持有的租赁性住房比例	7.2%	15%

注：“2020 年基准值”指截至 2020 年年底，对应指标的现状值。“2025 年预期目标”指截至 2025 年年底，对应指标的状态值；其中，“新增”类指标指 2021—2025 年五年中的新增值。

三、"十四五"总体空间布局

"十四五"期间，虹桥商务区（闵行部分）将全面落实区委"南北联动、双核辐射"空间发展战略，根据两大区域资源禀赋、发展阶段以及发展潜力，统筹谋划布局，进一步提升虹桥商务区核心区功能，加快重点打造虹桥商务区前湾新中心，形成"双心引领、功能互动"的整体空间格局。

（一）虹桥商务区核心区

虹桥商务区核心区，面积 18 平方千米，将依托国家会展中心和综合交通枢纽两大功能性设施的辐射带动作用，进一步吸引总部经济和高端商务集聚，提升完善开放枢纽功能，形成高端商务集聚、枢纽网络完善的枢纽型核心区。进一步做实做强中央商务区核心区，拓展完善中央商务区功能；以虹桥进口商品展示交易中心为发展引擎，以嘉闵线为依托，沿线发展总部经济，形成产业集聚，强化申昆路沿线总部经济走廊；

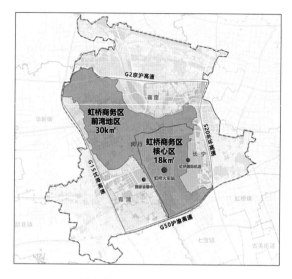

图7-2 虹桥商务区（闵行部分）空间布局示意图

在天山西路和沪青平公路沿线原有的产业基础上，进一步完善产业业态、优化科创空间格局、提升剩余地块土地价值，沿线布局长三角国际总部，打造天山西路和沪青平公路沿线国际总部带。

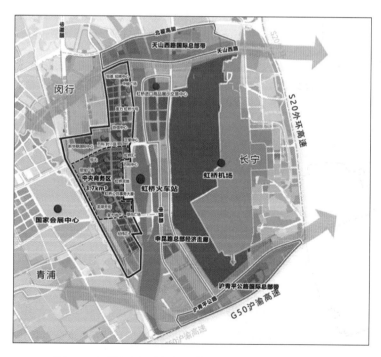

图7-3 虹桥商务区（闵行部分）核心区空间布局示意图

（二）虹桥商务区前湾新中心

虹桥商务区前湾新中心，面积约30平方千米，与虹桥商务区核心区错位发展，重点聚焦公共服务创新示范功能，是虹桥国际开放枢纽的主要核心功能承载区，面向国际国内的世界级"会客厅"，引领高品质生活的人民城市样板区，服务长三角和全国发展的强劲活跃增长极。将打造成为长三角总部经济首选地，国家产城融合示范标杆和绿色开放共享的国际主城。根据区域规划实施和现状建设情况，对于已建、拟集中建设和未来建设拓展的区域采取不同的发展策略，形成"10+10+10"的区域开发框架。

重点建设区：北青公路以北10平方千米重点开发区域，构建"一轴领地标、两湖聚活力、三环连城水、八片融产城"的总体空间结构，主要承载"国际医疗、国际教育、国际文化、国际体育、国际创新、国际社区"六大功能，围绕前湾公园"C"型公共绿地，着力打造"五分水景、五分城韵"的尚水之城。结合前湾公园，以TOD开发为导向，围绕轨道交通站点形成三大组团，建设百万方商业商办建筑群，集聚虹桥国际开放枢纽城市核心功能，同时结合站点设置三组高层建筑群落，与国际新文创电竞中心、虹桥国际艺术文化中心等高能级公服设施相互呼应，打造富有经济活力和文化魅力世界级中央活动区，为长三角优质总部企业提供开放共享的展示交流平台。在区域南部、东部、北部，依托现有产业基础，重点聚焦生命健康、文创电竞、在线经济、集成电路设计等特色产业领域，形成三大创新研发产业集群。产业片区之间布局健康、生态、多元文化共融的第三代国际社区，建设高标准、高质量的文化、体育和医疗服务设施；在产城深度融合的框架下，以不同的目标人群需求为导向，设计典型的工作、居住场景街坊模块，强化功能混合，灵活组合多元的城市单元空间。

品质提升区：北青公路以南的国际社区建成区及北翟高架以北建成区的10平方千米，"十四五"期间

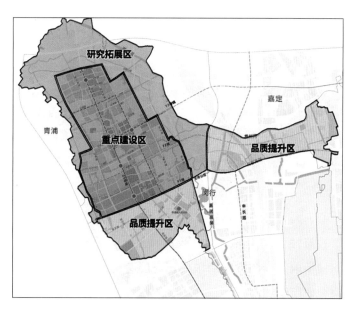

图7-4 虹桥商务区（闵行部分）前湾新中心空间布局示意图

主要对其进行环境优化和功能提升。

研究拓展区：开发边界外其余10平方千米生态空间，主要为城市建设和品质提升预留空间。

四、"十四五"发展的重点任务

为实现虹桥商务区（闵行部分）打造虹桥国际开放枢纽、服务长三角一体化桥头堡的发展目标，充分结合《上海市城市总体规划（2017—2035年）》《总体方案》《关于加快虹桥商务区建设打造国际开放枢纽的实施方案》和《上海市闵行区总体规划暨土地利用总体规划（2017—2035年）》等上位及相关规划，进一步聚焦虹桥商务区（闵行部分）的发展定位，提出"十四五"期间的重大任务。

（一）高标准建设中央商务区，打造总部经济首选地

以建设国际化中央商务区为目标，做强总部经济发展优势，围绕总部企业和专业服务业，形成国内外总部企业集聚、高端商务活动频繁、配套服务和营商环境完善、全面接轨国际的总部经济首选地。

1. 打造国内外总部企业集聚区

（1）加快引进国内外企业区域总部。充分发挥区位优势，大力推动跨国公司地区总部和外资研发机构、国内大型企业集团以及长三角民营总部在区内落户，打造国内外企业总部集聚区，构建最具示范引领的长三角总部高地，成为长三角企业拓展全国、联通国际、走向世界的窗口。

（2）重点吸引创新类、研发类总部。依托上海西部地区及长三角城市群的高端制造业基础，大力吸引和集聚集成电路、人工智能、生物医药等战略性新兴产业研发总部。顺应新经济发展趋势，集聚电商平台、信息服务、文创设计等现代高端服务业研发总部。争取国内外知名科研院所、研究机构和中央企业设立研发型平台、创新联合体。

（3）大力集聚结算类、投资类总部。积极吸引跨国公司设立全球或区域资金管理中心，大力支持外资资金管理总部、投资总部、结算中心等落地。积极争取放宽对外资投资性公司的准入限制政策试点，对总部机构给予金融、人才、通关等方面便利。积极争取符合条件的跨国公司开展跨境资金集中运营管理政策试点，提高区域内企业资金使用便利性。

（4）加快吸引贸易类、销售类总部。吸引跨国公司、央企、国企、长三角民营企

业在虹桥商务区（闵行部分）设立贸易型分支、销售中心、展示平台等。吸引国内批发零售、国际货物贸易、物流仓储和国际服务贸易、平台交易业务等贸易型总部落地。支持引进中国国际进口博览会平台上的企业，鼓励参展企业或采购商在虹桥商务区（闵行部分）新设符合条件的货物贸易类企业和企业代表处。鼓励企业积极申报市级、区级对贸易型总部的奖励资助，争取在人才引进、出入境、外籍人员永久居留证办理、金融服务、通关便利化等方面的政策倾斜。

2.建设国际化专业服务配套试验区

（1）推进现代金融特色发展。做大做强以股权投资基金为核心的上海南虹桥国际金融园区，增强金融服务实体经济的能力。重点集聚贸易结算、网络结算、贸易融资等领域的贸易金融机构。积极发展科技贷款、科技担保、股权投资、科技保险等领域的科技金融供给方、中介机构等服务主体。打造专业化的融资租赁平台，促进区域产业发展。积极落实金融业开放政策，争取境外投资者设立金融机构、开展跨境发债和跨境投资并购等突破政策先行先试。争取资本项目收入支付便利化、"贴现通"等现代金融特色业务试点。积极推动符合条件的区域开发建设主体试点上市。

（2）推动高端法律服务集聚。建设虹桥商务区法律服务产业集聚区，以高端知名律师事务所为主，集聚公证机构、司法鉴定机构、法律类媒体、法律科技公司等机构。积极争取举办国际性、全国性、长三角等各类法律论坛、研讨会，形成产业链最完整、业态组合最科学、影响力最强的法律服务新高地。设立长三角法律服务业发展中心，吸引长三角、全国乃至全球各类从事法律培训、法律科技、法律媒体等法律服务机构入驻，形成综合性法律服务平台。结合区域产业特征，探索建立互联网法院跨境贸易法庭，依法集中审理跨境数字贸易纠纷案件；积极对接上海国际经济贸易仲裁委员会，争取设立虹桥商务区仲裁院，探索建立跨境贸易、数字经济、医疗服务、知识产权交易等领域的仲裁平台或争议解决平台。

（3）拓展科技服务全过程服务链。高水平建设运营上海国际技术交易市场，打造以国际技术转移为重点、长三角紧密互动的技术转移协同网络。建设国际成果交流展示交易中心，举办国内外高水平的科技创新成果展示、展览、发布、交易等活动。吸引国际化优质技术转移服务机构集聚，打造集科技咨询、检验检测、成果转化、知识产权、科技金融、维权援助于一体的生态系统。

（4）大力发展人力资源、会计、设计、咨询等服务。做大做强虹桥国际商务人才港，大力吸引专业性、国际化、创新型人才。依托CDP集团、上海外服集团等，搭建人力资源综合服务平台，建立人才培训体系、人才数据库，完善人才统计体系、发布人才指数，组织国际人力资源主题论坛、开展国际交流合作，提供高质量、多元化、综合性的人力资源服务。依托虹桥设计中心，吸引集聚一批国内外优质设计企业，为区域企业提供多领域、高水平的规划设计服务。发挥高端人才资源集聚优势，引进一批国内外有影响力的会计、咨询等专业服务机构，为区域及长三角地区企业提供优质服务。

3. 构建国际高端商务活动高地

（1）打造国际化商务城市景观。建设虹桥前湾中央活动区，聚焦总部商务核心功能，强化金融、咨询等现代服务功能支撑，汇聚国际艺文中心、国际会议中心等高能级功能载体，加快推动高端商务楼宇、精品会议酒店等不同层次商务会议载体建设。遵循TOD开发理念高水平打造虹桥前湾地标，塑造能凸显区域商务功能形象的城市天际线，形成虹桥前湾极具标识度的国际化商务城市景观。高水平配套餐饮商业、高品质商务酒店、公共交通设施、公共应急物质装备等，提升商务便利度。

（2）积极争取承办高层次商务活动。积极争取虹桥国际经济论坛永久会址落地，高水平打造虹桥国际经济论坛。结合区域的产业特色，鼓励功能平台和企业高起点承办生物医药、文创电竞、在线经济、国际商贸、体育、教育等多行业的交流会议、高峰论坛、学术研讨会、赛事活动等，进一步扩大区域的产业影响力和知名度。支持龙头企业在商务区举办行业峰会和供应商大会。吸引培育一批会展产业龙头企业和专业机构，开展会展策划、会议服务、会务服务等业务，推动会展产业链形成闭环。加强国内行业协会的交流合作，打造一批有影响力的国际品牌。

（3）营造国际一流营商环境。对标国际化中央商务区，研究制定企业服务"虹桥标准"，突出服务更快、更好、更全面、更温暖，提升企业落地加速度和入驻企业感受度。加大对重点产业发展的引导和支持，全面推动市、区两级政府以及虹桥商务区各项支持政策落地实施。积极争取市级政策支持和重大项目布局倾斜，充分利用各类先行先试政策，打造政策高地。充分依托AI赋能，运用网格化管理理念，设置"一网通办"自助服务专区，部署超级自助终端，推动政务服务向社区延伸，实现集成服务均衡化供给。做优做强楼宇服务站，按照"一企一档"建立服务企业档案，集中梳理、解决企业发展过程中遇到的各方面问题，形成常态化服务企业机制。深入推进面向重点产业、重点企业、重点人才的政策精准推送工作，组织各类政策宣讲会，为企业及时推荐申报适用的政策。聚焦代表性企业或有发展潜力的新引进企业，对企业的创新型项目进行评选表彰，予以适当奖励。

（二）高效率提升国际贸易功能，构建要素出入境集散地

全面承接并进一步放大进博会溢出带动效应，高质量建设国家进口贸易促进创新示范区，推动贸易功能向国际交流、平台展示、贸易消费功能升级，做优做强联动长三角、服务全国、辐射亚太的要素出入境集散地，实现"买全球、卖全球"，打造开放共享的国际贸易枢纽港。

1.进一步放大进博会外溢带动效应

（1）做优做强"6+365"常年交易展示服务平台。进一步推动形成国际贸易和高端商贸集散，增强对内对外两个扇面的开放枢纽作用。率先承接进博会溢出效应，推动商品贸易、服务贸易等领域龙头企业和平台机构落地，实现特色贸易经济集聚发展。重点打造虹桥进口商品展示交易中心、长三角电子商务中心、虹桥海外贸易中心等功能载体，提升辐射能级和影响力。进一步发挥进口商品展示交易中心的平台作用，培育保税展示、保税交易、价格形成、信息发布等核心功能。积极争取试点进口商品通关流程简化、保税仓库租用运营审批流程优化等举措，拓展并放大功能。积极申请免税购物场所扩大布局至交易中心。

（2）拓展保税展示交易常态化模式。探索将进口博览会期间的展品税收支持、通关监管、资金结算、投资便利、人员出入境等创新政策固化为常态化制度安排。积极争取分类监管等海关监管创新模式在虹桥商务区（闵行部分）试点，将汇总征税、多元化税收担保机制等政策复制推广到虹桥进口商品展示交易中心。

2.加强平台打造和贸易功能提升

（1）集聚高能级贸易主体。做强虹桥海外贸易中心平台功能，吸引有国际影响力的国际经贸组织、境外贸易促进机构、国际贸易商协会入驻，放大载体资源优势，提升国际商务能级。探索建立业主自治组织模式与法人治理组织模式相结合的贸易发展机构。积极推动优质企业通过自由贸易账户开展新型贸易试点。吸引跨国公司在虹桥商务区（闵行部分）设立进口商品运营总部或分拨中心，积极争取中央企业设立贸易型分支总部。

（2）打造高能级交易平台。集聚一批面向"一带一路"的商品直销平台、专业贸易平台和国别商品交易中心，推动形成若干个百亿级商品销售平台。培育引进一批电子商务、数字贸易等领域独角兽企业和行业龙头企业，形成国际贸易发展新亮点。鼓励钻石珠宝、化妆品、豪华汽车等高端专业交易平台建设，加快集聚国际知名品牌、

特色品牌。

（3）搭建经贸合作展示窗口。依托进博会大平台，推动国际交往、信息集成，举办贸易对接会、投资洽谈会、项目推介会、签约仪式、揭幕仪式、贸易撮合等投资交易活动。探索举办城市间常规性经贸合作活动，加强与长三角乃至全国城市的合作交流，为区域内企业主体搭建对外展示与合作的窗口。

3. 推动形成高端商贸集散地

（1）打造引领高端消费新地标。吸引知名品牌旗舰店、奢侈品零售店、高端专卖店、买手制百货、品牌集成店、主题概念店、会员制商店、个人定制商店等特色创新商业业态入驻，提升高端消费体验，扩大高端商业辐射半径。鼓励获取国际高端消费品领域买断经营权和总经销、总代理权的商业企业落户本区域，提升本区域在国际高端品牌、国际新兴品牌、小众品牌、时尚潮牌导入中的话语权。

（2）建设新品首发地。积极引入首店首家模式商业企业，发展首发经济。鼓励国际品牌、知名品牌和潮流品牌在商务区开展高端消费品新品发布展示活动，打造全球知名品牌的新品首发地、高端品牌的首选地。

（3）加快"会商旅文体"融合发展。积极开展购物节、旅游节、艺术节等主题节庆活动，促进节事、赛会配套性消费转变为主题性消费，在交通组织、活动宣传、信息导视、主题产品展销、商圈氛围营造等方面制定综合方案，打响"会商旅文体"联动名片。鼓励商业综合体、商业企业自主开展多种形式的商业消费活动，促进线上线下消费联动。

4. 率先承载全球数字贸易港功能

（1）聚焦重点领域提升数字贸易核心竞争力。落实《上海市数字贸易发展行动计划（2019—2021年）》《虹桥商务区全力推进全球数字贸易港建设的三年行动计划（2020—2022年）》，围绕新模式、新业态，打造云服务、数字内容、数字服务、跨境电子商务、垂直行业数字贸易及场景应用等附加值高的特色领域，培育数字贸易持续增长的核心竞争力。

（2）引育并举加快数字贸易重点企业布局。推动长三角电商中心加快转型规划和探索实践，充分发挥平台集聚和支撑效应，围绕跨境电商，加快在电子商务、信息科技、数字营销、人工智能等领域培育引进一批独角兽企业和行业龙头企业，建成虹桥全球数字贸易港主要承载区。

（3）强化平台建设提升数字贸易服务功能。加强与阿里云、京东云等头部企业合作，打通线上线下营销渠道，通过直播、短视频等形式，打造线上展示交易与线下体验有机结合的数字化贸易服务平台。推动国际文创电竞中心等平台在数字贸易领域的协同创新，培育打造一批创新能力强、功能配套全的数字经济平台。积极争取全球数字合作城市联盟等平台机构落地，搭建长三角城市群与全球市场的对接、联动以及合作平台，促进长三角内外国际数字经济领域重点城市交流联通，引领长三角数字贸易集群化发展。

（三）高质量发展特色产业集群，构筑长三角研发总部新高地

发挥区域资源禀赋优势，按照"高端化、集群化、国际化"融合发展的要求，加快推进以生命健康、文创电竞、在线经济、集成电路设计为引领的产业集群化发展，以完善高端服务功能为重点，提升现代服务业规模和能级，加强与长三角的产业合作与资源共享，将虹桥商务区（闵行部分）打造成为辐射带动长三角高质量发展的重要增长极。

1. 构建生命健康产业集聚区

（1）提升尖端医疗科技水平。依托新虹桥国际医学中心，聚焦医疗健康产业高品质发展，总体形成"1+2+10+X"（即1个医技中心、2家国际综合医院、10家专科医院、若干家门诊部）的医疗服务布局。重点打造园区内社会办医优势专科集群，支持园区内社会办医与公立医疗机构在特色专科、大学科、临床诊疗中心等方面医教研协同发展。推进特色的中医专科专病诊疗中心集聚发展。对接最前沿的医疗技术应用，支持细胞免疫技术、肿瘤精准治疗等高端学科关键技术创新应用，遴选和培育一批高水平、有特色的社会办医品牌，逐步把园区建设成高品质医疗服务集聚发展新高地。建设"互联网+"医疗基础设施，引进互联网医院，打造未来智慧健康科技中心。积极争取医师区域注册管理制度、大型医疗设备配置、未注册新药械使用等政策先行先试。

（2）深化生物医药研发创新。加快推动新虹桥国际医学中心二期建设，依托临床医疗服务，探索产业链延伸，大力引进医药研发、医疗教育培训优质项目，围绕信达生物制药集团全球研发中心、云南白药上海国际中心等建设，打造百亿级生物医药创新研发产业集群，建设医药研发与创新高地。

（3）推动医药器械行业集聚发展。发挥威高集团龙头企业带动效应，进一步吸引国内外知名医疗器械企业集聚，打造医疗器械共享及众创空间，加快建设若干生物医疗健康研发中心和医疗器械产业园。深化国际国内医药产业链的合作，创新供应链服务模式，围绕药械进口形成政策聚焦，打造辐射长三角区域的国际医药流通业集聚区。

2. 打造新文创电竞生态圈

（1）大力推进电竞示范基地建设。高标准建设和运营上海国际新文创电竞中心、中国电子（上海）数字科技创新中心、"联盟大陆"电竞线下体验项目等。加强虹桥前湾与核心区文创电竞优质资源联动发展，放大产业集群效应。促进优质电竞产业发力集聚，鼓励发展电竞俱乐部，做强本土电竞赛事品牌，支持业内顶级赛事落户。发挥新文创电竞中心、皇族电竞（RNG）等行业龙头引领，延伸发展电竞泛娱乐产业、高端人才培养、电竞人才信息交易、全国电竞数据分析研发、国内外游戏软件交易等，加快培育完整的电竞生态圈，建设成为电竞行业"标准化、规范化、专业化"的示范基地，打造上海"全球电竞之都"的虹桥"强引擎"。

（2）加快推进重大文化设施布局和项目落地。完善虹桥前湾文化设施网络体系布局，按照国际一流水准，推动国际艺文中心等一批高品质的重大文化项目落地建设，打造虹桥前湾核心文化地标。争取市级优质文体资源优先在虹桥前湾布局，允许外商投资建设剧院、电影院、音乐厅等文化场馆，拓展虹桥文化版图，构建国际一流的虹桥"文化磁场"。

（3）打造一批面向长三角的虹桥文体品牌。提高演艺及电竞场馆的办赛能力，引进一批高水平、高规格、高质量的文化体育赛事活动，举办时装周、音乐节等世界级节事活动，举办围棋、斯诺克、拳击、电子竞技等高水平职业赛事。争取开展国家级、市级重大文化体育类活动，强化地区文化影响力，打造服务辐射长三角的文体赛事高地。

3. 构筑长三角协同创新引领示范区

（1）加快引进在线经济、集成电路设计等领域创新研发企业。围绕在线文娱、在线展览展示、在线教育、在线研发设计、在线医疗等领域，采取奖励、资助、贷款贴息、购买服务等方式，引进一批拥有核心技术、用户流量、商业模式的在线新经济领域创新型头部企业和领军企业。发挥闵行区高新智造园区集聚的优势，聚焦汽车电子、工业控制、移动通信、数字电视等领域，着力吸引和集聚长三角乃至世界一流集成电路设计企业，提升关键芯片核心技术研发设计能力。

（2）构建长三角协同创新平台。发挥虹桥商务区（闵行部分）在虹桥地区、长三角地区的核心引擎价值与区位及产业优势，围绕健康医疗、文创电竞、数字经济、集成电路设计、新型基础设施等重点领域，加强与长三角知名园区联动，以服务产业、驱动创新、促进合作为导向，积极搭建企业展览展示与合作交流平台，为优质创新型企业提供融资平台、行业资源、扶持政策、创业孵化等全方位服务，共同推动长三角创新创业协同发展新格局。围绕医疗健康、集成电路设计等知识密集型产业，探索与高校、科研院所共同建立产业研究中心，推动前瞻研究、成果转化和专业人才等方面的深度合作，服务企业对接全球资源，打造上海乃至长三角创新研发产业发展"硅谷"。

（3）加强创新技术应用场景建设。以虹桥前湾中央活动区、虹桥前湾国际社区等重点区域建设为契机，通过开放场地，建设底层技术协同应用的"试验场"，实现人工智能、5G、物联网、大数据、区块链、生命科学、新材料等领域前沿技术落地应用，推动新技术新产品迭代升级、示范应用，形成可复制可推广的商业模式，打造具有粘性的产业生态系统。聚焦重大工程建设、城市精细管理、产业转型升级、民生服务优化等领域重点项目，围绕不同环节技术需求开放场景机会，通过企业同台竞技、技术产品比选等机制，实现更多具有核心竞争力的企业参与，推动形成良好的创新研发产业氛围，形成吸引具有爆发潜力的高成长性企业的"强磁场"。

（4）建设高品质办公研发载体。依托虹桥前湾北部研发地块，打造绿化覆盖率高、环境优美、功能复合的花园型智慧化研发基地。提高总部研发类办公载体个性化匹配度，根据企业个性化需求灵活定制不同规模、不同形态的载体。加强物联网、云计算等新技术应用，推广智慧办公模式，推动智慧楼宇、智慧园区建设。创设浙商、苏商、徽商总部楼等特色楼宇，加大与长三角各地商会及特色化行业协会的对接力度，推动来自长三角的优质企业入驻。加快推进核心区零星地块功能提升，进一步提高土地开发强度和经济发展密度。推进华漕地区存量载体转型升级。

（四）高品质建设国际社区，构建国际化产城融合示范标杆

坚持国际化品质，持续强化城市核心功能打造和服务能级提升，建设最高端的文化、体育、教育、医疗等国际配套服务设施，构建高品质宜居宜业的国际社区，加快形成最丰富的国际化公共服务体系，构建国际化产城融合示范标杆。

1.推进新一代国际社区建设

针对海内外高端商务人士，打造一批国际型、生态型、开放型、友好型的高品质商品住宅，加快统筹建设超百万方新一代国际社区，营造健康、生态、多元文化共融的国际化居住环境。高标准规划建设虹桥前湾国际社区，打造更生态、更便捷、更智慧、辐射服务长三角的国际社区新标杆。加强规划统筹，统一建设标准，统一社区风貌，保证国际社区的建筑、环境、配套等高品质一体化。建设以公共交通为导向的开发（TOD）社区，增设国际化、高品质、符合国际居住人群生活习惯的公服配套设施，

建设具有国际范的消费场景，形成多元混合的社区配套设施体系。重要公共服务设施设置中外双语或多语标识标牌，提高国际化服务水平。积极争取长三角医疗、教育等公共服务合作创新先行先试。挖掘社区文化内涵，鼓励公共建筑、公共空间的多样化文化活动利用，推进专业化运营，增加社区文化对于主流年龄段人群、举家式文化消费的吸引力。积极争取闵行区"云邻里"自治平台建设试点，创新社区治理O2O模式，建设数字化社区便民服务中心，推进社区治理共建共治共享。

2. 形成服务全国的国际教育服务高地

积极吸引和争取全市优质基础教育、顶级国际双语学校等资源优先在虹桥商务区（闵行部分）布局。大力推进华东师范大学闵行新虹桥基础教育实验园区建设，形成7所附属学校（园）的办学联合体。鼓励区内国际学校转型成为招收面向全国的外籍人员子女学校。提升本地学校国际部和公民办学校的涉外服务能力，多层次满足外籍高端人才子女的入学需求。吸引国际一流高等学校开设高等商科等合作教育项目，加强与区域内商业企业的协作交流，建立健全国际化、高标准、多层次的教育体系。提高中外优质教育交流水平，全面提升教育的服务能级和水平。

3. 推进医疗服务贸易提升服务能级

以新虹桥国际医学中心为核心，不断提升医疗服务质量和能级，基本建成与卓越全球城市定位相匹配的医疗服务体系。强化提升新虹桥国际医学中心的医疗服务能级，提升医学中心服务辐射长三角国际医疗水平，促进临床前沿尖端技术服务、高端医疗服务、先进适宜技术服务等向园区集聚。推动新虹桥国际医学中心以国家健康旅游示范基地建设为核心、集约化为特色，加快形成高端医疗服务集聚区。探索发展医疗服务贸易，加快外籍医护人员执业相关管理办法和大型医用设备等政策落地，放大国际高端医疗服务亮点和优势。依托新虹桥国际医学中心，加强与公办医疗资源的合作联动，引入优质的国内外健康研发和教育培训资源，积极培育高水平医疗人才，增强医疗机构和医务人员涉外服务能力。

（五）高水平推进开发建设，打造绿色开放共享的国际主城

坚持绿色、生态、智慧的发展理念，聚焦规划体系、产业空间、综合交通、城区生态、智慧城市等重点领域，高水平推进城市新一轮开发建设，打造人与自然和谐发展的国际主城。

1. 对标国际一流水准推进规划建设

以《上海市国民经济和社会发展第十四个五年规划和二〇三五年远景目标纲要》

为统领，以城市总体规划、土地利用规划、产业布局规划为支撑，形成各类规划定位清晰、功能互补、统一衔接的规划管理体系，引领区域高标准建设发展。推进落实华漕镇相关控制性详细规划。围绕产业功能、综合交通、生态环境、公共服务设施、地下空间、综合管廊、低碳能源、智慧城市等重点领域，严格落实《虹桥主城前湾地区规划建设导则》，形成"前湾标准"，作为各类建设项目的指引性文件、基本建设原则和管理依据，指导设计、建设和管理统一理念、统一标准、协同建设，实现虹桥前湾"一张图"管控体系。聚焦重点项目，加快推进动迁、安置、收储等土地前期工作；精准把握土地出让节奏，科学规划、有序推进土地出让。聚焦优乐加城市园区、一号商务地块等存量载体空间，推进存量资源转型升级，打造若干个特色产业集聚园区。

2. 全面提升综合交通功能

（1）提升轨道交通密度。加快建设机场联络线、嘉闵线、13号线西延伸等既定规划线路，积极推进开展25号线等线路前期工作。重点研究利用F1线线位增设轨道交通的可行性，加强虹桥前湾与虹桥枢纽之间的交通联系，提升对外交通效率。在虹桥前湾形成具有城市中心特征、可联动辐射周边区域的轨道交通布局。

（2）加强公共交通、静态交通建设。结合轨道交通、中运量、道路建设，推进"一路一骨干"公交走廊线网调整，与轨道交通、中运量形成良好的衔接换乘，提高线路运行效率与公交服务水平。探索林下公共停车场建设模式，充分利用公园、绿地地下空间试点推进增建公共停车场。进一步推进居住小区、医院、学校的停车共享优化，挖潜停车资源，推广"限时停车泊位"。结合前湾公园建设缝合公园、廊道慢行断点，实现慢行通道全面贯通，提高慢行网络的可达性和功能性。

（3）完善道路交通体系。深化"区区通"建设，着力推进天山西路、申长路、申昆路等联通道路建设。完善骨干道路及重大项目周边配套路网，加快推进"两纵三横"的城市主干路网体系和"三纵四横"的城市次干路网体系建设。

3. 营造绿色生态宜居空间

（1）加快建设前湾公园生态地标。依托苏州河上游的生态基底，结合现状水体联通苏州河，高标准规划建设总面积1平方千米的C字形前湾公园，营造多主题、多层次、多尺度的丰富滨水场所和生态景观，形成水绿交融的蓝绿生态网络，建成最具地标性的生态滨河栖息地、最开放共享的市民活动场所、上海主城区内最大的滨河公园。锁定吴淞江生态间隔带9.6平方千米，研究启动"环城公园带"虹桥公园建设，推进新家弄段内的减量化工作和生态修复，提升整体生态品质。

（2）建设开放共享的国际化城市公园体系。以"公园城市""森林城市""湿地城市"为目标，结合空间尺度特点，建设生活社区公园、运动社区公园、休闲口袋公园等多样化社区公园，营造雅致宜居的社区生态环境，形成郊野公园—城市公园—地区公园—社区公园的城乡公园体系。在保留生态廊道的基础上，合理利用开发边界外的土地资源，结合公园增加文化体育类设施。

（3）推动绿色生态城区建设。复制推广原3.7平方千米核心区重点区域的绿色低碳实践、国家绿色生态城区建设经验，围绕前湾国际社区等重点区域，将土地集约节约利用、绿色低碳建设、海绵城市、屋顶绿化、地下空间大开发、基础设施先行、三联供集中供能、超低能耗建筑、健康建筑等先进建设理念融入开发建设中，积极创建国家级绿色生态城区。

4. 提升城市运行智慧化水平

（1）加速推进新一代信息基础设施建设。加快区域内光纤宽带网络、通信基站、通信管道等信息网络基础设施建设，配合完成全球信息通信枢纽建设。积极配合设立虹桥商务区至国际通信出入口局的国际互联网数据专用通道。依托"5G示范商务区"建设，推动龙湖天街、虹桥天地等商务区大型商业综合体与运营商、5G技术方案供应商对接，围绕自身商业定位和特色打造5G+场景的综合体验商场。

（2）努力提升智慧交通管理服务水平。围绕车路协同车联网建设，引入新兴产业骨干企业，专注于车路协同和智慧交通出行，利用5G通信及C-V2X车路协同技术，将车、路、云形成互联整体，提升道路使用效率，减少事故发生率，让用户在加油、支付、停车等场景下实现无缝对接。

（3）积极探索城市管理智慧化实践。加快推进社会治理"一网统管"平台支撑体系建设，探索建设数字孪生城市，数字化模拟城市全要素。建设以GIS+BIM+IOT为底层核心的数字底图，支撑智慧城市建造全过程，新建房屋建筑满足BIM运维应用要求，加快实现智慧城市运维管理在环保、医疗、防汛、商务、交通、生态、消防、文创等领域的应用。结合重点项目，打造一批具有引领性的应用场景，全面扩大影响力和示范性，建设一批数字化标杆工程，形成城市精细化管理模式新典范。

五、保障措施

（一）坚持党的领导，凝聚发展力量

坚持党的全面领导，充分发挥党总揽全局、协调各方的领导核心作用。聚焦政治

建设、思想建设、组织建设、作风建设、纪律建设、制度建设，构建条块协同、上下联动、共建共享的基层党建新格局。深化完善区域化党建和党建联建工作，把推进党建工作与发展任务全面融合，创新党建工作模式，铸造引领区域长远发展的坚强政治堡垒。

（二）加强组织建设，统筹协调发展

深化完善和加强南虹桥管委会及其办公室在区域经济发展、企业招商和服务、区域开发建设等方面的规划统筹和组织协调职能。加强南虹桥管委会及其办公室在项目中的统筹推进作用，由南虹桥管委会及其办公室牵头组织政府投资类等项目的前期研究，相关委（办）局对项目方案加强行业指导和业务把关，南虹桥公司统筹推进项目实施建设。进一步发挥重大项目推进机制的支撑作用，加强新虹街道、华漕镇及各部门间协作，形成有效高效的推进合力，加快动迁腾地等关键难点的突破。落实《虹桥商务区（闵行部分）统筹发展三年行动方案（2021—2023年）》。争取区域内重大项目、重点工作纳入区级督查督办范围。

（三）强化要素保障，激发主体活力

争取在虹桥商务区（闵行部分）优先布局导入国家级、市级重大功能性项目，增强服务长三角、联通国际的能力，打造"虹桥国际会客厅"。支持国际艺文中心、前湾公园、能源中心等文化、教育、生态项目纳入市级重大项目库。积极争取虹桥商务区专项发展资金和区级财政支持，加大对区域内重点功能打造、人才引进、产城融合等项目的支持力度。积极争取在保留生态廊道的基础上，将虹桥主城前湾地区开发边界以外约10平方千米土地调整为可开发用地，形成共约20平方千米可开发土地资源，保障发展空间。争取对重点项目的容积率和高度指标允许合理突破，适当提高开发强度，增加经济密度，推动土地高度集约利用。研究争取全市功能复合型用地政策率先试点，推动体验、展示、研发、生产等环节"上楼"，推动产业功能复合集成。

（四）优化人才服务，营造人才乐土

加强面向高层次人才的协同服务，促进人才在长三角区域间有效流动和优化配置，提升面向长三角的海外人才就业服务功能。与国内外知名科研院所合作，积极建立健全人才引进、培育机制，共同发现、推荐一批专业性、国际化、创新型人才，助力区域智力型、技术密集型等产业发展。建设海内外人才之家，配置设施齐备、运用灵活的多功能室，面向海内外人才开展人才政策培训、组织人力资源管理沙龙、举办人才管理专业论坛等，促进留学归国人员和外籍人士学习交流。积极争取国际人才管理制度改革试点，提高境外高层次医学人才和专业服务人才来华执业及学术交流合作的便利性。整合利用市、区人才公寓、公共租赁房等资源，加强政策对优质人才的倾斜，进一步提高优质人才居住水平。加强南虹桥管委会及其办公室人才队伍建设，锻造一批素质高、能力强、大格局的人才队伍，更好为推动区域发展服务。

（五）加大招商力度，提升发展质量

打响"虹桥之核"形象品牌，加大宣传推介力度。围绕重点产业方向，积极谋划举办区级、市级乃至国家级行业专题会议、专题论坛等，争取更高层次的宣传推介平台。以提高土地利用质量与效益为目标，按照四个"论英雄"的绩效导向，科学制定项目准入标准。精准推介地块，全力招引国际一流开发商。鼓励开发商自主持有物业，在开发特色楼宇等方面积极探索政策扶持。聚焦国际医疗、文创电竞、在线经济、集成电路设计等重点产业，延伸上下游产业链、拓展相关产业领域，全面加强区域二次招商、重点项目落地。推进楼宇租税联动，进一步激发楼宇业主参与重点产业招商和税收转化的积极性，引导楼宇业主围绕主导产业引进优质项目。鼓励长三角地区各类品牌展会和贸易投资促进活动加强协调和联动，联合开展具有长三角品牌特色的海外经济文化交流活动。

第三节 虹桥国际中央商务区长宁片区"十四五"规划

为科学指导虹桥临空经济示范区（含拓展区）未来五年发展，根据《长江三角洲区域一体化发展规划纲要》《总体方案》《上海虹桥临空经济示范区发展规划（2018—2030年）》《规划》《长宁区国民经济和社会发展第十四个五年规划和二〇三五年远景目标纲要》等上位规划和文件，编制本规划。

一、"十四五"发展基础

自1993年成立以来，虹桥临空园区多次转型升级、拓展功能。1996年，更名为"上海虹桥临空经济园区"，首次打出临空品牌；2003年，先后获批"国家电子商务示范基地""上海虹桥航空服务业创新试验区"；2016年，经国家发改委、民航局批准设立"上海虹桥临空经济示范区"；2019年，新泾镇、程家桥街道整建制纳入虹桥商务区长宁片区范围，示范区（含拓展区）成为虹桥国际开放枢纽的重要组成部分。

（一）"十三五"发展回顾

"十三五"期间，虹桥临空经济示范区（含拓展区）立足服务长三角更高质量一体化发展，在特色产业发展、营商环境打造、城市功能配套、综合治理工作等方面取得了较好的成效。2020年，示范区（含拓展区）合计地区生产总值656.8亿元、综合税收收入111.14亿元，其中示范区实现地区生产总值559.65亿元、综合税收收入92.61亿元。

1. 特色产业集群发展迅速，引领作用日益显著

"十三五"以来，示范区（含拓展区）充分发挥自身综合优势，着力推动产业结构转型调整，已经形成了以现代服务业为主导的产业集群，航空经济、互联网经济、总部经济三大高地态势渐显，金融、人工智能、时尚创意等高端服务业活力迸发。

（1）依托虹桥航空服务业创新试验区，航空经济高地逐步形成。截至2020年年末，示范区已入驻重点航空服务业企业146家，包括东航系、海航系、春秋系、机场集团系等一批航空龙头企业，涵盖航空产业链上的民航运营、货航运营、公务机运营、航空维修、航空物流、航空培训等多种业务类型。上海国际航空仲裁院、上海市航空

学会、英国皇家航空学会等航空功能性机构相继落户。引进亚联公务机有限公司上海分公司、尊翔公务航空、美捷公务航空、子午线公务航空等公务机运营企业，全国公务机运营基地初具规模，集聚效应逐步形成；亚洲公务航空会议及展览会（ABACE）连续多年在虹桥机场举行，成为亚洲规模最大、最具影响力的公务航空展会。

（2）依托"互联网＋生活性服务业"创新试验区，互联网经济蓬勃发展。截至2020年年末，示范区（含拓展区）已入驻数字企业605家，其中示范区内503家，涵盖"互联网＋"旅游、生鲜、家庭服务、汽车、消费金融、教育、房产等多个细分领域，包括携程、爱奇艺等一批具有高知名度和影响力的"互联网＋"企业，以及亦非云、纽仕兰新云等一批发展潜力大、成长性好的初创企业，已成为互联网新兴产业政策创新策源地、风险投资高地和成熟互联网企业、TNT综合体入驻的首选地。虹桥临空经济示范区获评"上海市服务贸易示范基地"，携程智慧出行园、苏河汇全球共享经济数字贸易中心入选虹桥商务区全球数字贸易港的首批承载平台，数字贸易产业基础和资源优势逐步凸显。

（3）固有优势不断强化，总部经济发展效益显著。自2003年明确"园林式、高科技、总部型"定位以来，示范区（含拓展区）以北部总部办公片区为主要载体，集聚了联合利华、联强国际、博世、江森自控等一批跨国公司地区总部。"十三五"以来，示范区（含拓展区）先后引进福迪威（上海）企业管理咨询有限公司、萨玛企业管理有限公司、阪东（上海）管理有限公司等总部企业，总计已入驻各类总部型企业33家。其中，经市商务委认定的跨国公司地区总部已达25家。

（4）高端服务业多点开花，产业新动能不断释放。顺应服务业创新发展大趋势，示范区（含拓展区）积极布局新兴高端产业。金融服务业发展迅速，长宁西郊金融园获授牌为西郊国际金融产业园，成为虹桥商务区新一批特色园区，截至2020年年末，共吸引注册入驻企业29家，包括交银科创股权投资基金（上海）合伙企业（有限合伙）、建信合翼一、二、三期（上海）股权投资基金（有限合伙）、上海东航申宏股权投资基金管理有限公司和上海民营服务业百强企业广微控股集团投资总部等一批优质银行系科创基金、航空产业投资基金。人工智能产业成新增长点，科大讯飞上海总部落户。大健康产业智慧化特点突出，联影智慧医疗总部入驻。

2. 城市形态建设持续推进，功能框架逐渐完善

经过多年开发建设，示范区（13.89平方千米）已形成天山西路发展轴、北部临空园区片区、南部机场东片区"一轴两翼"的总体发展格局。"十三五"期间，示范区"北翼"——东临空建设基本完成，商居办功能融合，从单一产业园区逐渐发展为富有

活力的城区;"南翼"——机场东片区完成了大量基础设施建设,逐渐形成新的骨架结构,为后续发展奠定基础。

(1)基础建设进程加快,环境品质大幅提升。"十三五"期间,示范区共完成土地出让10幅,约596亩;土地双评估14幅,共约431亩。载体建设卓有成效,建成楼宇项目6个,总建筑面积35.1万平方米,其中地上面积21.8万平方米、地下面积13.3万平方米;在建项目12个,共计建筑面积126万平方米,其中地上面积82万平方米、地下面积44万平方米。绿化建设稳步推进,形成了沿苏河绿化景观带、外环景观带、朱家浜景观带和商业步行街景观带。交通建设持续推进,北翟路快速路(示范区范围内)、福泉路、协和路可变车道(部分路段)、迎宾五路新建等道路交通设施工程完工,"四隧三桥"、苏州河绿道等重要慢行节点建设完成。

(2)城市功能不断升级,各项配套日趋完善。商业功能持续落地,光大安石虹桥中心、"核心四街坊"的宜家荟聚购物中心全面推进,盒马鲜生等高品质商业品牌及商业项目相继引进。商旅服务功能进一步优化,阿纳迪、建滔诺富特等星级宾馆建成,全季、亚朵S、美居、和颐酒店等精品酒店能级提升。文体休闲功能持续拓展,1号音乐公园、滑板主题公园、综合性室内体育场等场馆建设完成。区域居住功能不断完善,建成了一批面向企业白领的长租公寓项目,示范区活力显著提升。

3.制度创新始终走在前列,营商环境不断优化

作为国家级临空经济示范区、上海市航空服务业创新试验区和全市唯一的"互联网+生活性服务业"创新试验区重点区域,示范区(含拓展区)制度供给和创新始终走在前列,在区域协调、产业发展、综合配套等方面开展了较好的探索积累,政务服务、企业服务水平不断提升,营商环境持续优化。

(1)制度创新环境良好,政策体系日益完善。监管创新方面,试点"验放分离、零等待",实施"审单放行""进口直通"等差异化分类管理新模式。在长宁区与上海海关签署《上海海关上海市长宁区人民政府合作备忘录》的基础上,积极探索创新公务机保税展示、飞机融资租赁等海关监管模式。产业政策方面,大力推动《长宁区支持航空服务业集聚发展的实施意见》《长宁区支持"互联网+生活性服务业"发展的实施意见》《长宁区支持时尚创意产业发展的实施意见》等政策落地。综合配套政策方面,充分运用《长宁区鼓励技术创新成果及产业化政策》等科技创新政策、《长宁区关于加快集聚创新创业人才的若干意见》等人才政策、《长宁区鼓励企业进入多层次资本市场政策》等融资政策,为企业创造良好的发展环境。

（2）改革举措落地生根，政务服务效能提升。"十三五"期间，示范区（含拓展区）积极落实"放管服"改革，全力优化营商环境。在企业开办环节，以安鲜达物流、科纬迅软件服务等企业为试点，深入推进"一照多址""一证多址"改革，实现"一张营业执照、多个经营地址、一次行政许可"。结合长宁区实施的八项注册登记改革和服务举措，企业开办时间从22天缩短至3天，注册登记实现全程电子化。在海外人才服务方面，示范区（含拓展区）着力打造涉外人才服务综合体"虹桥海外人才一站式服务中心"，实现外国人来华工作许可、华人华侨事务、外事服务、海外人才居住证办理、出入境证件办理、台胞服务、高层次人才服务功能"七位一体"。外国人来华工作许可办理时间由原来的15天缩短至平均1.6天，并发出长宁首张创业签证、首批中国永久居留推荐函。

（3）企业服务精准直达，稳商安商成效显著。"十三五"期间，示范区（含拓展区）积极创新企业服务方式，不断完善各项为企服务机制，企业满意度、忠诚度显著提升。创新工作模式，拓宽政策宣传渠道，探索与示范区（含拓展区）重点楼宇业主及第三方机构联动，培养政策宣传"外援"，拓宽政策宣传广度，政策宣传初显成效。建立企业诉求反馈机制，以楼宇责任区为单位，积极发挥政策宣传员、矛盾调解员、问题收集员、企业服务员的作用，推动企业问题诉求顺畅传递。全面整合街道、镇域、园区公共服务资源，梳理形成服务企业清单和信息共享清单，以"店小二"的自觉性为企业提供金牌服务，聚力提升企业服务能级。拓展企业服务项目，推出"企业服务包""政策宣传包""公益认领包""企业文化包"四大礼包。

4. 综合管理能力显著提高，发展基石更加稳固

"十三五"期间，示范区聚焦"精品园区、无违园区、绿色园区、平安园区、智慧园区"五个园区建设目标，全面推动精细管理。先后组建了"上海虹桥临空经济园区网格化综合管理中心""上海虹桥临空经济园区社会治安综合治理委员会"，全面统筹推进园区各管理要素综合治理，深度推进园区各类事件处置和综合治理体系搭建运行。

（1）市容环境治理深入推进，精品园区建设进展明显。启动"架空线缆"入地和合杆整治工作，依托城市管理网格化巡查机制，初步建立架空线缆巡视管理机制。基本修缮市政道路"拉链路"，规范园区车辆无序停放行为。规范化设置施工工地围墙，努力构建在建工地外部风景线。

（2）城市管理执法加大力度，无违园区治理效果凸显。严格落实"五违四必"整

治要求，建立违建治理常态巡查机制，园区24个无违建单位全面达标，通过全市第二批无违街镇园区验收。深入推进户外广告设施（店招店牌）治理，全面清除安全隐患和违规户外广告牌。强化街面市容秩序治理，实现园区"零"设摊。实施证照管理综合治理，无证无照违法行为基本消除。

（3）环境保护长效管理落实，绿色园区建设成效显著。开展全市单位生活垃圾强制分类先行试点，探索推动办公楼宇垃圾分类模式创新。加强施工工地扬尘管控，实现在建工地露土覆盖、车辆冲洗、出入口硬化100%。推动绿色景观维护建设，全面落实园区自管绿化养护作业。建立河道巡查管理机制，全面推进"河长制"工作，强化水环境长效监管。

（4）安全生产工作管理加强，平安园区建设水平提升。持续推动基层综治体系建设，系统谋划推进楼宇平安工作室建设，楼宇自治效能大幅提升。深度优化网格化管理工作机制，持续强化运行安全综合治理，推进常态化安全监管。有序推动群防群治联防建设，实现园区巡查全覆盖。

（5）信息数据管控效能增强，智慧园区框架初现雏形。着力推动科技平台建设，制定智慧园区规划及三年行动计划。依托上海电信专业优势，系统建设智慧园区一期GIS和大数据分析平台。紧密对接"智慧公安"建设，全力配合公安部门推广科技强警工程，深入推进商务楼宇智能安防建设。

（二）"十四五"发展环境

1. 从国际形势来看，外部环境变化推动形成"双循环新格局"

当今世界面临百年未有之大变局，国际环境日趋复杂，不稳定性不确定性明显增强。上海作为国内最大的经济中心城市，已经明确建设国内大循环的中心节点和国内国际双循环的战略链接的战略目标。"十四五"时期，示范区（含拓展区）要发挥资源配置、营商环境、改革开放等诸多优势，着力带动国内循环、深度参与国际循环，在构建"双循环新格局"中走在前列。

2. 从国家战略来看，虹桥国际开放枢纽赋予区域新使命

长三角一体化国家战略全面启动，虹桥商务区被赋予了新的定位和功能，打造虹桥国际开放枢纽成为了新的战略使命。作为虹桥商务区的重要组成部分，示范区（含拓展区）有望在要素集聚、重大项目推动、创新政策突破等方面获得巨大的支持。"十四五"时期，示范区（含拓展区）需抢抓发展机遇，继续保持领先优势，着力打造虹桥国际开放枢纽的引领区。

3. 从区域发展来看，园区进入深度转型、集约发展新时期

随着示范区（含拓展区）的快速发展，要素资源瓶颈约束日益突出。一方面，制度安排和政策环境缺乏竞争力，空域、时刻、航线、航权等民航发展的要素供给已近极限，国际航空枢纽和公务机运营等特色核心功能的深化受到制约。另一方面，土地资源日益紧缺，载体空间对产业能级提升的制约作用越发明显。此外，交通不便、职住失衡等短板弱项亟待弥补。"十四五"时期，示范区（含拓展区）需转型提质，以发展效率提升实现经济密度提升，走集约化内涵式发展之路。

4. 从产业趋势来看，新一轮科技革命孕育增长新潜能

以5G、人工智能、物联网、大数据、区块链等为代表的新一代信息技术加速向各领域广泛渗透，数字技术正重塑未来产业形态，催生出数字贸易、数字医疗、数字教育、工业互联网等新增长点。"十四五"时期，示范区（含拓展区）需顺应科技发展大势，迎接数字经济新浪潮。深刻变革、主动作为，抢占数字经济产业链、供应链、价值链、创新链高端，利用新技术实现"换道超车"。

二、"十四五"发展总体思路

（一）指导思想

以习近平新时代中国特色社会主义思想为指导，全面贯彻党的十九大和十九届二中、三中、四中、五中全会精神，坚持新发展理念，积极融入国内大循环和国内国际双循环，牢牢把握长三角一体化发展国家战略机遇，围绕发展"五型经济"，服务上海"四大功能"，参与推进"五个中心"建设，以"推动高质量发展、实现高水平治理、创造更美好生活"为主题，以"放大枢纽优势，做强区域增长极功能"为主线，率先探索制度改革创新突破，率先实践集约内涵发展方式，率先实现全方位数字化转型，全力提升优势产业能级、提升经济发展质效、提升精品城区功能，在推进虹桥国际开放枢纽建设进程中发挥长宁优势、展现长宁作为、彰显长宁担当。

（二）基本原则

高站位，服务国家战略。以更高的政治站位、更强的责任担当、更有力的实际行动，服务长三角一体化发展国家战略，加强国家级临空经济示范区建设，推动虹桥国际开放枢纽各项重大任务落地落实。

强特色，优势产业引领。充分发挥示范区（含拓展区）资源禀赋与全市"五型经济"发展要求高度契合的比较优势，牢牢把握人才、品牌、通道、头部企业、平台五

大关键点,持续壮大特色产业集群,提升优势产业的核心竞争力,打造"五型经济"样板间。

增动力,创新技术赋能。依托"数字长宁"品牌和优势,运用大数据、区块链、人工智能等新技术赋能传统产业发展,推动经济数字化、生活数字化、治理数字化,争取区域数字化转型走在前列。

激活力,制度革新突破。聚焦重点领域积极争取重大改革先行先试,率先破解关系全局和长远发展的瓶颈制约,加快形成与国际开放枢纽相适应的制度环境。

促联动,区域协同发展。围绕长宁区的整体空间布局,依托"三带"协同勾连功能,加强示范区(含拓展区)与东部中山公园地区、中部虹桥地区的要素流动、功能联动、政策互动,畅通长宁区内部微循环。

优配套,产城深度融合。以城促产、以产兴城,补齐基础设施建设短板,合理布局城市功能项目,加强高品质国际化的公共服务供给,构建与产业发展要求相匹配的城市支撑能力。

(三)发展定位

"十四五"期间,虹桥临空经济示范区(含拓展区)应进一步夯实国际航空枢纽、全球航空企业总部基地、高端临空服务业集聚区、全国公务机运营基地、低碳绿色发展区五大定位,围绕打造虹桥国际开放枢纽的总体目标,加强区域协同合作,助力推动国际化中央商务区、国际贸易中心新平台、综合交通主枢纽三大核心功能落地,在融入全局、服务全局中,打好对接自贸区新片区机遇的"联动牌"、对接科创板设立并试点注册制机遇的"上市牌"、对接长三角一体化发展机遇的"辐射牌"和对接进博会举办战略机遇的"开放牌",大力推进区域整体数字化转型,着力建设国际商务属性更强的航空枢纽、国际贸易中心新平台的重要承载区、具有更强竞争力的临空产业新高地、宜商宜居的国际化产城融合区,打造成为虹桥国际开放枢纽的引领区。

(四)发展目标

1.总体目标

到2023年,虹桥机场国际航运服务功能优化拓展,虹桥临空经济示范区(含拓展区)功能形态进一步完善,经济实力再上台阶,总部经济能级更高、临空经济优势更强、数字经济潜力释放,制度改革创新红利逐渐显现,产城融合水平大幅提升,示范区(含拓展区)引领力明显增强。

到2025年,虹桥机场基本形成与虹桥国际开放枢纽定位相适应的国际航运服务功能，虹桥临空经济示范区（含拓展区）枢纽经济引领力明显增强，综合经济实力、经济贡献度、产出效率显著提升，功能性平台作用凸显，以总部经济、临空经济、数字经济为特点的产业体系更加健全，制度创新和对外开放水平继续走在前列，城区数字化转型取得重要进展，产城功能深度融合，虹桥国际开放枢纽引领区基本建成。

2. 主要指标

表7-3 虹桥国际中央商务区长宁片区"十四五"主要预期性指标

序号	类别	指标名称	单位	目标值（2025 年）
1	发展高质量	地区生产总值年均增速	%	5% 或与区级目标保持一致
2		税收总量年均增速	%	高于全区税收年均增速5个百分点左右
3		税收总量占全区税收比重	%	达到33% 或以上
4		税收落地率	%	达到85% 左右
5	功能强辐射	新增跨国公司地区总部数量	家	5年累计新增8家以上
6		新增功能性机构数量	家	5年累计新增8家以上
7		新增特色园区（楼宇）数量	家	5年累计新增8家以上
8		新增上市企业数量	家	5年累计新增8家以上
9	创新高浓度	新增研发中心数量	家	5年累计新增8家以上
10		新增高新技术企业数量	家	5年累计新增100家以上
11		新增孵化平台面积	平方米	5年累计新增1.2万平方米以上
12		创新活动数量	场次	5年累计新增500场次
13	环境高品质	新增办公楼宇建筑面积	平方米	5年累计新增50万平方米
14		新增人才公寓套数	套	5年累计新增5 000套
15		新增商业设施面积	平方米	5年累计新增22万平方米
16		新建建筑的绿建二星以上标准达标率	%	100%

注：除区下达需完成的指标外，其余为预期性指标。

（五）重点区域布局

"十四五"时期，重点围绕以航空产业、智能网联、总部经济三大优势产业，生命健康、人工智能、流量经济三大新兴产业组成的"3+3"产业体系，积极承载长宁虹桥智谷国家双创示范基地建设，构建"一园多区、一区多核"的临空产业地图。

一园多区——依据产业特色分为三大片区：北翟路以北部分的北部片区，以生命健康产业、总部经济为主导；北翟路以南、广虹路—泉口路以北部分的中部片区，以智能网联、孵化平台为主导；广虹路—泉口路以南部分的南部片区，以航空产业为主导。

一区多核——每个片区都包含若干个以行业龙头企业为引领的特色产业"园中园"：北部片区内有虹桥临空跨国公司（总部）科创园、联影生物医药产业园等；中部片区内有建滔数字经济产业园、新长宁12号地块人工智能产业园、虹桥流量经济特色产业园等；南部片区内有通

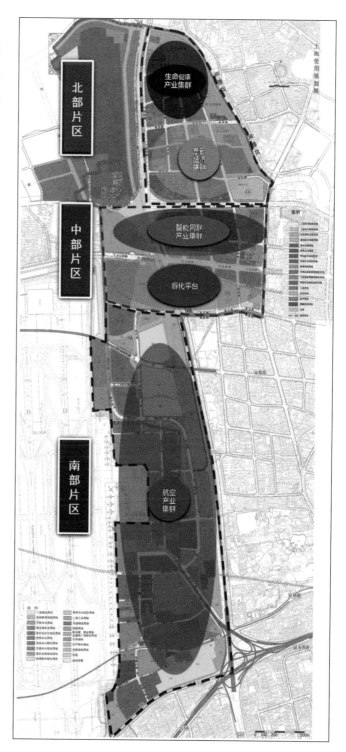

图7-5 重点区域功能布局示意图

航产业园、中国航油长三角科技信息发展基地等。

三、"十四五"重大任务

（一）聚焦能级跃升，开辟枢纽经济发展新路径

充分发挥航空枢纽的区位优势、流量优势、平台优势，顺应高质量发展新要求和产业数字化、数字产业化发展趋势，推进航空产业、"互联网+生活性服务业"、总部经济三大优势产业向高端化、智能化方向转型升级，重点拓展生命健康、人工智能、流量经济三大新兴领域，构建"3+3"临空产业体系，不断做强枢纽经济形态，深度打造临空产业地图。

1. 推动航空产业向临空经济延伸

（1）全力打造全球航空企业总部基地。吸引更多海内外知名航空企业总部及关联企业、国产大飞机项目和相关企业、航空联盟及机构入驻，形成全球一流的航空服务总部基地。推动驻场单位总部在示范区（含拓展区）功能拓展，引导主要基地航空公司加快向大型网络型航空公司转型。加快打造中国航油长三角科技信息发展基地，推动中国航油长三角基地总部、中国航油科技研发中心、航空公司服务中心、航空文化展示中心建设。

（2）加快形成"大飞机+直升机"两翼齐飞格局。紧抓上海国产大飞机发展先机，积极对接中国商飞公司，争取设计、销售等关键环节入驻示范区（含拓展区）。研究布局大飞机相关配套业务，引进培育一批优质的国产大飞机配件供应商，推动完善大飞机产业链。依托捷德等通航产业龙头企业，打造上海通用航空产业园，构建以示范区（含拓展区）为圆心、便捷连接周边省市的2小时经济圈。大力集聚通用航空上下游企业，以行业聚集效应引领通航产业生态链快速发展，形成集研发、交易、金融、运营、维管、培训功能为一体的通航产业集群。

（3）加快构建航空服务全产业链。围绕研发、销售、运营、保障等主要环节，打造具有国际竞争力的航空产业园。依托上海虹桥国际机场，夯实航空客运、航空货运基础功能。深化虹桥国际机场公务机基地建设，大力发展高端定制航线运营、公务机托管、包机代理和转运、全球旅行支持等公务机运营服务，建设服务一流的公务航空基地。培育发展飞机改装设计与技术研发服务。推动飞机交易落地并形成规模。探索推进航材、航油等航空贸易。鼓励发展飞机整机、航空发动机等融资租赁业务，航材维修、航空培训、航空咨询、技术中介、航空法律等航空产业链高附加值业务。支持

发展航空保险、商业保理、航空基金、跨境结算等航空金融服务业。加强航空医疗等空白和前沿科技研究，积极探索推动全国航空医学研究中心建设。

（4）探索推动航空要素交易发展。联合民航华东管理局、空管局、机场集团等航空资源掌控主体，探索推动航权、航线、航时等航空要素资源流转由主管单位审批核准向市场化的资源配置方式转变。积极争取航班时刻次级市场市场化改革试点，探索建立航空资源交易中心，推动航空要素交易功能落地。

2. 推动互联网+生活性服务业向智能网联拓展

（1）建设全球数字贸易港重要承载区。大力推进数字产业化和产业数字化 "双轮驱动"，加快国家数字服务出口基地和虹桥临空数字经济产业园建设，加速形成数字服务的先发优势和引领示范效应。研究探索符合条件的境外数字贸易企业提供数字贸易增值服务试点。推动国别商品交易中心、专业贸易平台和跨境电商平台集聚，探索培育一批交易规模百亿以上的商品交易平台。持续深化国家电子商务示范区建设，加快电子商务平台集群发展。通过丰富应用场景、完善政策机制、创新制度供给，着力集聚一批具有全球影响力、资源配置力、创新驱动力的数字贸易龙头企业。加快形成具有整合全球数字生产、加工、定价、交易、存储、转移等关键环节的全价值链运营服务体系，探索形成高水平的跨境数据流动开放体系。

（2）深化发展数字创意产业。加快推动5G、AR/VR、人工智能、区块链等数字技术赋能文化创意产业，促进文化科技深度融合。聚焦网络视频、动漫游戏、网络音乐、数字阅读、数字电影等重点领域，加快新产品的研发与推广，打造数字内容消费新增长点。依托爱奇艺、亦非云等龙头企业，积极培育数字创意产业生态链。创新发展在线展览展示，推动各类专业化会展线上线下融合发展，推进智能化会展场馆建设，放大 "6+365" 进博会一站式交易服务平台效应。

（3）打造长三角智慧出行集聚区。依托东方航空、春秋航空等龙头企业，进一步集聚各类出行场景的服务供应商。充分发挥携程全球智慧出行平台资源优势，以5G、大数据、人工智能等新技术赋能传统旅行出行行业，打造覆盖出行全程的立体交通服务平台，提供集航班/列车动态信息、票务/酒店预订、专车接送等在内的一站式智慧出行解决方案。推动国内外航空、酒店、租车、景点以及金融等产业的数字融合和数字化市场交易，促进跨境文旅双向数字贸易快速发展。

（4）积极争取数字货币应用先行先试。抢抓金融科技发展新机遇，积极争取数字货币应用试点，以移动支付、创新支付技术赋能传统行业。探索在示范区（含拓展区）内搭建数字货币应用场景，加快对日用零售、餐饮消费、生活服务等各类别试点商户的支付结算系统改造，为个人及企业用户创造多领域的数字人民币支付场景体验。

3. 推动总部经济向更高能级发展

（1）构筑高能级总部机构集聚高地。吸引各类跨国公司地区总部、民营企业总部、贸易型总部等在示范区（含拓展区）落地，鼓励长三角企业总部和功能性机构集聚。聚焦研发、投资、结算等核心功能，促进营运中心、财务中心、数据中心、研发中心等功能性总部落户。鼓励总部功能拓展，积极推动已落户总部机构的功能和价值延伸，推动总部企业研发功能市场化运作。培育有创新活力的成长性总部，支持瞪羚企业、独角兽企业等高成长性企业向总部企业方向发展。重点关注具有功能拓展潜力、有望成为全球第二总部的总部项目。重点打造虹桥临空跨国公司（总部）科创园，围绕生物医药、智能制造、人工智能、新一代信息技术等高端领域，吸引总部企业入驻，积极承载跨国公司的研发中心功能。

（2）促进国际商务经贸合作交流。积极举办各类会展、论坛、活动，着力提升示范区（含拓展区）国际显示度和知名度，增强对企业总部的吸引力。围绕临空经济和数字经济，积极承接进博会等重大展会溢出效应，引进培育一批具有临空特色的品牌展览。充分发挥枢纽优势，汇集高端商务要素资源，积极承办行业交流会、高峰论坛、学术研讨会等高层次会议活动，提升示范区（含拓展区）的知名度和影响力。依托进博会大平台，推动国际交往、信息集成，联动虹桥经济技术开发区，举办宣传推介类、对接签约类、研究发布类、政策解读类、新品展示类等经贸领域的活动，促进进出口商品贸易的撮合、成交。

（3）完善高端专业服务配套。大力吸引集聚支撑总部经济发展的专业服务企业，构建高能级的专业化服务体系，进一步增强总部企业粘性。依托西郊国际金融产业园，推动股权投资基金、航空金融、科技金融等特色金融服务业集聚，构建金融服务生态圈。积极开展产融对接活动，鼓励金融企业将资金投向航空服务、人工智能、数字贸易等重点领域，强化金融对产业发展的助推作用。建立垂直化"一站式"科技服务体系，吸引集聚海内外科技中介服务机构，打造集科技咨询、检验检测、成果转化、知识产权、科技金融、维权援助于一体的生态系统，并提供海外并购、技术交流对接、人才培训等国际科技合作服务。加快发展与航空服务、国际经贸相关的法律服务，进一步做深做实航空仲裁院。加快探索数字贸易争议解决机制，鼓励有实力的仲裁机构设立数字仲裁院,提供数字化的高效、精准、便捷的法律服务。

4.着力推动生命健康产业集聚发展

依托丹纳赫、兰卫医学、迈柯唯等企业的集群效应,大力推动以互联网医疗、生物医药、医疗器械贸易为代表的生命健康产业链集聚发展。围绕联影智慧医疗总部项目,加快建设智慧医疗运营总部、高端健康管理中心、国际交流培训中心、医疗大健康产业集群和高端医疗设备融资租赁中心,发展基于新一代信息技术的智慧医疗服务新模式,打造全智能化的"长宁大健康产业基地"。

5.构筑新一代人工智能产业高地

推进临空人工智能产业园建设,围绕科大讯飞上海总部功能,聚焦中国卫星、联创、神马等"中国智能制造"领军企业,持续引进更多优质人工智能企业,推动人工智能研究院、人工智能企业研发中心等创新业务总部和功能落地。鼓励人工智能赋能垂直行业,加快推动智慧政务、智慧商业、智慧医疗、智慧教育、智慧金融、智慧园区等领域的人工智能应用场景开放和示范应用项目建设。推进"智慧机场""精品机场"建设,探索"5G+AI"智慧机坪管理系统建设。实施"人工智能+航空"发展战略,围绕航空服务产业链,培育具有临空特色的无人机、智慧物流、机器视觉等新一代人工智能产业。

6.加快形成虹桥流量经济新地标

打造虹桥流量经济特色产业园,建设成为集内容生产、视频技术、直播场景等于一体的"一站式"网红直播基地,以及提供场景化的直播间设计策划、供应链严选、仓储物流、实操培训等配套服务的直播电商产业孵化空间。充分发挥美腕、看榜、拼量、乐芙兰等企业的带动效应和平台作用,放大上海"在线新经济"论坛·虹桥峰会后续效应,推动供应链、MCN、KOL、平台渠道、服务支持方等直播电商产业链关键节点入驻,形成特色产业集群。在示范区(含拓展区)乃至长宁区范围内,围绕龙头企业打造若干个直播电商集聚地,以点带面构筑长三角直播电商行业集聚高地。依托5G深度产业化应用,突破传统直播电商的物理空间束缚,探索打造"虚拟直播间"。

(二)聚焦载体品质,拓展产业转型升级新空间

前瞻性规划与高质量发展需求相适应的空间布局,筑巢引凤、高品质打造全新产业承载空间,推动工业用地转型,实现土地高质量利用,探索推动具备高智力、高资本、高产出"三高"特征的都市型先进制造业发展,着力推进城市更新进程,腾笼换鸟、加速推进存量载体转型升级,拓展地下空间,打造智慧化、低碳化园区样板。

1. 高水平塑造重点战略空间

（1）打造国际顶级商务城区。重点建设"核心四街坊"，布局高端办公载体、住宅小区、租赁公寓、星级酒店、商业综合体等各种城市形态要素，形成产业、商业、居住、配套等多元城市功能，打造"要素集聚、功能叠加、有机融合"的国际顶级商务城区。加快推进宜家荟聚购物中心、创意滨河商业街区建设，推动光大安石虹桥中心尽快出功能。加快建设中海地产、临空9-1租赁住宅等居住类项目，完善国际教育、国际医疗功能配套，积极筹建民办双语幼儿园。继续推进通协路天桥、北翟路建滔天桥和福泉路地下通道等慢行系统建设，进一步凝聚四个街坊功能，加强与周边地块和地铁2号线淞虹路站联通。

（2）加快推进机场东片区脱胎换骨改造。根据航空服务业发展及相关功能落地的节奏，逐步实现南苑、北苑、望春花地块的土地出让，推动东片区长宁区内所有项目完成建设，配合推进东片区内各大主体剩余土地的双评估工作。配合推进虹桥机场东片区市政二期工程，包括道路、桥梁、北围场河道工程（新开+拓宽）、排水工程（雨污水管线、泵站）、绿化工程、电力工程六大方面建设。配合推进停蓄车场建设、仙霞路北侧新泾北苑东侧绿地建设等各市政项目。推动机场集团、东航集团及中航油各地块的改造提升，加快建设花园生态型总部办公载体，完善免税店、零售商业、星级酒店、人才公寓、研发、办公等功能配套。

2. 推动存量载体提质增效

（1）加快城市更新步伐。推进天山路轴线城市更新，深化研究工业用地项目城市更新可能性，进一步优化示范区（含拓展区）土地利用效率及城市风貌景观。充分调动市场主体积极性参与城市更新，探索更包容的政策试点。加快研究工贸小区及置信电气地块整体城市更新，提升环境空间品质和功能业态能级。积极探索老旧商务楼宇改造路径，因地制宜实现更新，提升既有土地效率，促进区域经济能级提升。研究推进外环线抬升背景下区域资源释放、融合发展和功能提升等工作。

（2）充分利用地下空间。按照规划控制要求，将地下空间分为重点地区、一般地区、特殊地区和潜在风险地区予以区别，整体设计、分阶段实施，最大程度实现地下空间的利用与共享。结合示范区（含拓展区）产业发展需要，规划设计保税仓库、冷链仓库、航空培训教室、数据中心等功能空间。探索利用地下空间打造通用航空器材保税中心，保税存放通用航空器维修所需的器材零备件，减少企业库存管理成本，降低运营成本和采购成本。

3. 打造智慧化园区样板

（1）持续推进新型基础设施建设。持续推进区域内光纤宽带网络、通信基站、通信管道等信息网络基础设施建设。优化区域内神经元感知节点部署与街镇神经元感知综合服务平台建设，优化区域充电桩等充电设施建设。推进"智能配送"末端设施建设，配合推动虹桥商务区建设国际互联网数据专用通道。加快推进智能化航空枢纽设施、虹桥商务区（东虹桥）智慧园区等项目建设。

（2）拓展智慧应用场景。积极对接全市电动汽车充电桩、出租车充电示范站建设，提高充电桩设备安装比例至15%。充分发挥AI与大数据技术在优化充电桩建设部署、充电信息与诱导服务方面的优化支撑作用，打造智能高效的区域充电服务体验。扩大停车无感自动结算和在线支付等智慧化服务在区域公共停车场（库）中的覆盖范围，引入自动导引设备（AGV）等技术应用，提供智能停车诱导、一键停车等智能服务。推动新一代信息技术在城市宏观运行态势感知、分析决策和应急响应等领域应用，运用人工智能虚拟仿真、推演预测等方式，提升应急管理的快速性、灵活性、有效性。

4. 加强低碳绿色园区建设

（1）提升新建楼宇节能标准。继续推进新建楼宇低碳节能技术应用以及海绵城市建设，根据《上海虹桥临空经济示范区发展规划》和《虹桥商务区规划建设导则》的要求，确保新建成楼宇满足海绵城市及节能减排要求，新建楼宇达到绿色二星建筑以上标准，重点楼宇达到三星标准，新建楼宇投入运行后实际能耗达到合理用能指南先进值。

（2）拓展绿色公共空间。推动1号公园、2号公园、滑板公园和体育公园逐步对外开放，结合街区尺度特点设置口袋公园，构建层次丰富、布局合理、特色突出的公园体系。推进公园主题化、特色化改造，与体育运动和文化休闲等功能有机融合，优化拓展绿色亲民空间。贯通朱家浜南侧滨河步道和苏州河滨江步道，有序开展苏州河景观改造，提高苏州河滨水开放空间的可达性与活力。沿苏州河、新泾港、周家浜、新渔浦等河流水系建设滨河连续绿道，改善和提升滨水环境品质，增强滨水空间的可达性。

（3）构建慢行系统网络。加快完善以绿带休闲、滨江休闲、城市休闲、天空之城四个部分和一个配套服务系统组成的"4+1"慢行系统，打造平赛结合，集自行车、长跑、步行等运动空间于一体，兼顾运动健身和游憩观光功能的临空慢行网络。

（4）加强公园绿道一体化管理。强化对体育公园、音乐公园、外环生态绿道等临空公园绿道项目的一体化管理。探索推动成立由临空办牵头，区绿化市容局、区文化旅游局、区体育局等职能部门共同参与的长宁西部公园绿道项目管理办公室，加强统筹协调，形成工作合力。建立产权单位主体责任、运营单位管理责任和职能部门监管责任三个责任清单。健全三方常态化对接机制，深入推进公园绿道治安防范、食品安全、消防安全、医疗救助等方面联勤互动。

（三）聚焦平台建设，开创招商引资工作新局面

实施"盆栽工程"，着力推进智库型平台、市场化平台、功能性平台、协作类平台建设，积极探索招商引资新方法、新路径，变楼宇招商为环境招商，聚焦"引、育、扶"，瞄准"强、大、新"，强化"盯、关、跟"，加强多主体招商协同联动，全力提高招商引资质量和效果，推动优质产业项目落地。

1. 推进特色园区平台建设

（1）打造一批高品质的园区平台。推动通航产业园等项目落地，加快联影生物医药产业园、春秋产业园、人工智能产业园的建设进程。提升虹桥临空跨国公司（总部）科创园、西郊国际金融产业园等现有园区的环境品质，适时进行升级改造，加强用水用电、交通出行等基础保障。重点针对智慧出行、直播电商等特色产业的现实需求，布设5G、工业互联网等智能化便捷化的新型基础设施。

（2）加强特色园区政策支持。积极争取虹桥流量经济特色产业园、人工智能产业园等获得虹桥商务区、市级乃至国家级特色产业园区授牌，在项目布局、专项资金、土地使用、人才政策等方面获得更大力度的支持。鼓励特色园区用足用好各项优惠政策，全力实现园区政策、区级市级产业政策、虹桥国家开放枢纽政策的有机叠加，着力集聚一批具有全球影响力、资源配置力、创新驱动力的龙头企业，促进重点领域突破发展。

2. 搭建企业孵化培育平台

（1）促进科创研发平台发展。坚持重点突破和整体推进相结合，通过进一步拓展空间载体、政策创新，集聚一批国内外企业研发总部和科研院所，鼓励外企在示范区（含拓展区）设立全球研发中心、大区域研发中心和开放式创新平台，吸引外资研发平台集聚。促进技术要素与资本要素融合发展，探索通过天使投资、创业投资、知识产权证券化、科技保险等方式推动科技成果资本化。鼓励商业银行采用知识产权质押、预期收益质押等融资方式，为促进技术转移转化提供更多金融产品服务。深入对接技术应用交易服务平台、清华和交大长三角研究院等主体，依托1号公园场地，打造"临

客天地",建设资金流、信息流、人才流汇集的长三角企业联合创新中心,培育企业与知名高校、院所合作的创新引擎,打通从科研成果到产品再到产业的通路。

(2)打造一批企业孵化加速基地。聚焦经济价值高、发展速度快、经济效益好的产业领域,引进拥有核心技术支撑、孵化经验丰富、服务模式先进的孵化机构,为创业型、成长性企业的培育壮大搭建对接平台。大力提升苏河汇等现有孵化器能级,重点引进高成长性的互联网初创企业,同时为园区内传统企业提供数字化转型服务,形成创新创业集群效应。推动园区业主变楼宇出租为资源经营,加快建设联合利华U创孵化器,加强与国际知名孵化器合作,推动优质平台项目加快落地。鼓励携程、爱奇艺等行业龙头企业围绕自身产业链建设专业孵化器,形成"龙头企业+孵化"的共生共赢生态。

3.推动平台招商提质增效

(1)用足用好传统招商资源。加大与招商蛇口、集商网、丝绸之路总商会、福建商会等一批商协会的对接力度,推动来自长三角、"一带一路"等区域的优质企业入驻。探索定期发布国际贸易企业机构名录、进出口商品供需信息,助力国际贸易企业、机构到长三角投资兴业。推进楼宇租税联动,进一步激发楼宇业主招商引资的积极性和资源整合的主动性,发挥一线招商作用,吸引优质企业、优质项目为区域经济发展赋能增效。充分依托示范区联席会议机制,强化联合招商能力。充分依托东片区各主体合作平台,同步推进项目开发和源头招商,凝聚更大发展合力。

(2)积极探索基金招商新模式。探索构建"基地+基金+行业龙头+生态链"的招商引资和区域发展新模式,积极吸引航空、科技创新、人工智能、流量经济等重点领域的母基金入驻示范区(含拓展区),通过注资的方式,吸引并留住具有一定影响力的龙头企业,依托龙头企业集聚上下游企业,快速形成较为完善的产业生态链,实现以基金招引企业落地、企业依托基金发展壮大的双赢局面。

(四)聚焦改革创新,放大对内对外开放新优势

主动担当虹桥国际开放枢纽制度创新的"试验田",推进重点领域改革先行先试,充分利用国内国际两个市场、两种资源,增强面向"两个扇面"的集聚和辐射能力,打造未来发展新优势。

1.聚焦重点领域率先改革突破

(1)研究推动虹桥机场功能优化提升。优化拓展虹桥机场国际航运服务功能,研究探索开设点对点中远程精品国际航线。提高虹桥机场空中交通保障能力,提升高峰小时容量，加密城际空中快线。统筹空域资源利用，推动深化低空空域管理改革，加快民航、通用航空融合发展，积极争取低空空域管理改革试点。争取适当放宽临时航班航线限制，提升虹桥机场公务机运营服务功能，继续推进公务机作为虹桥机场高端配套的相关要求。创新值机模式，探索针对高端商务旅客提供专项服务和个性化安检通道。探索与高等院校合作，加强空管新技术研发、应用与升级，推动建立空管大数据体系，搭建统一的空管信息集成、处理平台。

（2）积极推进保税功能创新。依托《上海海关上海市长宁区人民政府合作备忘录》，重点探索海关特殊监管区域外重点企业特殊监管创新试点，大力推进研究航空服务业涉及的航材保税通关便利、飞机保税维修政策。争取以东方航空、春秋航空等企业为试点，在虹桥机场划定若干个保税机位开展保税维修业务，探索"信用监管+电子围栏监管"模式，打造海关特殊监管区之外的监管新样板。积极争取复制自贸区保税维修创新政策，简化手续、流程，减免保证金、税费。借助将进口博览会期间创新政策固化为常态化制度安排的契机，推动育德保税仓优化升级。依托在虹桥机场举办的亚洲公务机展等场景，探索创新公务机保税展示新模式在示范区（含拓展区）落地并上升为常态化制度。在虹桥国际机场等区域扩大免税购物场所，争取开展离境退税"即买即退"试点。支持示范区（含拓展区）内企业依托海关特殊监管区域或保税物流中心（B型）开展跨境电商网购保税业务，探索研究保税前置展示仓等创新举措试点。结合上海服务贸易创新示范区建设，围绕数字经济、时尚创意等产业发展，探索以服务贸易为主的保税监管模式创新。

（3）先行先试更开放的总部政策。积极争取总部政策在示范区（含拓展区）率先突破，强化全球资源配置功能、科技创新策源功能、高端产业引领功能。率先试点放宽对外资投资性公司的准入限制，对总部机构给予金融、人才、通关等方面便利。积极推动符合条件的跨国公司开展跨境资金集中运营管理，提高区域内企业资金使用便利性。吸引跨国公司在示范区（含拓展区）设立全球或区域资金管理中心。

2. 深化服务业新一轮对外开放

（1）探索重点领域服务业放宽准入。贯彻落实国家、上海市和长宁区开放政策，研究探索加快教育、医疗、养老、文化、体育等服务业对外开放，争取将ICP申请、医疗器械注册人制度改革、进口非特殊用途化妆品"审批改备案"流程、专业服务业领域外资准入等制度改革在示范区（含拓展区）集中落地、率先突破。

（2）推动金融业对外开放措施先行先试。依托西郊国际金融产业园，积极争取金融机构外资持股比例放宽、外资金融机构业务经营范围拓宽等金融业对外开放措施试点。鼓励区域内符合条件的企业开立自由贸易账户，适时争取自由贸易账户本外币一体化功能、资本项目收入结汇支付便利化等试点工作落地示范区（含拓展区）内。吸引长三角产业基金、创投基金落户商务区，吸引服务长三角中小企业的商业银行、信托公司、证券等金融机构集聚，鼓励扶持融资租赁机构发展。

3. 加强长三角一体化联动发展

（1）加强园区合作共建。围绕长宁区与宁波市、湖州市、马鞍山市等的战略合作框架协议，依托长宁、宁波、湖州、马鞍山等地的政策、制度、环境优势，探索搭建园区沟通平台，加强示范区（含拓展区）与宁波临空经济示范区、湖州吴兴区及马鞍山花山区在产业发展、文化旅游、数据互换等方面的对接交流，促进政策互联、技术互通、知识共享、发展互动。加强人才发展战略研究、平台共建、高端人才共享、青年人才培养等方面的合作，合作举办高层次人才论坛，搭建人才交流服务平台。

（2）推动产业联动发展。鼓励重点产业领域的行业协会、商会组织到长三角地区参观考察，探索组建跨区域的行业发展联盟，协助企业建立"长三角朋友圈"，推动各地企业集群深化交流合作。积极吸引长三角企业在示范区（含拓展区）设立总部型机构，构建"总部在临空、生产在外地"的区域产业分工合作格局。

（3）鼓励企业互动交流。依托中国国际进口博览会、上海·宁波周等重点会展平台，积极举办各类招商推介会、投资促进会、行业交流会，以协同招商、项目合作、资源对接实现优势互补、双向服务，鼓励示范区（含拓展区）内知名平台型企业、高端商务服务企业赴长三角与相关企业开展合作、开拓业务。探索举办航空服务、在线新经济等领域的长三角企业家交流大会，搭建企业交流互动平台。

（五）聚焦企业服务，打造国际一流营商新环境

以市场主体需求为导向，不断提高政务服务效率，围绕营商环境"新、美、暖、智"四字方针，深入打造"四心换两心"的临空服务理念、树立以"三最"为特点的临空服务品牌，打好安商稳商"组合拳"，切实提升企业服务质量，不断增强企业获得感和满意度。

1. 打造高效便捷的政务服务体系

（1）持续推进商事制度改革。聚焦重点领域，进一步加强简政放权和放管结合，不断提升商事服务水平，更好激发市场活力和社会创造力。推动名称告知承诺制、商事主体确认制等取得突破，深化具有长宁特色的集群注册登记、经营网址实体化等改

革，对标"证照分离"改革要求促进市场主体准入准营更加便捷，着力推动"一张营业执照、多个经营地址、一次行政许可"。

（2）深化推进监管方式创新。加强政府与市场合作，以多渠道数据归集为基础，聚焦探索"以网管网、数据管网、协同管网、信用管网"综合监管新模式，建设数据归集共享、线上线下融合的网络交易监管与服务平台，完善闭环监管模式。建立信用模型、信用评价指标以及激励约束机制，先行探索开展网络经营企业第三方信用评估。聚焦深化"审单放行、零等待""进口直通"等精准监管试点举措，不断提升贸易便利化水平。

（3）深化完善服务型政府建设。在网上登记的基础上，积极推行企业登记网上预约、网上递交申请信息，优化办理流程，努力实现企业审批和服务事项"全网通办""全程网办"，不断提升"互联网+政务服务"水平。深化"企业问题清单""政府服务清单"工作制度，完善条块协同处理工作机制。依托"事中事后监管平台"，对企业进行定向服务，提供入驻资质验证、咨询与信息推送及监管数据共享等服务。探索设立上海虹桥临空经济示范区（含拓展区）企业服务工作站。持续完善长三角政务服务专窗功能，优化医药费报销、新生儿报户口等高效办成一件事服务，研究建设自助服务区。

2.打造国内外高端人才集聚高地

（1）先行先试人才管理制度改革。紧紧围绕中央、市级人才发展体制机制改革精神要求，配合长宁区建设科技创新人才集聚区、虹桥商务区创设国际商务人才港，积极争取各项重大改革举措率先在示范区（含拓展区）落地，加快形成临空人才竞争优势。研究探索人才分类评价机制改革试点，构建杰出人才、领军人才、拔尖人才等高层次人才的分级体系。探索建立人才发展重点扶持企业目录，纳入一批有发展潜力的创新型小微企业，在部分政策执行中采取由企业自主认定人才的方式，发挥企业在人才资源开发中的主体作用，优化人才资源市场化配置。

（2）加大重点领域人才培养力度。围绕航空服务、在线新经济、人工智能、金融服务等重点产业，实施重点人才工程，大力推进重点产业人才激励计划、高技能工匠人才培养计划、优秀青年人才开发计划，鼓励知名高校在读学生参与"储君计划"大学生职前培养项目。依托中国航协（上海）培训中心，整合中国航空运输协会、临空高技能人才培养基地、瀚翔培训三方优势，围绕航空职业能力培训，分层分类培养航空人才。鼓励临空高技能人才培养基地开发"直播达人"等技能人才培养系列课程，加大在线新经济全产业链人才扶持力度。聚焦示范区（含拓展区）内成长性较高、核心竞争力较强的科创企业，持续开展"科创之星"评选活动，表彰优秀科创团队，助推企业成长为独角兽企业、隐形冠军企业和上市企业。

（3）全面优化人才配套服务。借助上海虹桥海外人才一站式服务中心，完善"虹桥（海外）人才荟"服务站点建设，为示范区（含拓展区）内海外人才提供优质、高效、便捷的一站式专业化服务。配合长宁区打造"海外人才创新创业上海首站"，组建长宁区海外人才联络发展中心，通过专人服务、专人对接、专人研究，实现信息畅通、双向服务、人才荟聚、创业落地。配合长宁区建设"高层次人才公共服务联络处"，选派在企业管理、组织发展方面经验丰富的顾问式人才作为联络处"高级管家"，协调满足重点产业急需紧缺人才和企业高管人员在落户、安居、就医、子女入学等方面的需求，提供全天候、精准化、跟踪式的高端人才服务。定期运营高管私董会，构建高视野、高品牌、高价值的商业互动交流平台，全面满足管理精英学习、社交、成长、分享的需求。

3. 做优做强市场化企业服务平台

（1）完善"集商通"企业专业服务平台。依托"集商通"APP平台，为示范区（含拓展区）内企业提供全生命周期一条龙一站式专业服务。在集成证照办理、财税服务、政策申报、人才服务、文体服务、培训服务、会务服务、房产租售、物业管理、工程服务、物流仓储、金融服务、生活综合等十三类服务的基础上，根据业务拓展需求，不断增加更多外部供应商，并对供应商进行集中统一管理，系统性解决示范区（含拓展区）内企业日常经营中面临的人、钱、物、客等相关问题。

（2）打响"招才无忧、用工无愁"人才服务品牌。整合裕空公司、人才公司等企业资源，搭建一站式人才专业服务平台。建立人才培训体系，探索完善人才统计体系，研究发布人才指数，组织国际人力资源主题论坛，开展国际交流合作，提供高质量、多元化、综合性的人力资源服务。围绕长宁区人才发展重点，组建人力资源高管联盟，开展区储备人才招聘、校园招聘等活动。探索搭建兼职类零工平台，满足示范区（含拓展区）内企业灵活用工需求。建立人才数据库，依托清华长三角研究院主导的全球科技智库创新中心，创新外籍专家招引模式，打通全球人才共享渠道，形成海外人才创新创业高地。积极拓展外国人来华工作许可证、外国人居留许可签证、海外人才居住证B证、留学生落户、外国人国外学历认证等海外人才服务业务。

（3）搭建企业展示交易平台。充分整合区域内企业资源，围绕临空经济、数字经济、人工智能、时尚创意等重点领域，搭建企业展览展示与合作交流平台，打造以"前展后销"为模式的企业产品展示交易中心，开辟企业合作新渠道，进一步打造优质要素资源集聚的战略高地。

4. 加强全方位企业服务机制建设

（1）深化完善为企服务机制。加强示范区（含拓展区）内企业服务，实现户管与在地双重覆盖。充分发挥街镇综合服务和部门专业服务相结合的优势，积极搭设政府部门和企业的沟通渠道和交流平台，共同回应企业诉求。落实"深度联系"企业工作制度，健全完善企业"一企一档"，建立由"专班、专案、专题、专办"组成的"四专"机制，对企业诉求进行清单式管理和协调。完善园区、街道、镇三方的常态化会议机制，定期沟通交流经济运行、企业动态、为企服务等方面事项，加强协作配合。

（2）持续完善党群服务。强化机制和队伍建设，建立园区"党群＋营商服务＋综合管理"的充分融合机制，推动信息"双向传递"、服务"多方联动"，深入推进"两新党建、营商服务、园区治理"综合效能聚集。建立党建大网格，增强党群服务的辐射功能，助力"一网通办"和"一网统管"功能落地。以"LINK空间"党群服务中心为依托，整合资源、统筹谋划，积极在"三大片区"推进集党建阵地、服务平台、活动中心、人才驿站等功能于一体的党群服务站点建设。将示范区（含拓展区）区域化党建联席会议成员单位拓展到虹桥商务区相关企业乃至长三角地区企业，构建多元主体参与的党建格局。围绕重点工作任务，搭平台、挖载体、聚效能，及时传递党的各项政策、政府的相关服务和园区的管理要求，畅通区域内企业、党员群众参与园区共同治理的途径，实现党组织的发展和企业发展同频互振、互促共进，以党群工作助推园区和企业高质量发展。

（六）聚焦功能配套，提升城区宜居宜业新品质

围绕国际化商务区配套需要，全力优化城市面貌，同时增加高水平的公共服务供给，借力智慧化手段提升管理精细化水平，提升对高端人才的吸引力和集聚力，推进产城融合发展。

1. 完善综合交通体系

（1）加强区域路网建设。进一步完善示范区（含拓展区）内部路网体系，畅通道路交通微循环。加快临虹路—云岭西路等区区对接道路建设，推进临洮路跨吴淞江桥梁新建工程建设，配合实施迎宾三路地道东延伸项目。加快推动外环线S20整体抬升，推动地面配套路网体系建设。加强静态交通管理，优化宜家荟聚购物中心、光大安石

虹桥中心等新建重点项目和楼宇的周边道路交通组织，挖掘项目、楼宇内部道路资源，增大内部蓄车能力，减少周边道路瞬时交通压力。

（2）构建多层次公共出行体系。研究构建"大运量轨道交通＋中运量公交＋低运量地面公交"的多层次公共交通系统。优化轨道交通布局，提升示范区（含拓展区）轨道交通覆盖度，探索17号线东延伸等选线规划研究，支持2号线在机场东片区、26号线在北临空地区增设站点。加强中运量公共交通系统研究，加强与东西向主干路网相衔接，规划"一主两支"局域线网络，作为轨道交通的补充。围绕航空旅客集疏运功能提升，进一步优化航站楼周边公共交通体系，做好轨道交通、地面公交与航班的衔接服务。

（3）完善地上地下空间勾连。加快推进福泉路地下通道、淞虹路C型天桥等工程建设，形成由景观步行桥、人行过街天桥、地下人行通道、地下公共步行通道等构成的"七上八下"立体互联系统，提升地上地下空间的互通性和可达性。

（4）提升交通动态管理水平。借助长宁区公安分局在示范区（含拓展区）北翟路以北区域实施IDPS交通系统试点契机，通过智能采集、智慧信号等科技手段的应用，提升道路通行能力，切实增强示范区（含拓展区）交通动态管理水平。

2. 提升城区居住品质

（1）针对高端人才增加优质住宅供给。结合创新创业和产业发展需要，加强示范区（含拓展区）用地混合和职住平衡。依托绿谷别墅、松园别墅等现有高端住宅资源，加强国际化社区管理，提供符合高端人才需求的优质服务，打造服务高端专业人才的国际型社区。支持鼓励相关主体建设多样化人才公寓，增加住宅供应，加大面向示范区（含拓展区）重点产业和重点企业的房源倾斜力度，切实解决高端人才租房问题。

（2）持续推进精品小区建设。持续推进宝北、程桥一村、王满精品小区、华松小区、翠春小区建设，统筹推进多层住宅加装电梯、河道治理、背街小巷、街区整治等工作，营造更加舒适的居住环境。配合虹桥商务区"智慧新城"建设要求，推动信息技术、人工智能与精品小区建设、美丽街区建设相结合，打造现代化社区。

3. 加大公共服务供给

（1）打造特色文化地标。整合示范区（含拓展区）临空商务文化、新泾镇田野文化和程家桥街道历史文化资源，传承创新示范区（含拓展区）特色文化，营造丰富的文化体验，增强文化辐射能力。加快推进新泾镇综合文化楼等公共文化设施建设，集成文化服务、图书服务、非遗展示等功能，提高公共文化服务能级，促进公共文化服务标准化、均衡化发展。培育文旅融合新生态，推出特色旅游线路，串联长宁区"一区两群三圈"文化功能带和虹桥商务区。积极争办艺术节、音乐节、旅游节、读书节等活动，打响具有区域特色的文旅活动品牌。

（2）丰富体育赛事活动。积极推进将体育设施融入生态发展，因地制宜完善体育设施载体布局，加快推进临空体育中心建设并投入使用。充分利用外环生态绿道、苏州河步道、外环西河等资源，开展马拉松、骑行等赛事活动，探索建设外环西河水上赛事中心。高水准运营虹桥临空体育公园，融合"生态、时尚、多元、智能、公益"等元素，实现体育公园健身、赛事、培训、休闲、聚会等多重功能，将体育公园打造成展示长宁乃至上海体育形象的一张名片。

（3）探索国际教育、医疗功能导入。结合示范区（拓展区）人才结构特点，增加国际性公共服务设施配套，引导国际化的教育、医疗服务供给。对接示范区（含拓展区）企业需求，大力推动高端教育、高端医疗项目的落地，探索引进国际幼儿园和国际医疗健康体检中心项目。

4. 优化高端商业配套

（1）营造高端商业消费氛围。加快推进宜家荟聚购物中心、光大安石虹桥中心等商业综合体建设及运营，吸引知名品牌旗舰店、奢侈品零售店、高端专卖店、买手制百货、品牌集成店、主题概念店、会员制商店、个人定制商店等入驻，提升高端消费体验，扩大高端商业辐射半径。积极引入首店首家模式商业企业，发展首发经济，鼓励国际品牌、知名品牌和潮流品牌开展高端消费品新品发布展示活动。

（2）完善高端商务酒店配套。结合示范区（含拓展区）的功能定位和市场需要，加强与希尔顿、凯悦等国际知名酒店管理公司合作，进一步完善高端品牌酒店配套，提升区域商务环境条件。

5. 加强园区精细管理

（1）加强园区城运平台建设。大力推动"一网统管""智慧园区"两网融合发展，推进示范区（含拓展区）治理数字化。依托"一网统管"系统架构，发挥园区各部门、管理机构的作用，及时发现、细化分类、精准派单、快速处置、闭环运作。依托"智慧园区"平台，强化街面、楼面、水面三面硬件建设和长效管理，通过实时数据分析找准问题症结，提出科学预判和解决途径，提升处理效能。

（2）完善园区管理机制建设。优化常态管理机制和应对处置机制，系统整合所有涉及各类事务的管理部门，坚持条块结合、以块为主的模式，打破条线垂直管理的瓶颈，建立管理单元分块管理机制，落实管理单元团队责任，强化日常巡查力度，对接指导辖区楼宇平安工作室，全面、快速发现和处置各类显现问题，打造"店小二"服务型管理。

（3）推进跨部门联动管理。发挥各专业部门的作用，对案件清楚、责任明确的问题由相关部门处置，对职能交叉、责任不明的问题实行主责部门牵头管理单元团队共同处置。进一步强化平台应急指挥功能，全面调动园区所有力量处置各类突发事件。着力优化工作流程，分类落实工作职责，有序推进非警情事务向其他部门、社会机构转移。依托区相关部门、新泾镇和程家桥街道，建立健全各类处置流程，规范日常运作，发挥平安工作室楼宇管理功能，快速处置楼宇内部小纠纷、小案件。

6.提升社会治理水平

（1）充分发挥党的核心领导作用。要将加强基层党的建设、巩固党的执政基础作为贯穿社会治理和基层建设的一条红线，积极探索党建引领基层治理和社会服务的有效路径，把基层党组织建设成为宣传党的主张、贯彻党的决定、领导基层治理、团结动员群众、推动改革发展的坚强战斗堡垒。深化"三建融合"运行机制，加强园区党委与街镇党（工）委、社区党委的协同互动，协调执法力量、管理力量、服务力量、志愿力量，统筹行政资源、社会资源、市场资源等，提升示范区（含拓展区）治理能力。

（2）深入推进社区分类治理。聚焦售后公房、普通商品房、涉外商品房、老洋房、动迁安置房五类居民小区特征和治理难点，全面推行"三清单一攻略一导则"。进一步加强顶层设计，制定完善社区分类治理指标体系，开展美好社区计划、社区提案计划、社工成长计划、能人提升计划、社会组织赋能计划等社区分类治理"五大计划"。加强社区治理支持中心建设，做强中心功能，持续为社区治理赋能。

（3）积极扩大社会力量参与。积极搭建社会多元主体自治平台，形成政府引导、市场与社会协同推进的参与机制。发挥工会、共青团、妇联、科协等群团组织优势，发挥各民主党派、工商联、无党派人士等的积极作用，最大限度凝聚全社会共识和力量，培育有资质、有特色的社会组织，积极参与社会治理。

四、保障措施

（一）加强组织领导

强化虹桥商务区管委会在虹桥国际开放枢纽整体打造中的规划引领、计划管理作用，充分发挥上海虹桥临空经济示范区建设联席会议在推进示范区（含拓展区）建设中的统筹协调作用。正确处理好虹桥临空经济园区发展有限公司与新泾镇、程家桥街道之间的关系，园区发展公司做好招商引资、开发建设等方面的规划统筹和组织协调，街镇充分发挥好在城市管理、社会治理等方面的作用，加快形成示范区（含拓展区）建设的更大合力。

（二）完善要素支撑

加大财政支持力度，积极争取虹桥商务区专项发展资金倾斜，支持示范区（含拓展区）重大基础设施和重点产业项目建设。探索建立考核机制，实行以奖代补，赋予更大的自主管理权。探索设立示范区（含拓展区）重点产业发展引导基金，对金融、人工智能等符合未来产业发展方向的新入驻企业给予支持。创新投融资方式，吸引社会资本投入，支持重点企业上市融资。盘活存量土地，提高土地资源配置效能，鼓励功能混合，合理提高土地开发强度，推动土地高度集约利用。探索低效用地认定标准，构建存量低效建设用地退出机制。

（三）坚持项目推进

坚持以规划确定项目、以项目落实规划，发挥重大项目对转变经济发展方式的带动作用。制定示范区（含拓展区）"十四五"重大项目清单，围绕产业升级、载体建设、国际化生活氛围营造等主要任务，组织实施一批功能性强、影响力大的重大项目。深化重大项目方案研究，优化项目布局。加强部门间协作，严格对照工作方案和目标责任分解安排，加强项目实施管理，以重大项目建设带动重点产业导入和重要功能植入。

（四）强化监督管理

建立规划实施跟踪评估和绩效考核机制，定期对重点项目和重大工程进行监测分析和动态评估，加大监督考核力度，通过检查、督查、评估等多种方式，推动各项工作落实到位。创新评估方式，引入社会机构参与，增强规划评估的准确性和广泛性。动员全社会参与，着力推进规划实施的信息公开，健全信息沟通和交流机制，发挥新闻媒体和社会舆论的监督作用，提高规划实施的透明度。

第四节　虹桥国际中央商务区青浦片区"十四五"规划

一、"十三五"发展回顾

（一）区域经济发展成效显著

"十三五"期间，西虹桥商务区由区域动迁、点状开发阶段进入全面开发、产业蓄商阶段，进博会、总部经济、会展、北斗等产业发展促进经济增长。2016—2020年，西虹桥商务区累计完成全口径税收93.33亿元，年复合增长率为13.2%；区级税收累计完成30亿元，年复合增长率为13.0%；土地出让总收入266.08亿元；全社会固定资产累计完成493.3亿元；"引大引强"累计完成181户；外资合同累计完成14.92亿美元，实到2.53亿美元；累计注册企业共4 150户。

（二）平台集群战略加速产业崛起

西虹桥商务区实施产业平台集群战略，"十三五"期间，会展和北斗产业平台资源要素不断集聚，已成为西虹桥商务区产业发展的特色品牌，科创、文化等其他产业平台也在加速崛起。

会展产业平台：以国家会展中心（上海）为引领，会展要素不断集聚西虹桥商务区，已成功引进上海市会展行业协会等会展促进机构、会展主办企业、会展相关服务企业超过100家，周边集聚超20万平方米高端酒店、3万平方米会务场地等会展配套服务资源。成功创建青浦西虹桥环国家会展中心都市旅游区为上海市全域旅游特色示范区域，促成上海市贸促会与阿里巴巴集团合作，打造覆盖全行业会展新业态"云上会展第一平台"。

北斗导航产业平台：北斗西虹桥基地是中国首个正式运营的北斗产业园，累计在册企业421户，2020年全年实现营业收入38.97亿元，全口径税收1.429 4亿元，每平方米税收产出达3 166元，已成为西虹桥商务区产业发展的特色品牌。

科创产业平台：引入高分遥感、核建科技、新能源汽车、人工智能等战略新兴产业，自主开发建设的西虹桥科创中心已开始动工。文化产业平台：以水系和绿地串联起百老汇文化演艺综合体、蟠龙古镇、虹馆演艺中心等文化空间，形成"珠链式"空间布局。电竞产业平台：在上海电竞协会支持下，与灿辉国际合作建设电竞产业园。广告产业平台：成功吸引上海"三大节"之一的上海国际广告节落地西虹桥商务区。康养医疗产业平台：引进库克医疗等跨国集团落地；建成的小咖云数字康养产业园，是上海市民政局认定的专业康养产业园之一，已有40家康复辅具产业、康养产业企业机构签约入驻。

（三）进博会溢出效应持续显现

进博会已成功举办三届，总展览面积达102余万平方米，成交总额达2 015.2亿美元，第三届进博会虽然受全球新冠肺炎疫情影响，但各方合作意愿热度不减，年累计意向成交总额比第二届增长2.1%。此外，借力青浦区对接"6+365"政策，建设绿地全球商品贸易港、东浩兰生进口商品展销中心、小咖云数字康养产业园、国际时尚创意展示交易中心等"6+365"展示贸易平台，影响力日益增强。

（四）总部经济格局基本形成

围绕总部经济发展定位，"十三五"前期，西虹桥商务区着力推进招商蓄商工作，引进包括中核集团总部、银科控股总部、威马汽车总部、安踏研发和贸易总部、华测导航总部、美的集团第二总部等在内的大型总部型企业24家，快速奠定总部经济发展基础。

（五）城市高速建设促进区域品质提升

"十三五"时期是西虹桥商务区高速建设期，城市品质不断升级，产城融合属性逐渐彰显。截至2020年年末，西虹桥商务区土地出让面积3 706.7亩，总地上建筑面积约510万平方米。已建成重大公共服务和商住、商办、住宅项目7个，在建高品质写字楼、购物中心、文化旅游项目14个，已批准待建项目3个。

（六）基础设施更加智慧、低碳、完善

西虹桥商务区已完成区域内90%的交通和市政基础设施建设。智慧城市建设方面，编制并通过了《西虹桥地区城市智能管理系统规划》，完成国家会展中心（上海）周边道路的交通智能化提升，成为青浦区首个接入上海市SCATS系统的项目。能源系统方面，编制《西虹桥商务区低碳开发与建设导则》，建设3座专为西虹桥商务区商业商办项目供能的分布式能源站。交通路网方面，西虹桥商务区城市主干路网骨架搭建已基本完成，诸光路、盈港东路、徐民路、蟠中路、蟠龙路、天山西路均已完成扩建或改造。此外，城市生态环境进一步提升，新建城市公园绿地30万平方米，实施小涞港等"河道见底"工程，绿地、水系初成规模。

二、"十四五"发展形势分析

(一)发展机遇

1. 新一轮产业革命催生新机遇

人工智能、5G通信、工业互联网等新兴技术实现了革命性的突破,"新基建"和"数字经济"等领域迎来新的发展机遇,产业之间边界渐趋模糊,技术端向应用端的延伸也将催生出庞大而多元的产品。西虹桥商务区在新一轮产业革命中寻找发展新增长点,加速新技术的产业应用,促进创新应用和产业形态,从而带动相关存量产业、经济发展和智慧城市建设。

2. 国家战略重构区域新价值

2018年以来,进博会、长三角一体化发展、虹桥国际开放枢纽建设等国家战略的加持,为西虹桥商务区赋予新使命。"十四五"期间,西虹桥商务区应主动对接区域协同产业分工、体制机制突破、高端资源要素集聚,在产业发展和城市建设进程中,引入更多高能级企业、高素质人才、高水平技术和高品质配套,率先成为国家强劲增长极的核心区域、高质量发展的活跃区域、一体化发展的引领区域和深化改革扩大开放的新高区域。

3. 市区级层面提出发展新诉求

上海建设卓越的全球城市、打造"四个中心"战略背景下,实施"三大任务,一大平台"的"3+1"战略。青浦区将从自身全面跨越式高质量发展、服务上海、服务长三角一体化方面实现青浦作为,打造"上海之门、国际枢纽"。西虹桥商务区是青浦区对外联动的重要平台,应积极服务本地企业共享科创板红利,积极发挥引领作用,促进经济加速发展、城市品质提升。

4. 区域能级提升促进产城新发展

2020年2月发布的《上海市虹桥主城片区单元规划》公共活动中心体系中,西虹桥商务区由"地区中心"升级为"虹桥主城副中心",相较于其他兄弟片区,区域能级明显提升。"十四五"期间,西虹桥商务区应全力做好城市品质,塑造低碳、智慧示范区,彰显产城融合的区域特色。同时,《总体方案》和《规划》相继发布,"大虹桥"战略定位进一步提升,西虹桥片区以聚焦发展会展、商贸为主要特色,突出"科创+商务"的核心功能定位。

（二）挑战制约

1. 全球经济形势制约

在贸易局势紧张、金融动荡、地缘政治紧张局势升级的背景下，加之新冠肺炎疫情在全球范围内扩散，世界经济受到显著冲击，不确定性急剧升高。西虹桥商务区"十四五"发展将面临客观挑战，外需收缩、内需动力不足的形势下，西虹桥商务区经济将面临下行压力，经济密度提升、产业提质增效的难度明显加大。

2. 区域同质化竞争普遍

长三角各城市、虹桥商务区各片区在产业招商、产品打造、政策扶持等方面存在较为普遍的同质化竞争。"十四五"期间，西虹桥商务区需找准自身之于长三角、虹桥商务区的角色定位，在塑造片区独特名片、深化自身特质的同时，主动加强与周边片区、乃至长三角各地区建立可持续的良性联动发展关系。

3. 产城精细化运营挑战

西虹桥商务区核心发展命题由"城市高速建设"向"城市运营管理"转变，存量楼宇如何实现新增长，拟建大体量租赁住房如何实现可持续运营和国有资产保值增值，是西虹桥商务区在产城精细化运营方面面临的多重挑战。

4. 产业生态圈尚未形成

西虹桥商务区现有产业整体上缺乏体系，产业之间缺乏有效联动，部分产业有待进一步整合延伸，缺乏对高能级、稀缺性功能性平台的引入和建设，缺乏项目孵化、人才培育、资金支持、资源对接等多元化产业发展扶持政策，商务区整体的产业生态圈有待进一步构建、完善。

5. 城市品质有待提升

西虹桥商务区升级为城市副中心，以打造世界一流水准的商务区为目标，但目前城市功能配套、城市服务能力对比世界一流水准的商务区仍存在较大差距。面对"十四五"期间将增加的4万新居民，如何合理规划、强化城市配套功能建设，提升城市智慧化管理的效率和能力，是西虹桥商务区"十四五"发展面临的重大挑战之一。

三、"十四五"发展总体要求

（一）指导思想

以习近平新时代中国特色社会主义思想为指导，全面贯彻党的十九大和十九届二中、三中、四中、五中全会精神，深入贯彻习近平总书记关于推进长三角一体化发展重要指示精神和对上海工作的要求，落实"四个放在"，提升"四大功能"，牢牢把握进博会、虹桥国际开放枢纽建设战略机遇，践行长三角一体化高质量发展要求，以"强化国家战略服务保障能力、构建完善产业生态圈、优化城市界面和城区品质"为主线，深度融合产业、文化、居住等功能，将西虹桥商务区建成世界一流水准商务区、产城融合高品质城区，为青浦区建设现代化国际大都市枢纽门户，虹桥商务区打造国际开放枢纽、建设国际化中央商务区、国际贸易中心新平台做出积极贡献。

（二）基本原则

1. 坚持高起点规划引领

全面提升服务保障国家战略的能力，对标国际先进，按照最新目标定位，全面提升西虹桥商务区规划，突出"大会展""强科创""崇人文""优配套""特智慧""最低碳"。完善西虹桥商务区单元规划，调整控制性详细规划，落实西虹桥商务区规划建设导则和公共设施事项相关标准，完善"多规合一"规划体系，以可持续发展为中心，注重节约集约利用土地，提高开发强度，提升经济密度和显示度。

2. 坚持高质量经济发展

始终以提高经济发展质量和效益为中心，以总部经济促进商务区经济规模提升，以科技创新引领商务区经济新增长，重点聚焦会展经济、时尚消费、智能智造、数字经济等产业，促进企业、人才、资本等要素有效互动，打造高质量、高水平、具有辐射带动作用的产业平台集群。

3. 坚持高品质产城融合

注重规划引导，立足片区未来发展及功能定位，优化产业与城市空间布局，不断增强区域发展整体性。统筹土地利用，加强基础设施及智慧城市建设，优化交通网络体系，完善教育、医疗等公共配套设施，不断完善"15分钟社区生活圈"，全面推进产城融合，努力打造生态优良、宜居宜业、功能完整的城市风貌，实现产业、人口、城市建设的全面协调发展。

4. 坚持高水平联动发展

抓住进博会、长三角一体化发展、虹桥国际开放枢纽建设的战略机遇，利用好"两个市场、两种资源"，打造好一系列功能性平台，加强开放包容、创新创造的环境建设，鼓励和吸引全球高端人才、先进技术及资本汇聚西虹桥商务区。以资源联动、功能融合、发展协同为中心，积极推动与青东五镇、虹桥商务区其他片区、长三角一体化发展示范区等片区联动，实现多方共赢。

（三）发展定位

西虹桥商务区将服务进博会、长三角一体化发展、虹桥国际开放枢纽建设两大国家战略，积极承接上海建设卓越的全球城市，贯彻上海"三大任务，一大平台"的战略机遇，主动融入虹桥商务区建成面向全球、面向未来、引领长三角地区更高质量一体化发展的国际开放枢纽，构建以"新时代青浦的开放龙头"为核心定位，以"世界一流水准商务区"为发展目标，以"高端要素集聚的开放平台""产城深度融合的品质标杆""智慧低碳引领的未来城区""高效内引外联的协同中枢"为特色功能的"一区四城"商务区发展框架。

打造高端要素集聚的开放平台。依托虹桥国际开放枢纽，集聚会展、总部、商贸、金融、科技、人才等全球高端资源要素，形成具备前瞻性产业体系，高能级优势产业集群，产业平台和功能性平台集聚、楼宇经济发达、营商环境国际化便利化的商务区。

打造产城深度融合的品质标杆。塑造宜居宜业、商教卫体丰富多元、文化魅力古今交融的高品质商务区，打造虹桥"高品质的国际化新城区"的标杆性样板区域。

打造智慧低碳引领的未来城区。建设新型低碳化、新型数字化理念为引领的新时代未来城区，构建通达便捷的交通体系、蓝绿交织的城市生态、新型智慧的基础设施、清洁高效的能源系统、时尚现代的城市界面。

打造高效内引外联的协同中枢。力争成为虹桥国际开放枢纽重要支撑平台，成为对内引领青浦、对外联动大虹桥乃至长三角地区的区域一体化发展重要中枢。

（四）发展目标

1. 阶段性发展目标

西虹桥商务区作为虹桥国际中央商务区重要组成部分，应紧紧围绕李强书记"牢牢把握重大机遇、加快提升核心功能、着力破解瓶颈制约、善于凝聚各方力量"四方面工作要求，全力参与推进虹桥国际中央商务区"区域品质提升、经济发展倍增、进博效应放大、总部经济集聚、展会产业联动、综合交通完善、品牌营销推广"七个专项行动，着力"强商务、强会展、强交通、强统筹"，《总体方案》《规划》落地落实。到"十四五"期末，西虹桥商务区在数字经济、会展经济、总部经济、商贸经济及全球高端资源要素集聚配置等方面发挥全面的引领作用，树立"新时代青浦开放龙头"的发展标杆，基本建成"世界一流水准商务区"的发展框架：全球高端资源要素高度集聚，产业生态体系全面确立，高能级产业集群经济效益凸显，产业和功能性平台不断集聚,楼宇经济发展取得显著成效,营商环境更加国际化便利化,基本建成"高端要素集聚的开放平台";城市品质和服务能级明显提升,区域人口和城市活力明显增加,基本建成"产城深度融合的品质城区";城市交通更加便捷、城市生态建设高效推进、智慧城市建设取得突破性进展、特色能源设施布局基本完成、现代化商务区界面基本形成,初步建成"智慧低碳引领的未来样板";对外开放合作能力、区域协同发展的引领能力显著增强,基本建成"高效内引外联的协同中枢"。

同时,实现西虹桥商务区的三大定位转变,即由"商贸型总部为主向科技型和商贸型总部并举转变""传统商贸经济向在线数字新经济转变""传统楼宇管理向智慧化城市治理转变",做强做大三大产业标签,即"上海全球城市的国际会展服务中心""上海总部经济集聚区""国家级北斗产业示范基地"。

展望2035年,西虹桥商务区成为虹桥国际开放枢纽的龙头、世界一流水准商务区全面建成。

2."十四五"发展指标

表7-4 西虹桥商务区"十四五"发展指标

发展目标	类别	指　标	量化目标
总体规模与效益		五年全口径税收完成额	250亿元
		五年区级税收完成额	80亿元
		五年全社会固定资产投资总额	680亿元
		五年"引大引强"完成数	270户
		五年外资合同完成额	23亿美元
		新增重大项目签约数量	36个
		期末企业注册总数	10 000家
		社会消费品零售总额年均增长率	10%
		外贸进出口额年均增幅	15%
		商品消费额	2 000亿

续　表

发展目标	类别	指　标	量化目标
要素集聚的枢纽之城	产业集群	千亿级产业集群数	3个
		五百亿级产业集群数	1个
		百亿级产业集群数	4个
		期末国家会展中心（上海）年展览面积	800万平方米
		期末总部型企业数量	120家
	产业与功能性平台	期末国际性组织（机构）总数	100家
		五年引进功能性产业平台数量	15家
	楼宇经济	亿元楼数量	15栋
		楼宇经济贡献税收	150亿元
产城融合的品质之城	商住配套	住宅与商住配套建筑面积（含竣工及在建）	148万平方米
		社区配套建筑面积（在建）	11万平方米
	会展商办	会展中心建筑面积	147万平方米
		商办建筑面积（含竣工及在建）	362万平方米
	文教卫体	教育设施建筑面积（含竣工及在建）	27万平方米
		医疗、邮电、文化、体育设施建筑面积（在建）	10万平方米
生态智慧的未来之城	市政交通	城市道路和基础设施完成度	99%
		新增（含延长项目）轨道交通线路	2条
		路网密度	4.5千米/平方千米
	城市生态	城市绿化率	40%
		城市公园数量	5座
		人均公园绿地面积	10平方米左右
		绿色建筑星级运行标识认证面积	55万平方千米
	智慧城市	智慧楼宇数量	50栋
		5G网络全域覆盖程度	80%

续 表

发展目标	类别	指 标	量化目标
内引外联的协同之城	对外开放	"走出去"项目	10个
		引进国际贸易企业	200家
		国际展会展览占比	80%
		进口商品集散地主平台建成面积	50万平方米

（五）空间布局

构建以"会展发展核"为核心，"会展配套区""总部经济区""科创产业区""文旅科教区""生态居住区"五大片区为支撑的"一核五区"总体发展格局。

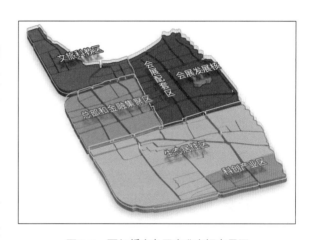

图7-6 西虹桥商务区产业空间布局图

会展发展核及会展配套区：将国家会展中心（上海）作为会展发展核，打造成为西虹桥商务区对外形象展示"核心会客厅"。将会展中心周边的大型商办综合体作为其配套和补充，发展会展服务业、支撑会展业发展的广告设计及电子商务等产业、虹桥商务区的商业商贸相关产业，配套酒店、宾馆与商业等设施，满足会展客商和商务差旅客群的综合需求，共同打造会展配套区。

总部经济区：国家会展中心（上海）向西延伸，定位为总部经济区，区域内路网密集、交通组织完善。依托国家会展中心展会溢出效应，企业既能享受便捷完善的交通优势和会展中心品牌效应，又能拥有独立的总部大楼彰显特色，有利于形成总部经济集聚效应。总部经济区内着力集聚跨国企业的地区总部、行业领先的贸易组织机构总部、贸易营运型企业总部和综合企业总部、中小贸易企业；同时鼓励支付结算、投融资服务、资产管理、金融科技、融资租赁等领域的金融服务企业发展；紧抓新一轮科技产业变革机遇，以西虹桥科创中心为引领，吸引软件信息、人工智能、智慧城市、新能源及新能源汽车等战略新兴产业企业总部，打造高能级总部集聚区。

科创产业区：以北斗导航技术研发为依托，引入上下游产业链企业，同时基地搭建了专业的公共服务平台，建立了上海市院士专家服务中心，已经形成具有完整功能的北斗创新应用产业基地，推动北斗成为西虹桥科创产业的核心特色。同时拓展产业链，依托北斗基地周边商办载体，发展卫星导航、人工智能、5G、软件信息等科创产业。

文旅科教区：崧泽大道以北定位为文旅科教区，依托蟠龙古镇这一历史文化风貌保护区，打造具有历史文脉传承、人文气息浓郁的文化休闲地标，构建蟠龙文化休闲商业区；依托高能级教育资源，打造西虹桥特色科教区。

生态居住区：沪青平公路以南为早期成熟的国际社区，定位高端生态居住区，保留原有恬静怡人的生态。依托现有高档别墅区的优势资源，重点开发高品质的地标性楼盘，配套国际级主题会所、社区文化艺术中心、超星级酒店、社区综合商业、学校等，打造为集休闲、娱乐、旅游、购物于一体的上海西部地区标志性的低碳示范国际社区。

四、"十四五"发展的重大任务

（一）构建前瞻性产业体系，实施产业集群化战略，打造高端要素集聚的开放平台

1.构建前瞻性产业体系，明确产业发展空间和方向

构建西虹桥商务区"两大核心支柱产业""四大新兴培育产业"的产业生态体系，依托重大项目，形成清晰的产业地图。

图7-7 西虹桥商务区产业生态体系示意图

两大核心支柱产业：以会展经济、数字科创作为西虹桥商务区两大核心支柱产业，该两大产业具有"多向衍生""多元应用"的属性，未来会展经济将作为产业强支柱、数字科创将作为战略新引领，共同支撑西虹桥商务区产业生态构建和经济高速发展。

四大新兴培育产业：培育商贸电商、文化创意、金融服务、医疗康养四大新兴产业。新兴培育产业由核心支柱产业衍生促进、又可服务于核心支柱产业，形成"双向共生、协同发展"的可持续模式。

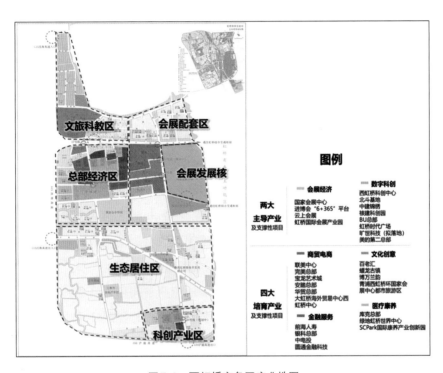

图7-8 西虹桥商务区产业地图

2. 聚焦特色产业规模化，着力打造高能级产业集群

培育"3+1+4"高能级产业集群，强化区域特色产业标签。依托现有产业基础，在"十四五"近期着力打造时尚消费、智能智造和会展商贸三大千亿级产业集群，成为西虹桥商务区近期产城运营的主要抓手。紧抓未来产业机遇，在"十四五"末期实现一个五百亿产业集群，即科创产业平台，培育西虹桥商务区创新经济发展的重要力量。此外，打造海外进出口贸易中心、长三角直播选品基地、长三角数字干线首发站和医疗器械产业平台等四大百亿级产业集群。

三大千亿级产业集群：依托西虹桥商务区已集聚的安踏集团、报喜鸟集团、波司登集团等消费时尚行业领军企业的带动效应，建设安踏全球零售总部、报喜鸟长三角总部基地以及波司登全球创新研发基地、人才发展中心、全球品牌和电商物流运营中心等高能级总部和产业平台，整合时尚消费产业链资源和高价值品牌资源，联动区域高知名度大型专业展会，打造千亿级时尚消费产业集群。依托美的全球第二总部和半导体智能智造服务企业格创东智等智能智造企业，建设美的全球创新园区、格创东智全国业务总部，并大力培育、引进智能智造总部企业、创新企业、前沿成果等优质资源集聚西虹桥商务区，逐步推进创新链、服务链完善，实现智能智造产业集群向千亿级跃升。依托国家会展中心（上海）以及进博会、工博会等国际国内知名展会，推动会展经济国际化、专业化、市场化、品牌化发展，实现"十四五"期末国家会展中心（上海）年总展览面积达800万平方米以上，国际展会展览占比80%；主动发挥"6+365"平台的辐射和带动效益，着力打响虹桥国际会展产业园的影响力，做强做大虹桥海外贸易中心分平台等会展贸易平台，推进一批包括中欧技术中心在内的重点项目、集聚一批国际级高层次贸易机构和组织，形成国际国内双循环的重要节点和虹桥国际开放枢纽建设的重要抓手；推动会展与区域产业发展联动，充分发挥虹桥管委会政策优势，精准招商优化业态布局。加快研究"一品一楼"模式，聚集单一品类，全力建设3—5个特色品类的展示交易平台，构建千亿级会展商贸业产业集群，全力推动西虹桥商务区成为具有全球影响力的国际会展之都核心承载区。

一大五百亿产业集群：推动北斗西虹桥基地产业空间拓展升级，加快西虹桥科创中心建设，依托国惠环境、康恒环境、联合水务为代表的智慧环境生态企业，以及太敬机器人、新能源威马汽车等高能级产业资源和载体，集聚以北斗导航、无人机、高分遥感、核建科技、新能源汽车、康养医疗、机器人为主的创新型企业，培育更多具有创新能力和发展潜力的中小企业成长壮大，形成五百亿及科创产业平台。

四大百亿级产业平台：依托进博会等国际高能级展会的集聚效应，中欧技术中心、绿地贸易港等高能级贸易平台和主体的带动效应，以及虹桥海外贸易中心的联动效应，引进培育有竞争力、市场活力、专业运营能力的市场主体，吸引国际商协会等更多海内外贸易机构、商贸组织和服务平台落户；积极发展跨境电商，争取虹桥国际开放枢纽开设跨境电商线下体验店等试点项目落户，强化西虹桥商务区海内外贸易的产业集聚度和首位度，打造百亿级海外进出口贸易中心。以大业堂、缙嘉科技、淘不庭、云想科技为代表的线上直播产业资源为引领，紧抓国内大循环、消费新格局下的新型互联网业态发展趋势，整合流量平台及供应链资源，对接跨境电商平台企业，联动商品贸易上下游产业，培育有规模、有质量、有龙头的时尚电商产业生态链，积极争取电商直播月相关活动落地，并大力拓展MCN产业，引进头部企业总部、培育上下游创新创业企业落户，打造MCN网红经济和电商直播产业园、推动成立MCN产业联盟，提升行业影响力，推动长三角直播选品基地实现百亿级产业集聚。积极参与青浦区建设长三角数字干线"黄金线"，以"数字会展""数字贸易""数字总部"等西虹桥特色数字经济门类为主导，引进一批以云上会展、直播电商、产业互联网为核心的优质企业资源，为周边区域的产业生态提供数字化服务，并积极争取西虹桥商务区内的数字经济产业项目与大张江等高能级园区形成合作，共享前沿成果、科技服务和政策资源，打造西虹桥为百亿级长三角数字干线首发站。依托微创医疗器械龙头企业库克医疗、血管介入医疗器械领军企业惠泰医疗、医疗器械龙头品牌麦迪睿等医疗器械产业集聚氛围，完善针对医疗器械领域的企业创新和商贸服务，联动大型知名医疗器械会展平台，争取更多上下游优质产业资源、创新资源落地，打造西虹桥百亿级医疗器械产业平台。

3. 促进总部和产业平台建设，推动国际高端要素集聚

（1）持续推进西虹桥总部经济进一步集聚。实施更加开放的具有竞争力的总部政策，完善和优化总部企业认定标准，完善国际化专业服务配套，分类实施精准招商，重点吸引跨国公司地区总部、民营企业总部、央企第二总部落地，并加快启动国际商务服务伙伴计划，集聚一批国际化专业机构服务机构，研究与国家会计学院合作新模式，围绕第三方金融服务，为总部、商贸平台发展打造国际一流的商务环境，促进总部经济发展。

（2）针对各个产业领域，设立或引进国际性、国家级、区域级专业性行业组织、协会等平台。依托进博会"6+365"平台，推进虹桥国际会展产业园、虹桥海外贸易中心分平台建设壮大，大力引进国际贸易相关机构落户西虹桥商务区，将各个国家的商协会组织机构落户在国家会展中心（上海），打造国际商协会集聚中心，并进一步吸引国际优质商贸企业落户；为相关企业提供"6+365"的数字商贸服务，提升绿地全球商品贸易港的品质和特色。积极引入国内高水平行业机构。依托北斗西虹桥基地、中核科创园、灿辉电竞产业园、小咖云数字康养产业园等特色产业平台，在现有资源的基础上，重点争取会展、北斗、总部经济等领域的行业协会、研究院、教育培训机构等落户西虹桥商务区，提升西虹桥商务区在重点行业内的影响力和资源集聚能力。

（3）搭建具有西虹桥商务区产业服务特色的功能性平台体系，增强高能级产业资

源的吸引力、集聚力、培育力。

一是打造产业基金平台。设立产业发展基金，以上海西虹桥商务开发有限公司为发起人、多元主体参与、专业化运作，依托西虹桥科创中心等科创园区成立产业发展基金，借鉴张江科学园、市北高新园区的投融资模式，探索构建"原始股投资—天使投资—风险投资—股权投资"企业全生命周期的投资体系，以此形成"孵化+融资""基金+基地"的产业发展新模式。此外，联合担保和银行机构打造"担保融资平台"。

二是设立企业孵化加速平台。争取引进、创建国家级或区域级创新创业孵化器、上市加速器，探索建立孵化器考核机制，针对重点发展领域提供创新创业、成果转化、上市加速、市场信息、创业培训、法律服务、财税服务、认证和技术指导等多重专业企业服务。

三是搭建产学研一体平台。积极鼓励、推动企业与高校建立合作关系，成立研究机构、高能级实验室、名校应届生招聘中心等，一方面，为企业提供技术研发和人才支持，借力联合实验室突破创业技术瓶颈实现科技成果转化；另一方面，高校初创项目可通过该平台获得进入资本市场的途径，得到更好的展示和孵化机会。

四是成立企业与人才服务平台。打造成为西虹桥商务区向入驻企业提供信息服务、创业服务、人才服务、科技成果转化、知识产权服务等企业与人才服务的统一窗口。

五是构建专业服务平台。积极推进特色金融、数字贸易、软件服务等生产性服务业，促进人力资源、法律、会计审计、检验检测认证、专业咨询等专业服务不断壮大，形成西虹桥专业服务平台。

4. 产业载体精细化运营，打造楼宇经济新高地

"十四五"期间，西虹桥商务区将有大量商办楼宇入市，通过对标成熟商务区楼宇经济的发展模式，以载体统筹规划、管理平台建设、智慧产品打造、特色楼宇培育、招商力量加强、针对性政策扶持等方式，形成独具西虹桥特色的楼宇经济发展模式，为产业发展提供强有力的载体支撑，实现产业发展与楼宇经济共荣共生的良性循环。

（1）打造高品质、智慧化办公楼宇提升产品品质和功能配套。打造集OA（办公自动化系统）、CA（通讯自动化系统）、FA（消防自动化系统）、SA（安保自动化系统）、BA（楼宇自动控制系统）于一体的智慧化5A写字楼，积极推进智能化管理，实时掌握楼宇动态信息，并为产业办公人口配套充足、优质的商业空间，为企业提供优质的办公环境。

（2）搭建区域招商统筹平台，对各商办楼宇进行统筹规划和协助引导。由上海西

虹桥商务开发有限公司牵头，成立西虹桥商务区楼宇经济联盟，针对各大楼宇的产业定位、产品定位、招商定位，结合西虹桥商务区产业发展格局和各楼宇的区位交通条件、产业资源等情况，进行统筹规划，引导各楼宇制作"精准画像"，培育特色楼宇，积极协助重点楼宇明确产业发展导向，将西虹桥商务区的产业布局落实到各个重点楼宇，并积极引导、协助各大楼宇进行二次招商。进一步优化楼宇业态比例，对同质化较严重的商办项目，提供业态调整的路径，将部分过剩商业调整为办公或租赁住宅功能，形成多业态融合的配套服务区，以此吸引更多高能级企业和国际化高端人才入驻。

（3）设立发展专项资金，出台楼宇经济促进专项政策。探索楼宇经济创新发展模式，建立西虹桥商务区楼宇经济发展专项资金，为商务楼宇提供企业落户奖励、重点企业购房及租房补助、楼宇租税联动、企业引进奖励、人才住房补贴、贡献奖励等扶持政策，鼓励存量楼宇优化办公环境和产业结构，做好二次招商工作，同时加快研究和制定"租税联动"的可行性，引进优质企业，降低楼宇空置率，提高产出率。

5.优化营商环境，提升国际化便利化服务能力

（1）提升营商环境的国际化便利化水平。一方面，全力服务好进博会，提升精准化一站式、个性化、就近服务能力，为企业服务好最后一公里，让企业"就近跑一次"办事成为常态。增强跨国企业服务能力，在翻译、企业注册、法律咨询、税务咨询、人力资源等方面提供便利。争取开放型、创新性政策，如免税政策等，提升西虹桥商务区营商环境的国际竞争力。另一方面，依托区国资国企改革和经济小区放权激励等一系列政策措施，进一步加强经济小区招商力量配置，实施更开放的政策、完善更专业的服务，按照"挂图作战"的要求，不断抓推进、抓落实、抓特色，为企业发展创造良好环境、提供更多便利。

（2）加强城市推介、促进资源对接。借助虹桥管委会统筹的北上南下外出招商平台以及青浦区招商推介活动，西虹桥积极推荐和接洽相关企业资源，策划和参与以城市为主题或以行业为主题的各类推介活动，充分展现西虹桥良好的发展前景和热忱的营商服务。发挥进博会形象展示服务窗口和国家会展中心全年各类展会服务平台作用，致力于为全球客商提供集"投资合作、政策解读、资源对接、展馆导览"等一站式咨询服务。集聚各类展会资源，着力推广"西虹桥品牌"，助力参展企业落地。

（二）放大宜居宜业特质，发挥文化特色，打造产城深度融合的品质城区

1.优化城市住房体系，满足就业和居住人群需求

（1）打造西虹桥商务区多元住房体系，做好高品质生态居住区建设。依托西虹桥

商务区良好的生态环境和便利的交通优势，重点面向高端安居人口，打造高品质的环保、生态、智慧社区。

（2）保障租赁住房供应量，持续推进城市更新，满足就业人群居住需求。在租赁住房国有资产自持运营以及保障西虹桥商务区租赁住房供给的目标诉求下，西虹桥商务区应因地制宜，探索可持续的租赁住房运营管理模式：一是通过与专业的租赁住房运营公司成立合资公司对西虹桥商务区内的租赁住房项目进行运营管理，由上海西虹桥商务开发有限公司、租赁住房品牌运营商持有股权，西虹桥商务区享有物业资源所有权并进行资金支持，租赁住房运营商负责品牌打造和物业运营管理；二是委托专业运营公司运营管理，西虹桥商务区负责开发物业并对物业资源享有所有权，通过委托管理的方式委托经验丰富的租赁住房管理公司进行运营管理。通过专业的运营管理，为产业人才提供居住保障。持续推进城中村改造、工业小区改造、城市更新、老旧小区改造、加装电梯等实事项目，提升社区硬件品质。深化线上"幸福云"和线下"社区中心"两大枢纽平台建设，完善社区运行机制。推进社区党组织领导下的居委会、业委会、物业服务企业"三驾马车"协同运转，开展"放心物业"创建。

2. 优化商教卫体功能布局，构建城市品质生活圈

（1）坚持素质教育基本理念，促进优质教育均衡发展。科学规划并完善义务制教育资源配置，非义务制阶段争取国际化合作办学，或引进国际学校，提升教育品质，引入上海知名教育集团和品牌学校。"十四五"时期全力完成蟠龙配套幼儿园（2所）、世外高中、爱菊幼儿园四个项目的建设。规划新建18个教育项目，其中高中1所，建筑面积约2.1万平方米；初中3所，建筑面积共计约4.6万平方米；小学5所，建筑面积共计约10.6万平方米；幼儿园9所，建筑面积共计约5.2万平方米。

（2）构建多元医疗服务体系，提高医疗卫生服务水平。健全公共卫生服务网络，加强公共卫生分级分类服务及管理，强化卫生应急、公共卫生安全保障体系建设；提升高端医疗服务，引入至少一家国际化专科医院，提升高端医疗服务能力；建立智慧医疗服务体系，融入长三角医疗一体化建设。

（3）完善现代公共体育服务体系，推进便民化体育设施建设。新建涵盖游泳馆、网球馆、羽毛球馆等运动空间的专业性综合体育场馆；推动以橄榄球、足球、草坪绿地等功能为主的开放式体育绿地公园建设；深化体育赛事结构功能体系建设，拓展高端体育赛事内涵；推进体育智慧化平台建设。

（4）借鉴特色商业发展模式，打造人文内涵丰富商圈。推进高品质商业载体建设；

以蟠龙古镇为主题，构建蟠龙文化休闲商业区；规划布局精品社区商业，满足居住人口日常生活需求；培育新型消费模式，促进夜间经济、特色集市发展。

3.扩大文化及旅游资源影响力，塑造区域响亮名片

（1）挖掘历史文化价值，活化传统文化资源。以上海重点规划的历史文化古镇蟠龙古镇为依托，复原蟠龙古镇十字街巷，保留天然河道的阡陌水系，营造江南水乡独有的滨水时光，集蟠龙生态体验、古镇商业休闲、滨水民宿度假和夜生活休闲等多元文旅业态于一体，打造展现西虹桥商务区历史文化的新名片、打造上海文化旅游的新胜地。以景德镇青花瓷为设计理念的博万兰韵非物质文化遗产展示中心，以"瓷文化"做静态诠释，以"非遗文化"做动态传承，通过文化娱乐、时尚餐饮、瓷文化产业配套等丰富商业业态组合，将打造成融汇国际时尚文化商业与高端精品商务于一体的艺术商业综合体。

（2）提升文化展演品质，彰显现代文化魅力。以百老汇文化演艺综合体、虹馆演艺中心、世界你好美术馆为核心载体，以打造市级文化展演中心为目标，提升文化展演产品的吸引力，丰富区域人文旅游产品，吸引更大范围的消费者，扩大客群辐射范围。

（3）深化全域旅游，打造资源合力。着力扩大特色文化旅游项目影响力，不断推进完善上海市全域旅游特色示范区——青浦西虹桥国家会展中心都市旅游区建设，打造国家会展中心核心区、非遗展示区、文化演出区和购物休闲区四大核心观光区，并采取以会促旅的策略，通过进博会等会展活动带动西虹桥商务区文化及旅游资源的活化利用，形成"动—静"、"日—夜"相结合的发展模式。空间上，以西虹桥商务区特色水系和绿地串联起各个文化载体，形成"珠链式"文化空间布局，与青浦、闵行等地形成特色精品旅游线路，与周边高品质旅游资源形成合力。

（三）践行前沿发展理念，提升城市基建品质和管理水平，打造智慧低碳引领的未来样板

1.完善市政基础设施，提升交通通达性和便捷度

（1）持续推进轨道交通和中运量公交系统建设，提升公共交通效率。推动建设轨道交通2号线、13号线西延伸段；挖掘客运量较大的公共客运走廊，增加从西虹桥商务区或青浦区至虹桥交通枢纽和中心城区的中运量公交线路，增强西虹桥商务区至中心城区主要节点的交通可达性，尤其要承担进博会等大型会展带来的大客流压力，同时提升西虹桥商务区对外交通出行的便捷性和效率。

（2）优化路网功能，形成互联互通的道路交通网络。进一步推动西虹桥商务区路网体系构建和道路建设，重点完善商务区内部次干道和支路建设，增强区域内部交通的通达性，满足就业人口的日常通勤需求，以及居住人口的日常出行需求。推动商务区四向外连，研究打通与闵行区对接的天山西路、与松江区对接的诸光路、与徐泾镇连接的跨G15道路的可行性，进一步完善东南西北四向交通构联，增强外部交通的延展性。

（3）均衡发展静态交通，加强停车设施的规划与建设。有序推进停车设施的规划与建设，加强静态交通管理，全面建成社会资本投资项目博万兰韵、联虹置业项目的公交综合楼2座，提高停车资源利用效率。

（4）积极发展慢行交通，打造三级慢行网络建设。推动通勤慢行道、游憩慢行道、健身慢行道等三级慢行网络建设，打造安全舒适的慢行交通系统。优化公共自行车网点布局，以"填补空白、加密网络"为导向，围绕轨道交通站点、大型居住社区、商业办公楼宇等布设网点。围绕西虹桥商务区水系和绿地，形成游憩慢行环道，为市民、游客提供休闲、健身空间。

2. 加快蓝绿工程，启动海绵城市，建设生态型商务区

以"绿地公园、蓝色河道、海绵城市"为三大抓手，实施城市生态提升工程。

（1）绿地公园方面，梳理完善城市绿地体系，合理性布局大型城市公园和口袋公园，串联工作、居住、休闲等场景。城市公园重点依托滨水资源、文旅资源，打造开放共享的绿色活力空间，承接音乐节、艺术节、生活节等露天活动。口袋公园应充分利用城市拆迁腾退地和边角地、闲置地"见缝插绿"，点状分布小规模城市开放空间，设置城市家居，打造社交交流的生态空间。重点对标浦东前滩、徐汇滨江等滨水公园，充分利用区域内水系，结合安踏总部大楼开放空间，打造地标性中央城市公园，集成专业运动与城市休息空间，与相邻的蟠龙古镇休闲公园交相呼应，成为近悦远来的网红打卡地。

（2）蓝色河道方面，完成全域河道整治，在实施清水畅流项目同时，利用蟠龙港和东向阳河等区内洁净水系打造景观水环，结合蟠龙古镇、绿地公园等重要绿化节点以及沿线文化旅游设施，布置可阅读、可体验的亲水项目，打造特色文化旅游运动休闲带。

（3）海绵城市方面，科学编制生态城区规划，实现多规合一，控制性详细规划和水务、道路、绿地等专项规划要落实海绵城市建设的目标、指标及要求，将控制指标落到规划地块，为雨水调蓄、行泄调蓄等设施预留规划空间。此外，应系统性完善海

绵城市设施布局，建设水务管理系统、水环境检测平台，对接西虹桥商务区智慧城市平台，实现多源数据实时监测。同时，出台防汛应急预案，保障城市生态安全。

3. 推进智慧城市建设，打造"5G示范商务区"样板间

（1）加强新型基础设施建设。高水平建设新一代网络基础设施，加快5G基站、5G独立组网建设，推动光纤宽带网、无线宽带网、移动互联网深度覆盖，同时加快城市物联传感器布局、大数据中心等数据存储设施建设，与虹桥商务区携手打造长三角最大规模的5G组网建设示范区域和国内首个"5G示范商务区"。

（2）推进智慧场景落地应用。鼓励新一代网络技术在智慧交通、智慧医疗、智慧能源、智能建筑、政府公共服务平台、智慧环境管理等领域的应用。在既有的智能交通一期二期基础上完善智能信号、公交、停车系统；推进展馆智能运营和会展业信息化建设；以北斗西虹桥基地为智慧园区样板间，实现对园区实时精准管理；推动建设基于5G及人工智能的智慧城市大脑，接入公安、交通、环保、水务等视频及数据信息，打造多系统于一体的城市信息模型（CIM），进而开发智慧城市综合管理平台，指导城市精细化运营。

4. 落实前沿低碳理念，全面推动生态绿色商务区建设

（1）完善智慧能源系统建设及运营。以电力物联网综合示范项目为依托，以"互联网+"为手段，加快推进能源新技术、先进信息技术与能源系统的深度融合；同时，积极打造、全面推进商务区绿色智能建筑建设。

（2）倡导低碳节能和清洁能源利用。完成控详规中3座分布式能源站建成并投入运营，保障有序供能；推动公共交通逐步替换为新能源车辆，完成新能源公交停车场、充电桩、维保场等基础设施建设，率先实现片区公共交通零排放；推动清洁能源汽车发展，完善社会公共建筑、住宅小区等区域的清洁能源充电站、新能源汽车分时租赁点的建设。

（3）全面推广绿色建筑。将低碳、智慧理念深入到绿色建筑设计的每一个细节；全面推广BIM、装配式等先进技术，推进绿色施工，实现绿色建造，确保建筑安全；积极倡导新建项目申请我国绿色建筑认证，减少建筑能耗，降低楼宇运营支出，提升楼宇发展的可持续性。

5. 实施城市形象提升工程，打造现代时尚的城市界面

（1）加快实施品牌营销推广专项行动。做实做精"西虹桥品牌"传媒营销，在媒体宣传上充分发挥虹桥国际开放枢纽建设的战略影响力，进一步夯实上海广播电台、

财经频道等广告宣传阵地及短视频新媒体，结合热点话题深挖并放大西虹桥区域价值，打响西虹桥承接国家战略辐射效应的传播声势，助推优质企业和项目落地西虹桥。

（2）落实提升商务区品牌界面。打造商务区天际线，完善西虹桥商务区城市设计方案，通过规划和土地出让条件，控制开发强度和建筑高度，各个发展片区形成不同的天际线，重点打造总部经济区标志性天际线。打造商务区建筑界面，总部经济区利用玻璃幕墙等现代化元素，打造高端时尚的商务区建筑界面；文旅科教区以历史文化特色鲜明的建筑风格为主；生态居住区以活跃的现代商业建筑、高档的居住建筑风格为主；老旧居住区实施外立面改造和临街商铺风格统一化改造。打造商务区空中连廊，在西虹桥商务区核心区打造"二层步廊"，通过紧贴建筑、与建筑分离、嵌入建筑内部等方式，将街坊内的办公、商业进行串联，为沿街商业界面打造提供空间条件。

（四）响应国家战略定位，着力突破体制机制，打造高效内引外联的协同中枢

1. 推动更高水平"走出去"，强化国际定位

（1）紧抓进博会溢出效应，全力助力虹桥建设全球高端资源要素集聚配置的新通道。以"6+365"常年贸易展示平台建设为核心抓手，进一步推动东浩兰生进口商品展销中心发挥"上海国际进出口商品展示交易中心"作用；推动绿地全球商品贸易港做大做强，吸引更多数量、更高品质、更大范围的国际贸易企业入驻；同时大力引进各国商协会，形成国际贸易展示交易活动持续活跃的商务区。

（2）政策鼓励支持，探索重点领域更大程度开放共享。完善鼓励企业加快"走出去"的相关配套政策，打造"走出去"专项服务窗口，支持企业拓展国际市场。探索重点领域开放的先行先试，助力整个虹桥商务区在做强做深大交通、大会展、大商务三大功能基础上，以进博会功能承接与辐射，推进优势产业在"一带一路"沿线布局，争取打造出综合效益好、带动作用大、海外反响好的"走出去"示范项目。

2. 深度融入长三角一体化发展，实现产业合作与资源共享

（1）探索与长三角各地区的一体化发展。融入虹桥国际开放枢纽建设"一核两带"发展格局，提升高端服务业能级，主动发挥西虹桥商务区在总部商务、国际贸易方面的引领性作用，促进虹桥国际开放枢纽腹地区域产业升级。依托西虹桥商务区核心支柱产业优势，推动长三角国际贸易走廊等区域协同产业发展平台、产业联盟、协会落地，促进长三角产业合作、异地联动和资源流通共享。积极推动西虹桥商务区深度融入"长三角一网通办"系统，在企业入驻、人才落户等政策、机制方面，实现一体化发展。融入长三角生态环境共保联治体系，参与构建长三角区域生态环境保护协

作机制，完善区域法治标准体系，健全区域环境资源交易机制和生态补偿机制，至"十四五"期末，实现PM2.5（细颗粒物）平均浓度总体达标，单位GDP能耗和二氧化碳排放量持续下降。

（2）助力上海大都市圈协同发展。融入"1+8"区域协调一体化发展，鼓励支持"虹桥—昆山—相城"等跨省市城镇合作。在共同构建"虹桥—嘉定—昆山—相城"功能走廊等区域合作领域积极作为，彰显西虹桥商务区在上海大都市圈中的功能角色和定位。

3. 彰显自身特色，与大虹桥和青浦区错位联动发展

（1）与虹桥商务区各片区错位协同发展。始终围绕"产城融合"的发展理念，打造区别于其他兄弟片区的"虹桥主城副中心"，积极发挥"大会展"特色，打造上海国际会展之都的核心承载区，撬动商贸、文旅等直接、间接相关产业的发展，并依托西虹桥商务区特色文化资源、生态环境，打造高端居住社区、人才租赁住房等安居配套和商、文、卫、教、体等城市配套，形成产城融合的发展格局。同时，发挥"虹桥主城副中心"作用，依托会展产业优势，带动虹桥商务区其他兄弟片区与长三角产业要素互通互动，加强高能级商贸主体的对接引进，助力虹桥国际开放枢纽建设成为长三角区域畅通国内循环、促进国内国际双循环的枢纽节点。

（2）加强与青浦区内重点区域的联动发展。与青浦尤其是青西的生态旅游、乡村旅游、文化旅游资源形成合力，串联各知名景点，打造特色旅游线路。深化西虹桥公司与徐泾镇的镇企合作，打破行政区划限制。进一步推进青东五镇产业联动发展，探索租税联动机制创新，设立联合招商服务大厅，共享西虹桥商务区行政服务中心，一同策划、一同展示。持续推进和推广以西虹桥北斗基地为代表的"异地园区共建"模式，将西虹桥商务区优质产业资源和青浦各镇的土地资源联动，在壮大两地产业发展、提升影响力的同时，满足企业或园区扩大发展规模的土地资源诉求。

五、"十四五"发展的保障措施

（一）组织保障：协调体制机制，创新合作模式

1. 积极探索"园长""楼长"制

在西虹桥商务区区属功能性国企、产业部门负责人和各招商服务分中心业务骨干中选任"园长""楼长"，为区内重点商务楼宇配备贴身管家式的"楼长"从事楼宇服务工作，同时实现"园长制"覆盖全部产业园区，为园区企业解决各类发展问题。通

过贴身提供"店小二"式服务，进一步优化营商环境。

2. 建立健全区域内部协调机制，建立跨区域协调发展、资源共享机制

在青浦区委、区政府的统一领导下，明确各级政府主体责任，发挥虹桥商务区管委会在规划编制、项目实施、计划管理、服务保障等方面的统筹协调作用，调动功能性国企在产城一体化发展方面的示范带头作用。完善西虹桥商务区与青东五镇、虹桥商务区其他片区的沟通协调机制，定期就重大项目立项及实时进展展开协商，实现管理发展一体化。

（二）管理保障：信息系统管理，优化管理服务

1. 切实做好"一网通办"，简化行政管理流程

十四五期间，明确"一网通办"建设的任务清单、时间表，规范"一网通办"建设的工作流程和实施标准，确定"一网通办"建设的牵头单位和责任主体，对"一网通办"建设做出切实可行的工作安排。各政府部门积极推行"互联网＋政务服务"的电子政务体系，构建全流程一体化在线服务平台，实现部门间数据共享，提升公共服务均等化、普惠化、便捷化水平，简化企业、群众办事环节，优化服务流程，提升办事效率。

2. 深化信息化办公模式，提高办事效率

打造信息化新型政府办公模式，满足内部办公需求，如公文管理、信息报送、会议通知、会议纪要、领导日程、督查督办和业务审批等。有效帮助政府、企事业单位建立一个系统的办公管理平台，规范业务表转化、模块化并加快业务流转的速度，真正做到"流程统一、责权分明、管理高效"。

（三）政策保障：完善政策落实，激发主体活力

1. 加大西虹桥商务区产城融合项目、企业招商落户、人才引进政策支持力度，充分利用各类资金助力区域发展

紧抓长三角一体化及虹桥主城副中心发展的战略契机，积极争取市、区两级政府对西虹桥商务区重大项目引进、龙头企业落户、创新创业扶持、优秀人才引进、高端人才出入境等方面的优惠政策，以政策创新、模式创新促进区域发展，重点结合青浦区会展政策，整合成为虹桥国际会展产业园特色政策。围绕政策加大会展产业招商，以创新服务来吸引更多优质会展企业。突出问题导向，落实好纾困惠企政策，精准发力，确保各项措施直达基层、直接惠及市场主体，激发市场主体活力。减税降费、减租降息，发展普惠金融，有效缓解企业特别是中小微企业融资难融资贵问题，为企业

发展降压减负。

2. 创新土地利用模式

规划通过科学合理的规划布局，推动土地从粗放型、松散型向节约集约型转变。创新土地出让机制，采取"弹性年期出让""先租后让"和"先租后让、租让结合、长期租赁"的多样化供地方式。严格控制单宗土地供应面积，对用地单位已供土地投资强度、工程进度达到合同规定的要求，验收合格后再后续供地。建立企业用地考核体系，对能耗大、产能低、贡献小的企业逐步实行退出机制，分类分批整治淘汰，有序腾退落后产能用地。安排专人负责土地市场动态监测监管系统管理工作，实现土地利用动态长效监管。

（四）项目保障：落实重大项目，实现资金保障

1. 统筹安排，形成项目支撑体系

"十四五"初期，制定阶段性、分优先级的项目开发目标、规划和项目管理机制，强化计划总体控制，统筹做好年度计划的制定实施。统筹安排、有序推进重大项目、一般性项目的建设工作，在项目管理上针对重大项目优先给予一定程度的政策和资源倾斜，加快项目审批速度，减少审批程序，采取灵活的"一事一议"策略，确保重大项目落地实施。

2. 全流程、全方位持续跟进项目建设与运营

加强项目建设期间、建成后的监督管理，实施季度督查、年终考核等机制，对应开工未开工、建设进度滞后、工程检查未合格、合同履约的项目予以矛盾协调、纠错整改、清理清退等管理措施。

3. 探索国有企业的新投融资模式，实现项目资金保障

重点针对西虹桥商务区租赁住房的建设，探索类REITs（不动产投资信托基金）等模式，依托该模式融资成本较低的优势，将西虹桥商务区的租赁住房项目整合为资产包，以资产包在未来产生的可预期的经营性收入为基础，通过发行股份或受益凭证的方式获得投资人资金，经由专业托管机构进行托管，委托专业投资机构进行相关投资经营管理，并将投资综合收益按比例分配给投资者，通过该模式实现西虹桥商务区未来大规模租赁住房开发建设的资金保障。

（五）人才保障：加强人才引进，优化人才管理

1. 创新人才引进机制

深化探索与国际接轨的人才引进制度，集聚一批重点产业、重点领域的领军人才。

完善高学历人才毕业后直接就业创业政策，对优秀毕业生及留学生，支持其创新创业。先行试点外国人就业证和外国专家证"一口式"受理机制，升级外籍人才引进便利化服务。扩大国际人才交流合作，建立创新人才跨境交流促进机制，搭建全球专业技术人才引进联盟，进一步推进人力资源市场对外开放，鼓励有条件的国内人力资源服务机构积极参与国际人才竞争与合作。

2. 完善人才创新创业的激励力度

进一步深化创新创业人才分配激励制度改革，激发人才创新创业活力。改革创新型人才支持方式，健全知识产权保护激励人才机制，建立市场化的创新成果利益分配机制。积极贯彻人才发展税收支持政策，落实高新技术企业和科技型中小企业科研人员通过科技成果转化取得股权奖励收入时，分期缴纳个人所得税等税收优惠政策，进一步完善科学技术奖励办法。

3. 优化创新人才的评价和流动管理

强化以能力、业绩和社会贡献为主要标准的人才评价导向，进一步破除人才流动的体制障碍，引导更多的人才参与创新创业。积极推动在户籍、居住证积分制度中引入市场化评价标准，加大对国内优秀创新创业人才引进力度。试点建立人才引进"单一窗口"，探索多部门联合的人才引进协同服务机制。支持科研人员在职离岗创新创业，建立产教融合、校企合作的技术技能人才培养机制，促进科研人员与企业创新人才双向流动。

第五节 虹桥国际中央商务区嘉定片区"十四五"规划

根据2019年11月13日发布的《关于加快虹桥商务区建设打造国际开放枢纽的实施方案》,虹桥商务区原四至范围为:东至外环路,南至G50沪渝高速,西至G15沈海高速,北至G2京沪高速,共86.6平方千米。按照街镇整建制提升的原则,将长宁区新泾镇和程家桥街道(虹桥临空经济示范区)、闵行区华漕镇、嘉定区江桥镇、青浦区徐泾镇原未纳入虹桥商务区的部分共64.8平方千米全部作为虹桥商务区的拓展区,统筹进行规划建设管理和功能打造,实现虹桥商务区151.4平方千米整体协调发展。因此,本次规划范围为北虹桥商务区,即江桥镇全镇域,共42.4平方千米。

为充分对接虹桥商务区打造国际开放枢纽,建设国际化中央商务区、国际贸易中心新平台的新的时代任务,依据《上海市国民经济和社会发展第十四个五年规划和二〇三五年远景目标纲要》《嘉定区国民经济和社会发展第十四个五年规划和二〇三五年远景目标纲要》《规划》,以及《上海市嘉定区总体规划暨土地利用总体规划(2017—2035年)》《江桥镇总体规划(2015—2040年)》等规划制定。

一、过去五年发展基础

"十三五"以来(2016—2020年),在虹桥商务区大开发大建设背景下,北虹桥商务区迎来区域转型升级、跃升突破的关键时期,经济发展、城市建设、社会事业等方面均进入新的历史阶段,取得积极进展的同时依然任重道远。

(一)经济发展迈入换挡期

1. 积极适应新常态,经济总量不断提升

"十三五"以来,在国内外环境复杂多变、地区历史遗留问题众多的背景下,北虹桥商务区积极适应新常态,始终坚持稳中求进工作总基调,区域经济总量不断做大。

2020年北虹桥商务区(即江桥镇)税收收入40.9亿元,较2015年年末增长24.3%,年均增速4.5%,全镇财政总收入12.5亿元,较2015年年末下降19.9%,年均减速4.3%。2020年规上工业总产值150.4亿元,较2015年年末下降5.8%,年均减速1.2%。

2020年全社会固定资产投资45亿元，较2015年年末增长198.4%，年均增速24.4%。2020年社会消费品零售总额87亿元，较2015年年末增长98.2%，年均增速14.7%。2020年引进内资71.3亿元，较2015年年末下降31.9%，年均减速7.4%；合同利用外资0.6亿美元，较2015年年末下降14.3%，年均减速3%。

2. 紧抓虹桥发展契机，产业转型初现成效

"十三五"以来，北虹桥商务区紧紧抓住大虹桥地区发展的良好机遇，不断推动产业结构优化调整，经济结构转型成效正在显现。

（1）研发总部集聚效应加速形成。成功引进驴妈妈全球上海总部、华住集团全球研发总部、南方航空华东总部等总部型机构。以上海西郊现代服务业集聚区为基础，围绕科研总部、电子商务、人工智能等特色产业，打造总部企业集聚的虹桥新慧总部湾，有力推进雅运染整研发总部、盈创互联网营销研发中心、致达智能研发中心、蓝科环保研发总部、润湜生物试剂研发中心等项目，土地出让前期工作有序推进。

（2）园区二次转型加速推进。完成金宝园区"二次开发"控制性详细规划。完成与临港集团谈判并成立主体公司，建设上海临港嘉定科技城。首发地块项目拿地和开工建设前期工作顺利推进，积极抓实体重大项目，与中化国际接洽并推动中化国际新材料研发基地选址，围绕科技创新、商贸流通和咨询服务三大行业拓展虚拟招商。

（3）创新创业功能初步显现。市级孵化器东锦"侨帮侨"创业基地，北虹桥金融产业园、中科智谷等2家区级孵化基地持续引领创新，亿达北虹桥创业城、COCO SPACE北虹桥站、四方科创中心等创业载体活力不断发挥作用，"北虹桥创新活力区"建设初现雏形。

3. 区域加快产业集聚，空间发展框架渐显

（1）新兴产业发展格局初步形成。以小i机器人为引领的智能服务制造产业品牌逐步树立，以康德莱为引领的医疗器械产业向"高、精、尖"进一步发展，以重塑为引领的汽车研发设计产业品牌影响力进一步扩大，以华住、驴妈妈、拉谷谷为引领的时尚文化旅游产业品牌加速建设，经济增长新动力格局初步形成。

（2）金沙江西路总部商贸带初显雏形。以金沙江西路为轴，周边集聚南航上海总部，绿地创业城、巧帛人文原地、中科智谷、小i机器人、太太乐等总部型、龙头型企业，融合江桥万达广场商圈，配套13号线金沙江西路、金运路轨交站点，集交通、商务、商业、居住为一体的总部商贸功能区不断夯实。

（3）文创产业沿江布局渐成规模。吴淞江文化创意产业带围绕"文化旅游、文教

休闲、文创科技",建设滨江文化创意园,成功入驻北虹桥时尚产业园、海上轩海派红木家具馆、中国国家画院艺术交流中心上海(嘉定)基地、北虹桥文创苑、北虹桥体育中心、光明小镇、俞晓夫工作室等主体,滨江文创产业氛围不断增强。

(二)产城融合步入深化期

"十三五"以来,以虹桥商务区核心区全面建成和运营为契机,江桥镇总体规划、郊野单元3.0规划、"北虹之星"控详规划等一系列规划获批。北虹桥商务区坚持产业布局与自然环境相协调、城镇化生活与现代产业发展相协同的发展理念,从交通基础设施、城乡面貌、城市更新、动迁腾地等各方面补好补齐短板,加快现代化新城区建设,初步构建了产业布局、城市功能、商务配套、人居环境协同发展的格局。

1.持续推进开发建设,交通设施不断完善

(1)区区对接道路稳步推进。与虹桥商务区的道路对接全面贯通,华江路跨吴淞江桥拓宽改建工程于2016年年底竣工通车。横贯青浦、闵行、嘉定和市中心的交通大动脉纪鹤路于2017年年底通车。临洮路跨吴淞江桥梁新建工程启动建设。

(2)公交基础设施持续完善。协调开通嘉定127路并优化调整嘉定117路,嘉定129路成为第一辆跨越江桥和南翔铁路线的公交线路,新能源公交车已全部替换完成,轨交14号线站点正在紧张建设中。截至规划期末,域内公交线路21条,过境公交线路达7条,公交站点167个。

2.城乡环境持续改善,区域面貌焕然一新

(1)城市绿化景观改造不断推进。完成华翔路(嘉定区界—G42京沪高速)、华江公路(嘉定区界—G42京沪高速)和金沙江西路(华翔路—外环高速)沿线绿化景观升级改造,启动嘉闵高架、京沪高铁沿线绿化景观建设。"十三五"以来新增绿化面积和森林覆盖率创历史新高。

(2)市容市貌整体提升。依托进博会城市管理进一步精细化。大力开展户外广告专项整治行动,有效维护城市立面和市容环境整洁美观。深入推进垃圾分类减量工作,推广绿色账户使用,试点推进单位生活垃圾强制分类,无害化处理水平不断提升。切实加强防汛体系建设,推进防汛物资储备站建设,长期困扰北虹桥商务区的城市内涝情况有效缓解。全面落实清洁空气行动计划,推进工业企业VOCs治理,严格实施汽修、餐饮等行业专项整治工作,区域空气质量持续优化。

(3)吴淞江沿岸生态廊道建设取得积极进展。围绕"美丽嘉定"建设,开展吴淞江北岸"五违四必"环境综合治理工作。建成吴淞江北岸江桥段市民健身生态走廊,吴淞江沿岸生态环境与南岸闵行区生态环境遥相呼应，城市生活品质大幅提升。

（4）美丽乡村建设成效明显。华庄村成功创建上海市农村社区示范点，红光村、星火村成功创建嘉定区农村社区建设示范点。郊野单元一期全面实现复垦，农村、农地环境全面改善。

3.动迁腾地加快推进，城市更新有序开展

（1）城市更新有序开展。北虹桥"城中村"改造项目实施方案于2016年8月获批并列入本市"城中村"改造项目。基本完成改造地块和安置基地规划，推动完成安置基地唐家巷地块动迁、设计方案、农户安置房源配比方案及实施细则以及安置基地华江D2地块动迁。计划启动的五四村等正在进行项目的调查摸底等前期准备工作。

（2）动迁腾地加快推进。围绕重大工程轨交14号线站点、停车场、安置基地、产业转型等需要，持续推进被征收农户、企业的签约腾地工作。完成14号线车辆段红线范围内全部农户的签约腾地工作，确保了轨交十四号线车辆段建设如期实施。"十三五"期间累计完成签约腾空10个基地，累计完成农户签约1 312户、企业签约248家，腾地近2 000亩，为区域未来发展拓展了土地空间。

（三）社会事业进入提升期

1.公共设施持续建设，服务体系更加健全

（1）卫生医疗水平全面提升。组织各医疗单位、各基层单位、下沉干部和志愿者共同参与新冠肺炎疫情防控工作，多种形式全面落实联防联控措施。做好物资、安保等服务，持续保障地区公共卫生安全和社会稳定安全。嘉定区人民政府与上海市第一人民医院签署合作共建协议，第一人民医院江桥分院初步建成并于2020年正式启用。

（2）教育事业高品质发展。积极开展合作办学，引入优质品牌学校，与黄浦区教育局合作开办嘉定区卢湾一中心实验小学。成立江桥学区，探索以海派文化为本源的"江桥海派教育"，引入上海特级教师朱浦名师工作室、上海市特级教师姚剑强名师工作室，发挥上海市新优质学校曹杨二中附属江桥实验中学的盟主作用，通过资源整合实现优质资源共享。成立以全国优秀教师孙丽霞领衔的上海市首家学区思政教育研训基地，推动"中小幼思政一体化"研究。开展"乐学新江桥，梦圆北虹桥"系列活动，高质量完成两轮上海市社区教育示范街镇创建工作，提升北虹桥商务区终身教育品质。

（3）文体设施特色化建设。进一步完善公共图书空间网络，共累计建成50多个村居图书室、百姓书社、农家书屋、公共电子阅览室、24小时街区智慧图书馆，10多个各具特色的社会流通点，1个学校分时服务读者的周末书房。健身场地设施不断升级，累计建成98个健身苑点，16个村都建有农民健身工程，54个基层单位完善了百姓健身指导站。全面完成高潮公共运动场改建，使之成为全市唯一有八块门球比赛场点运动场，建成并开放8条健身步道总计长度达3 300米。

2. 智慧应用逐步推进，城市管理不断完善

基本完成17个村、41个社区综治中心建设、"街镇—村居"视频会议系统建设，实现街镇与村居综治中心的可视化联动。完成94个封闭式小区及16个农村居住地智能安防建设，实现人脸抓拍、车辆抓拍、出入口道闸等安防功能。实现部分模拟探头更换为高清探头，新增社区监控线路已纳入指挥中心，视频综合管理平台进一步完善。

3. 社区资源不断充实，管理水平持续提升

提高社区治理水平、提升社区工作者综合素质，培育社区品牌特色。建成社区实训基地，形成社区业务培训、居民自治活动、社区自治成果展示三大中心，总面积达1 160平方米。成立社会组织公益实践园于，使之成为服务辖区内41个社会组织及广大公益人才的社会组织公共服务平台，推动更多公益服务创业者实现创业梦想。

二、未来五年发展环境

（一）发展机遇：紧扣战略趋势

1. 长三角城市群一体化国家战略加速推进，北虹桥迎来发展契机

虹桥商务区坚持世界眼光，对标国际先进，既是长三角一体化国家战略的重要载体，也是"十四五"时期上海重点打造的功能区之一，承载了上海落实国家战略、推动区域一体化发展、推动对内对外辐射开放的重要功能。2019年11月13日，《关于加快虹桥商务区建设打造国际开放枢纽的实施方案》明确江桥镇全镇被纳入虹桥商务区，在虹桥商务区不断夯实虹桥国际开放枢纽功能过程中必将为北虹桥商务区带来新的契机并注入新的活力。

2. 产业融合成为提升价值链必然选择，北虹桥具有联通优势

服务业和制造业、服务业和服务业双向融合是产业发展重要趋势，也是提升产业链价值的必然选择。北虹桥商务区西北连接嘉定区制造业腹地，是沪宁城市带的重要节点，具备串联长三角制造业区位优势；东南连接虹桥交通枢纽、虹桥商务区核心区，具有承接虹桥国际一流中央商务区及中心城区服务功能外溢的基础。"十四五"期间，北虹桥商务区依托嘉闵高架路（南北方向）和G42沪宁高速（东西方向）两条发展轴，联通上海高端服务业和长三角腹地制造业，在形成龙头企业带动中小企业、多产业跨

界融合，构建长三角沪宁轴线产业联动、功能融合、协同发展格局中将激活更大潜能。

3. 功能复合成为国际化中央商务区新趋势，北虹桥最具比较优势

虹桥商务区未来将打造成为一流的国际化中央商务区。从国际经验来看，中央商务区呈现出功能复合和产城融合的趋势。北虹桥商务区综合交通便利，上海轨道交通13号线、沪宁高速公路、沪宁铁路、沪杭铁路、嘉金高速公路、312国道等穿越而过，外环线、苏州河和嘉闵高架以及规划中的轨道交通14、20号线共同构成了四通八达的交通网络。"十四五"期间，相较于其他片区，北虹桥商务区在推动建设成为产城融合、功能复合的国际化中央商务区方面最具发展基础和比较优势。

（二）发展挑战：破解四个矛盾

北虹桥商务区在迎接机遇的同时要着力解决好制约发展突出问题。主要表现为"四个矛盾"：

1. 国家战略机遇与区域发展主线不清晰的矛盾

随着江桥镇整建制被划入虹桥商务区，其定位将对标建设一流的国际化中央商务区。但实际发展过程中，地区产业发展主线相对不够清晰，尤其是区域缺乏较为鲜明的特色产业定位、地区品牌形象，没有标志性建筑地标，对外显示度较弱。

2. 跨越式发展诉求与资源紧约束的矛盾

面临跨越式发展机遇，北虹桥商务区现有基础相对薄弱，支撑力度不足。当前发展空间挤占多，沪宁高速公路、沪宁铁路、沪杭铁路、嘉金高速公路、312国道等挤占地区建设用地17%；未来面临人口和土地双重约束，按照现行规划未来可新增人口和建设用地面临天花板。此外，地区外来人口多、城市分散精力多、城市管理压力大皆为集中精力谋发展带来一定阻碍。

3. 国际开放枢纽定位与现有服务能级薄弱的矛盾

北虹桥商务区现有公共服务仅限于本地区基本公共服务，高端国际社区配套仅处于起步阶段；城市区域管理和商务区一体化协同有待加强，精细化、智慧化管理仍需加大力度。作为虹桥商务区一部分，其服务能级与虹桥商务区国际开放枢纽要求存在较大差距。

4. 区域联动发展要求与开发机制不健全的矛盾

作为嘉定乃至上海重点发展区域，北虹桥商务区既要处理好与嘉定区联动发展的关系，也要落实好虹桥国际开放枢纽功能承接。当前虹桥商务区四大片区中东、南、西片区均成立专设机构或主体公司负责地区建设发展，北虹桥商务区以镇一级管理为主，力

量相对薄弱，面对新的历史机遇以及跨越式发展诉求，管理与发展组织架构亟待健全。

三、"十四五"发展思路与目标

当前北虹桥商务区已经进入区域转型、能级提升、跨越式发展的战略机遇期，应紧扣国家战略机遇及产业发展趋势，结合自身禀赋特点，着力破解四个矛盾，推动"十四五"时期实现跨越式发展。

（一）指导思想

以习近平新时代中国特色社会主义思想为指导，全面贯彻党的十九大和十九届二中、三中、四中、五中全会精神，以虹桥商务区国际开放枢纽建设为契机，夯实特色产业、提升城市功能、构建绿色城区、优化社会治理，努力把北虹桥商务区打造成为低碳、智慧、人文、活力的特色片区，构筑新一轮发展战略优势。

（二）发展目标：开放北虹桥，创新领航地

"十四五"时期，北虹桥商务区充分承接长三角一体化国家战略及虹桥国际开放枢纽功能，"西拓"长三角制造业腹地、"北连"嘉定新城、嘉定创新产业基地、"东承"中心城区服务业能级，"南接"虹桥商务区核心区枢纽，结合虹桥国际开放枢纽"一核两带"发展战略，打造开放的北虹桥。聚焦全链条创新生态、高品质多元配套、绿色活力的创新环境，打造创新的领航地。发挥区位、交通、产业、城市发展等方面比较优势，以"融合发展"为主线，推动产业融合、产城融合、功能融合，建设协同创新引领区、绿色生态示范区和近悦远来的活力都市，建设资源要素云集、人才交往汇聚、产业活力迸发的国内国际双循环新格局中的重要节点。

（1）大力推动产业融合，建设协同创新引领区。推进临港嘉定科技城和虹桥新慧总部湾建设，以创新经济、总部经济为特色，以先进制造和科技研发为抓手，以高端制造、生产性服务业、人工智能、医疗和大健康、新材料、新能源为产业方向，集聚一批具有创新活力的大中小企业，形成产业集群。大力推动产业融合，"十四五"末，税收总量达到81.86亿元，规模以上工业产值达到264.6亿元，规模以上服务业营收达到163.22亿元，一般公共预算收入年均增幅15.2%，区域经济实力显著增强；社会消费品零售总额达到177.92亿元；全社会固定资产投资完成97.22亿元，实到外资金额达到1 650万元，地区投资活力显著增加；企业注册总数40 564个，其中高新技术企业数量达到150个，总部类功能企业数量达到60个，创新经济浓度能级不断提升。

（2）加快推动产城融合，建设绿色生态示范区。贯彻虹桥商务区"最低碳"、"崇

人文"的发展理念，按照《虹桥商务区规划建设导则》，推动绿色发展之路，构筑生态品质优良、风貌特色彰显的绿色新城，依托北虹桥城市更新，推动城市面貌更新，体现区域风貌特色。加快推动产城融合，"十四五"期末，人均公共绿地面积达到5.4平方米，陆域森林覆盖率达到23.5%，绿色建筑星级运行标识认证建筑面积248.69万平方米，绿色低碳城区发展卓有成效；新增商办楼宇面积248.69万平方米、新增住宅用地出让8 241.34亩，"十四五"时期地区发展空间持续释放。

（3）持续深化功能融合，建设近悦远来的活力都市。提升公共服务能级，重点打造具有国际水准的公共服务功能，探索5G与城市精细化管理领域的深度结合，构建产城融合、物联互通、智慧温暖的国际化现代化社区。持续深化功能融合，"十四五"末，新增学前教育园舍数量2个，新增义务教育校舍数量2个，社区公共服务设施15分钟步行可达覆盖率达到100%，新增医院床位数10个，人均户籍养老床位数量达到4%，"一网通办"平台办理覆盖率100%，建设健康、安全、宜居的现代化城区，不断满足人民对美好生活的向往。

表7-5　徐泾镇"十四五"规划主要发展指标

序号	类别	指标名称	属性	单位	目标
1		地区生产总值年均增长率	预期性	%	8左右
2		全口径税收收入年均增幅	预期性	%	5
3		全社会固定资产投资（属地）	预期性	亿元	累计548
4	虹桥发展动力核重要承载区（不含西虹桥范围）	规模以上工业总产值	预期性	亿元	累计320
5		百（千）亿级产业平台（集群）数量	预期性	个	3
6		社会消费品零售总额年均增长率	预期性	%	8
7		园区单位土地税收产出	预期性	亿元/平方公里	达到全市平均水平
8		高新技术企业数量	预期性	个	60
9		亿元税收产业园区（楼宇）数量	预期性	个	10

续　表

序号	类别	指标名称	属性	单位	目标
10	国际贸易中心新平台主要功能区	总部型机构数量	预期性	个	10
11		进出口贸易总额	预期性	亿元	期末突破100亿元
12		国际组织、贸易机构数量	预期性	个	5
13		国际性会议数量	预期性	个	累计20
14	公共服务开放共享活力新区	人均公共文化设施建筑面积	预期性	平方米	0.34
15		人均体育场地面积	预期性	平方米	2.6
16		医院床位数	预期性	张	1 500
17		社区养老设施建筑面积	预期性	万平方米	5.6
18	城市建设治理的创新试验区	生活垃圾回收利用率	约束性	%	45
19		"一网统管"工作建设覆盖率	预期性	%	100
20		12345热线、非警务类警情事项综合满意率	预期性	%	90
21	城乡协调发展的绿色城区	单位地区生产总值能耗降低率	约束性	%	完成区下达目标
22		陆域森林覆盖率	约束性	%	21
23		主要河道水质断面优于Ⅳ类（含Ⅳ类）比例	约束性	%	100
24		绿色农产品认证率	预期性	%	50%以上
25		市级乡村振兴示范村	预期性	个	1

注：＊为虹桥商务区"十四五"规划指标。

（三）空间布局

对标北虹桥地区总体发展定位，构建"一核聚能，一带润城，三轴联动，四区共荣"的空间格局。

1. 一核聚能，强化区域名片

以50万方北虹汇项目引领功能集聚与形象提升，汇聚北虹桥势能与活力。围绕总部商务、专业展会、时尚消费、创业孵化等功能，丰富区域业态，提升地区形象，为大型功能性项目落地提供空间保障与配套支撑。

2. 一带润城，焕发滨水活力

以十公里滨江岸线激活蓝绿空间，展现生态魅力，塑造特色产业空间。依托吴淞江优质滨水生态资源，联动腹地空间，引入文化创意、体育休闲、研发孵化等生态友好型产业功能，构建绿意金湾。

3. 三轴联动，构筑多元界面

以金运路品质服务轴直连嘉定新城和虹桥核心区，打造高品质街区体验。南北串联公园综合体、星云中心、北虹汇、万达广场、上虹桥文化地标等高端服务业态，融合尖端产业与本土生活，以百万方开发量打造万象包容的金色中轴。

以曹安公路特色发展轴引领TOD发展新格局，塑造高标准"一站一品"。依托14号线站点空间，重点打造乐秀路、临洮路地铁上盖综合开发，形成高品质商业服务云集、一站式城市生活汇聚、多主题活力公园串联的国际化城市发展界面。

以金沙江路创新活力轴重构产城关系，建设高水平创新高地。联动启航产业公园、商业办公区、宜居社区和郊野总部新经济四大板块，全方位激发创新热度与城市活力，打造三生融合发展、文化特色彰显的城市典范。

4. 四区共荣，实现高水平发展

以上虹桥片区推动产业发展创新领航。依托幸福村城市更新和新慧总部湾建设推进，度身定制启航智造园区，打造集总部办公、研发孵化、柔性智造等多元产业功能于一体的复合型、包容型、共享型、高成长的产业生态圈，引领北虹桥创新产业之路，构筑产城共荣图景。

以星云湾片区推进产城融合深度发展。高标准建设北虹之星国际社区，吸引国际化人才入驻。高站位推进临港嘉定科技城产业升级，形成生产、研发、居住高度融合的一站式科创核心。依托封浜站和乐秀路站TOD建设，促进配套服务提质跃升，打造"以产促城，以城兴产，产城融合"的协同发展格局，建设最上海也最国际的产城融合示范片区。

以江桥里片区激活江桥老镇空间活力。推动14号线临洮路站区域总体开发，优化提升老镇区域空间品质。保留老镇街区肌理尺度，聚焦功能业态优化，注重本土文化的传承与挖掘，打造富有烟火气的生活居住板块，为青年人提供诗意栖居的梦想家园。

以星汇谷片区彰显郊野空间独特魅力。以独特的生态品质、独有的空间形态，独到的产业引入，助力嘉定生态中轴建立。联动吴淞江滨水空间，激活郊野地区存量用地，导入体育休闲、创新研发、森林总部等多元业态，形成星罗棋布、活力汇聚的特色空间形态，成为北虹桥独一无二的优势资源。

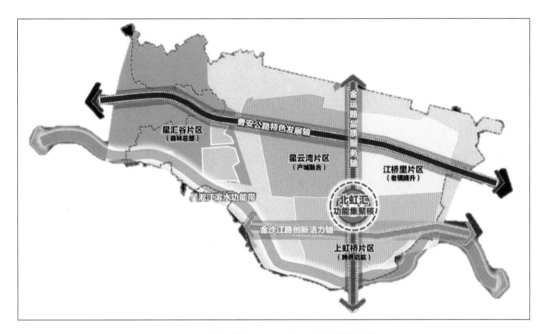

图7-9　北虹桥商务区"十四五"功能布局图

（四）重点发展区域

"十四五"时期，北虹桥应突出重点区域建设，提升"一区、一城、一湾"整体开发强度。

"一区"：北虹桥城市更新片区，打造高品质国际化社区。与地产集团合作，依托"城中村"改造，高品质打造功能完善、产城融合、宜业宜居的城市新标杆。项目一期占地约2 740亩，将建成55万平方米高端国际社区、114万平方米办公物业和17万平方米综合商业中心，满足高层次国际国内人才需求，前瞻性谋划区域产业发展前景。以"城市更新＋产城融合"为理念，通过产业导入实现区域功能重塑，在"城中村"改造的基础上打造产城融合标杆，推动北虹桥更新片区创新发展。"十四五"时期北虹桥城市更新动迁全部完成，土地实现全面出让，引进一批具有创新经济特色的载体项目，形成商务商贸和总部经济新高地。优化公共服务和生态资源配置，加快打造精品居住社区和品牌商圈，满足高端人才需求。

"一城"：临港嘉定科技城，打造创新经济集聚区。与临港集团合作，依托园区"二次开发"，以科创功能和生命健康、智能制造服务等领域为重点，高质量打造北虹桥创新经济引领的新标杆。临港嘉定科技城北至曹安公路、西至嘉闵高架、南至G2京沪高速、东至黄家花园路，总面积约2.75平方千米，以金宝园区转型升级为突破点，以园区二次开发为抓手，加快推动上海临港嘉定科技城项目建设，大力发展创新型经济、总部经济和数字经济，集聚一批具有创新活力的领军企业，形成科技研发和先进制造集聚的"创新动力核"。

"一湾"：虹桥新慧总部湾，打造中央商务配套区。虹桥新慧总部湾东至天创路，南至丰华路，西至华江公路，北至鹤旋东路，规划面积约280亩，共23个地块分三期开发建设，总建筑面积37.33万平方米。重点围绕电子商务、精准医疗、新材料、时尚文化等产业，夯实研发和总部功能，促进总部经济扩容升能，激发区域产业链高端环节价值集聚。以"五型经济"为主导方向，吸引和培育高能级总部，高标准打造商务商贸和总部经济集聚的新标杆。

四、"十四五"发展重点任务

（一）坚持产业融合发展，建设协同创新引领区

聚焦上海"四大品牌"建设，对接嘉定打造汽车万亿级产业集群，培育壮大集成电路及物联网、高性能医疗设备及精准医疗两个千亿级产业集群的产业发展目标，聚焦医疗和大健康、人工智能、汽车研发设计、时尚文化旅游四大产业，链接嘉定，打造"创新活力之城"的重要承载区，桥接商务区，构建最具活力的创新集合地。

1. 推进四大产业升级

（1）加快推进医疗大健康产业创新发展。推动医械产业发展，建设北虹桥医疗器械产业平台。围绕医疗大健康加快布局，充分发挥临港嘉定科技城、北虹桥国际医疗器械产业园、CCI创新工程中心动物实验中心等平台和载体的引领功能，吸引优质企业落地，促进北虹桥地区医疗和大健康产业发展。深化国内外医疗器械产业链合作，引进上海医疗器械公共检测中心、嘉定医药动物实验中心等公共服务功能，集聚一批具有市场领先型的介入性领先企业。依托北虹桥医疗器械产业平台，继续发挥区域内康德莱医用耗材研发基地等相关医疗研发基地功能，联动核心区的相关医疗产业资源，

引进行业内高端药械企业，提升研发、孵化、公共服务、金融、检测等多方面功能，打造辐射长三角区域的医械产业集群。推动食品大健康产业创新发展，建设中国调味品产业发展平台。推进中国调味品协调会上海创新中心建设，依托中国调味品协会和太太乐等标杆企业做大做强"健康味觉"产业，打造政府服务、金融服务、供应链服务、研发服务等公共服务功能，集聚一批调味品企业创新总部和国际开放窗口。以中国调味品产业发展平台为抓手，做强太太乐、东锦等一批食品企业优势，拓展绿色健康食品产业链，推动大健康产业创新发展。

（2）加快促进人工智能生态协同发展。鼓励人工智能创新发展。依托小i机器人、雷赛智能、纳瓦电子、中科智谷人工智能研究院等重点企业和平台，促进人工智能等高科技企业的引进、孵化和培育，打造虹桥国际人工智能中心功能溢出的重要承载地。聚焦人工智能关键领域实现重点突破。发挥龙头企业的带动作用，加快智能制造及机器人产业布局和重点规划，加强在精密减速器、伺服电机及驱动器、视觉系统、控制系统等功能部件领域的研发、制造和应用，加快智能机器人核心交互技术研发，培育和发展服务机器人，推进智能制造及机器人特色化和品牌化发展。构建系列功能性平台。重点发展新一代人工智能应用示范和创新发展，加强人工智能国际交流合作，支持企业打造人工智能产业驱动平台，搭建国际人工智能产业交流平台。

（3）加快推动汽车研发设计集聚发展。加强产业链联动推动产业集聚。充分发挥嘉定区汽车产业链完整齐全优势，重点集聚一批具有较强产业带动能力的研发、设计总部类企业。加强与商务区总部类企业联动，借助上海国际工业汽车展览会等重大展览活动，加大与国际汽车城等重点企业制造基地交流，加强与同济大学等机构研发联动，打造符合汽车设计人才和科研人员满意的产业人才生活集聚区，推动产业链总部企业落地。发挥龙头带动作用打造产业生态。集聚一批在国内外有知名度的汽车研发设计企业，依托中国燃料电池理事会，发挥重塑科技品牌企业的优势作用，集聚一批与氢能燃料电池相关的汽车设计、研发总部、零部件配套企业。充分发挥嘉定汽车城的综合功能效应，依托上海二手车交易中心，澳康达汽车总部，形成一批贸易、金融、进出口等汽车综合服务平台。

（4）加快促进时尚文化旅游品牌发展。推动旅游企业形成集聚。做强华住和驴妈妈旅游品牌，加强联动、深化智慧旅游建设，建设成为具有国际影响力的旅游企业集聚地。打造时尚文化创意中心。进一步推进时尚文化创意中心建设，建设上海时尚文化创意小镇。建设北虹桥时尚创意园，建设海派服装、海派家居、海派搪瓷、海派陶瓷、海派书画、海派家居等海派文化时尚区，重点推进光明文化小镇，北虹桥文创苑、中国画院上海艺术交流基地，海派家具博物馆等一批吴淞江文化创意带建设。推动泛娱乐产业发展。与国家游戏工委合作，打造版号绿色通道，完善相关法律服务、知识产权服务、游戏软件交易服务等专业服务功能。建设国家对外文化出口基地北虹桥创新中心、国家版权出口基地北虹桥创新中心，举办国家游戏年会和5G游戏产业会，集聚一批具有创新活力的游戏企业。

2. 发展四大经济业态

（1）大力发展数字经济和数字贸易。根据《关于全面推进上海城市数字化转型的意见》，到2025年，上海全面推进城市数字化转型取得显著成效，国际数字之都建设形成基本框架。加快北虹桥商务区数字产业集聚和成长。围绕电子商务、数字云服务、数字内容、数字赋能等细分行业进行招商和培育。创新数字贸易新模式。对标全球数字贸易港的工作要求，促进数字经济和实体经济融合，促进新业态新模式发展。推动数字赋能会展商务、旅游交通、城市管理、医疗教育、文化创意、专业服务等垂直行业应用，培育壮大数字创意、数字健康、数字出行等数字贸易新模式，积极探索多元化业态模式。拓展北虹桥泛娱乐产业平台功能。支持游戏、动漫、演艺、网络视听、数字阅读等数字内容产业发展，加强内容识别平台及出海服务平台建设。

（2）着力打造总部经济。建设长三角企业总部首选地和专业服务高地。立足于虹桥商务区建设一流的国际化中央商务区和国际贸易中心新平台的总体目标，支持设立企业总部、功能性平台、创新联合体和国际贸易新平台，推动虹桥新慧总部项目建设，完善国际化专业配套服务，重点打造标准化服务业、新能源汽车服务业、电子商务、科技创新等核心功能，积极培育北虹桥地区具有总部功能的重点企业，形成企业集聚和产业集群。拓展现有总部企业功能。拓展驴妈妈全球上海总部、华住集团全球研发总部、南方航空华东总部等重大项目功能，引导总部企业向价值链、产业链、创新链高端发展，推动总部企业拓展研发、销售、贸易、结算、数据、物流等功能，强化决策控制。以重塑燃料电池研发生产中心、蔚来国际总部项目为引领，结合区域特色引进国际知名会展企业总部。探索更加开放的总部政策。积极争取虹桥国际开放枢纽相关政策在北虹桥商务区先行先试，对总部机构给予金融、人才、通关等方面便利；探索允许符合条件的跨国公司开展跨境资金集中运营管理，提高区域内企业资金使用便利性；积极吸引跨国公司在北虹桥商务区设立全球或区域资金管理中心和财资中心。

（3）积极推动创新经济发展。全力培育北虹桥创新创业环境。北虹桥商务区将以创新经济为主要特色，聚焦企业总部、创新孵化、智能工场等核心环节，培育全链条创新生态，依托制造业基础和土地二次开发，推进资源高效利用，为多元企业和多样人才提供宜人的创新创业环境。引进高水平创新载体。吸引国际知名学术机构在北虹桥设立创新中心，大力推动南洋理工大学创新中心项目落地建设；举办高规格、有影响力的国际技术交流合作活动，促进科研院所在北虹桥区域进行成果转化落地。推动产学研融合发展。依托嘉定"十一所两中心三基地"科研院所集聚效应，加快建设校地合作、院地合作，联动嘉定新城打造"创新技术策源地、创新要素集散地、创新成果转化地"。

（4）鼓励发展消费经济。鼓励创新时尚消费业态发展。吸引知名品牌旗舰店、体验店、集成店、概念店、首店以及快闪店等入驻，集聚吸引直播经济公司、直播运营平台等，促进智慧零售、跨界零售、绿色零售等新零售、新业态、新模式发展。打造国际化消费体验平台。加快欧享家等高端进口家居品牌展示交易中心建设，鼓励国际品牌和本土知名品牌开展新品发布活动，引进更多国内外中高端消费品牌首店和品牌代理机构总部，形成全球知名品牌区域消费中心、国际化消费体验中心。提升现有消费载体能级。拓展数字人民币应用场景，推动江桥万达广场进一步优化消费体验，推进北虹桥澳康达名车广场商业中心建设，提升辐射能级，吸引时尚大师、名家开设工作室和实践基地，推进北虹桥时尚园建设。做大做强区域商贸能级。大力发展流量经济，引进具有行业影响力的贸易型企业，吸引具有创新活力的数字贸易企业，加快进口贸易商、厂商入驻，拓宽进口渠道，促进长三角贸易一体化项目合作，做大进口业务规模。探索构建绿色经济。结合北虹桥商务区农用地资源，围绕生态绿色、展览休闲，积极发展都市型现代农业，拓展观光休闲农业，通过植入度假、康养、休闲娱乐、体育等三产类项目，实现一二三产深度融合，促进乡村经济发展。

3. 做优做强特色园区和特色楼宇

（1）深化上海临港嘉定科技城建设。围绕"形态、业态、生态"三要素加速园区转型。打造高品质园区形态，提升区域显示度。加快编制园区规划导则，鼓励原业主与政府认定的优秀转型主体合作，加快推进存量物业改造，共同打造统一的园区风貌；打造"垂直工厂""云台"商业展览综合体、物流/展览中心等创新型载体等支撑科技研发和产业创新发展的地标式产业新载体。建设新一代科创产业社区，提高区域创新浓度。围绕大健康和精准医疗、新能源等重点产业，引入高成长性企业和细分领域的行业龙头，打造高端制造和研发功能，培育新兴产业；坚持产业特色发展、融合发展、组团发展，通过"引、留、拆、储、建、升"等多种方式，集成研发、办公、生产、生活、休闲、娱乐等复合功能，实现"核心区"+"多点更新"，努力打造国际一流的新一代科创产业社区。建全方位服务生态，提升企业感受度。以园区服务为平台，以产业基金为抓手，以供应链为纽带，集聚高端人才团队，举办专业化、国际化、高水平的行业高峰论坛，促进资源共享，构建企业全生命周期服务体系；发挥龙头企业带动作用，建设国际一流专业孵化器和加速器，形成"热带雨林式"创新生态。

（2）推进虹桥新慧总部湾建设。全力推进重点项目建设。推进园区内雅运染整研发总部、盈创互联网营销研发总部、致达智能总部、瀚讯无线技术研发总部、蓝科环保研发设计总部、易谷网络研发总部、惠柏新材料研发总部等一批潜力高新技术重点项目建设，构建"总部+基地"产业联动发展格局，打造江桥产业集群的新名片。形成具有国际竞争力、区域引领力和行业整合力的现代化园区。完善园区公共服务功能。拓展研发、销售、贸易、结算、数据等功能，实施更开放的总部政策，打造公共研究中心、管理中心、运营中心，引进适合创新经济发展的功能性项目，为总部经济集聚提供公共空间和公共载体。

（3）促进北虹桥地区特色园区和楼宇转型升级。加快北虹桥商务区各类特色园区和楼宇建设，充分发挥平台招商、平台运营效应，加速产业集聚升级。加快康德莱医疗器械产业园和康德莱医疗耗材基地建设。打造以高端医疗器械、医疗器械自动化设备、高端介入医疗器械研发实验中心为核心的高端医疗器械研发基地，依托产业平台加快产业集聚，加速优质企业入驻。加快北虹桥时尚创意园建设。以时尚文创行业为核心，围绕服装设计、工业设计、会展服务、动漫影视等，引进了一批知名服装设计师及相关业内领军企业，加快形成北虹桥文创产业集聚效应。加速园区错位发展和转型升级。加强上海西郊生产性服务业功能区、巧帛人文原地、虹桥国际创新医疗器械产业园、北虹桥时尚创意园等众多特色园区和楼宇统筹协调和差异化发展，对标虹桥国际中央商务区特色园区政策，争取更多园区授牌，促进园区转型升级。

4.提高要素配置效率

（1）发展特色金融服务。支持企业上市和场外市场交易。鼓励企业通过股权交易方式转型升级，通过完善上市企业及场外市场储备库，进一步强化北虹桥商务区上市企业培育力度。鼓励金融机构对北虹桥范围内企业加大资金支持力度，吸引产业基金、创投基金落户北虹桥，吸引服务长三角中小企业的商业银行、信托公司、证券等金融机构集聚，加大金融机构对北虹桥范围内企业资金支持力度，加快建设相关主导产业和重点项目设施。支持符合条件的项目开展REITs试点。探索加强跨境金融服务。持续推进自由贸易账户体系拓展工作，支持区内符合规定的企业开立自由贸易账户，为国际贸易企业提供便利的跨境金融服务，探索加强跨境金融服务，支持金融机构为符合条件的企业集中运营跨境资金；大力推动数字人民币线上、线下、标准化、特色化场景落地，丰富数字人民币使用场景，进一步提升区内对外开放水平。

（2）构建创新创业生态圈。集聚一批国内外企业研发总部和创新主体。加强与国际创新创业平台的合作，吸引国际知名孵化器、孵化团队和国际知名企业创新孵化中心入驻，推动设立全球研发中心和外资开放式创新平台。促进技术要素与资本要素融合发展。探索通过天使投资、创业投资、知识产权证券化、科技保险等方式，推动科技成果资本化。鼓励商业银行采用知识产权质押、预期收益质押等融资方式，为促进技术转移转化提供更多金融产品服务。提供"一站式"科技服务。打造集科技咨询、检验检测、成果转化、知识产权、科技金融、维权援助于一体的生态系统，探索提供海外并购、技术交流对接、人才培训等国际科技合作服务。

（3）持续放大进博会溢出带动效应。做大会展经济规模。依托国家会展中心，以进博会、虹桥国际经济论坛等国际知名会展活动为品牌支撑，推动北虹桥地区会展产业提质升级，促进会展经济国际化、专业化、市场化、品牌化发展。大力引进国际知名会展企业总部、境内外专业组展机构、国际品牌重要展会活动以及上下游配套企业，集聚一批具有全球影响力的顶级会展和活动。搭建资源共享平台。推动会展与制造、商贸、旅游、文化、体育等产业联动发展。积极提升贸易平台能级。发挥北虹桥区域内欧享家、淘美妆、齐家网等一批优质电子商务企业资源，着力打造欧享家（虹桥）国际品牌家居博览会、淘美妆商友会全球美尚峰会等一系列国际性高端平台。发挥平台作用，统筹集聚资源，打造完整进口生态链，进一步降低进口成本，为国内消费者"购全球"提供最大便利。全力做好进博会期间招商引资工作。充分发挥进博会平台效应，组建招商团队进馆招商，加强对重点产业的招商力度，以精准对接促有效推介，力争引进一批产业项目，助推经济高质量发展。

（二）坚持产城融合发展，建设绿色生态示范区

1.高标准开展规划设计

（1）推进新一轮北虹桥商务区功能定位和空间优化研究。以打造国际高端社区为目标，深化、优化各类外向型功能，凸显各类国际特色，积极融入并配合做好虹桥国际中央商务区总体规划编制，加快推进新一轮北虹桥商务区功能定位和空间优化研究，

进一步细化实施路径、明确行动计划、形成落实方案，加快推动规划成果落地。

（2）推进北虹桥商务区重点区域规划调整工作。对标北虹桥地区"一核聚能，一带润城，三轴联动，四区共荣"的空间格局优化规划调整工作。结合轨交14号线开通和延伸，进一步加快曹安路发展轴的更新提升，结合金运路跨江大桥建设和五四村城中村改造，重点研究金运路品质服务轴的整体方案，整体设计吴淞江生态空间内功能性布局。结合项目实际需求，通过江桥镇国土空间总体规划调整或开展总体城市设计方案的方式，对部分区域和地块进行规划调整，解决相关发展诉求。进一步优化北虹桥城市更新片区、临港嘉定科技城城市设计方案。依托城市更新和园区转型，高品质打造功能完善、产城融合、宜业宜居的城市新标杆。优化江桥镇15分钟生活圈规划。在现有基础配套服务设施配置的规划上，优化规划布局，推动引进国际学校、文体配套设施等，丰富社区业态，达到配套齐全、产城融合的效果。

2. 畅通内外交通循环

（1）编制北虹桥交通专项规划。主动融入虹桥商务区"综合交通完善专项行动"，高标准开展"北虹桥交通专项规划"编制，专业研究抬升G2京沪高速、扩大公共交通覆盖区域、纾解金运路两侧交通拥堵、优化北虹桥区域交通路网等内容。立足北虹桥商务区功能定位，进一步完善区域交通网络、优化交通组织方式，提高交通通达性、便捷度和舒适度，构建联通区域的骨干道路、连贯特色的慢性网络和高效互联的智慧交通体系。

（2）增强道路系统联通性。增强南北向交通联通性。配合市级部门推动嘉闵线新建工程和13号线西延伸工程，加快推进嘉闵联络线等路网体系建设，提升与虹桥国际交通枢纽及虹桥商务区核心区联通性，实现"内密外联"的城镇道路系统。提升吴淞江两岸交通联通性。推进跨吴淞江申长路—金园一路、申昆路—金运路等区区对接道路建设；尝试设置吴淞江水上巴士线路及驳岸点，联系沿吴淞江重要公共空间节点。加强高快速路网建设。配合S20外环西段抬升和G15嘉金段建设，完善北虹桥地区周边高快速路体系，提升路网通行能力和效率。打通道路循环堵点。整合主干、次干路系统，完善区域内部路网体系，推进匡巷路、嘉峪关路、榆中路、海蓝路等相关路段的建设，推进江桥医院附近北社区区域道路连通性。

（3）提高综合交通便利性。提高公共交通可达性。增设北虹桥商务区与虹桥枢纽的快速公交线，规划有轨电车线，加强小区与地铁站之间的公交联系，提升公交车辆换乘、接驳功能。提升综合交通体系丰富度。研究现代有轨电车、BRT、ART、云轨等中运量交通制式，配合轨道交通覆盖次要客运走廊，弥补轨道交通覆盖盲区。构建舒适宜行的区内出行体系。加强临港嘉定科技城、封浜等重点区域公共停车设施建设，保障轨道交通站点车辆停放换乘需求，积极盘活各类停车资源开放共享，持续提升停车资源利用效率；围绕吴淞江滨水空间、高密度生活社区强化慢行系统建设，营造低碳、安全、注重体验的出行环境，解决最后一公里问题。

3. 创新生态环境建设

（1）加强生态环境综合治理。加强水环境生态修复。加大城市水域与中小河道整治，消除水体黑臭、消除劣V类水体，提高骨干河道水质，"十四五"期间实现区域内的吴淞江—苏州河等河道水环境功能区达标率达到85%，打造河畅、水清、面洁、岸绿的水环境。推动大气污染防治。深入开展VOCs治理、废气精细化管理、锅炉节能提标改造、非道路移动污染源清查整治等工作，保证空气质量稳步提升。综合提升环境治理水平。继续做好固体废物违法堆放处置大排查大整治专项治理、开展危险废物规范化和环境安全专项检查等管理工作，做好环保违法违规建设项目清理整治工作，提升环保监管水平。

（2）营造公园城市融合典范。以"公园+"推动城市功能立体融合。树立公园城市的融合典范，实现人城相融、园城一体，使绿色成为城市发展最动人的底色。为生态空间注入多元功能，推动绿色空间"+体育""+服务""+产业""+文化"，以功能的互补与联动整体提升城市品质。以吴淞江生态廊道为重点，合理布局绿地、林地和产业用地，凸显生态功能，注重特色营造，强化布局交融、资源整合，打造"生态、生产、生活"相互渗透、无界融合的新型大型生态公园。以"+公园"引领地区环境品质全面提升。以水系和公园为基底，构筑开放空间网络，强化各类服务设施与绿化环境的结合，建设"公园型"园区和社区。实现步行10分钟有绿，骑行15分钟有景，车行20分钟有大型公园。提升公园对"人、创、文、绿"的服务能力，以公园绿地建设推进产业转型和区域功能完善，实现体绿一体、文绿相融，增强对企业和人才的吸引力。

（3）打造城市生态建设品牌。创建绿色生态城区。借鉴虹桥商务区核心区"最低碳"开发建设经验，复制推广土地集约节约利用、地下空间大开发、基础设施先行、三联供集中供能等绿色低碳建设理念；推进北虹桥地区屋顶绿化工程，积极打造"第五立面"，打造若干二星级和三星级绿色建筑，全力推进封浜新镇创建三星级上海市绿色生态城区（试点）。创建海绵城市最佳实践区。落实绿色生态韧性城市建设要求，利用好虹桥商务区海绵城市建设资金，协调推进河道、绿带、道路、住宅等重点项目建设，打造虹桥商务区新型海绵城市建设最佳实践区的重要组成部分。

4. 优化市政管理水平

（1）推动城市景观统一布局。规范区域形象展示特色。全面落实《虹桥商务区主功能区户外广告设施设置阵地实施方案》，规范设置户外广告，清理违规设置的设施；统一区内店招店牌形态、材料、外观、品质，体现地区风貌个性特色。高起点规划城市景观照明。积极对接商务区核心区及国家会展中心等重点区域、道路的景观灯光设施布局实施方案，保持风格和谐统一。

（2）创新市政养护管理模式。探索"多位一体"综合养护。积极推动北虹桥对接虹桥商务区，贯彻落实《虹桥商务区综合养护导则》，协助推进北虹桥区域水环境、绿化、城市环境等建设和养护标准提升，创建城市精细化管理示范区等，以高标准导则为指导，全面提升区域品质。探索委托管理方式将区属市政、排水、河道等养护职能下沉，整合街镇绿化、市容、环卫等养护队伍，科学构建"标准明确、作业规范、监管到位、质量保证、市场开放"的跨行业跨部门"多位一体"综合养护模式，提高城市管理效率，实现资源最优配置。探索市政综合养护市场运作机制。鼓励具有资质、符合要求的养护企业通过政府采购模式进入市政养护领域，鼓励培养一批技术领先、业务精湛、人才汇集、社会责任感强的养护企业，逐步实现市政养护管理精细化、资源集约化、作业市场化。

（三）坚持功能融合发展，建设近悦远来的活力都市

1. 提升国际社区显示度

（1）加快推动北虹之星建设。高标准规划建设以迎虹湖为中心的北虹之星国际社区，构建特色鲜明、风格明确的建筑风貌，建设具有科技含量和先进理念的城市基础设施，在封浜河沿岸打造具有国际水准的综合文化、商业等多元化的公共服务功能，营造符合国际规范的社区治理环境，"十四五"期末，社区人口初具规模、国际形象逐渐显现，初步建成具有国际承载能力的高端智慧社区。

（2）提升国际社区服务能级。承接商务区国际人才管理改革功能。开展国际人才管理改革试点，为境外高层次专业人才提供签证、长期居留、永久居留等便利。丰富国际社区配套功能。加快建设符合国际人群需求的文化、体育、休闲等多元混合配套设施和配套服务体系，引入在涉外社区和人口服务方面有丰富经验的社会机构和专业队伍，完善智慧高效社区管理，为商务区以及长三角的国际高端人才提供健康、生态、多元文化共融的国际化生活环境。探索创新租赁住宅机制，增加人才公寓配套。

完善保障房周边的商务配套和生活配套，提高"四高"小区及动迁安置房利用效率，鼓励社会各类机构代理经租，盘活存量闲置住房资源；加大新建住宅中保障性、租赁性住房的配建比重，推动非居住房屋转为保障性租赁住房，鼓励科研院校、医院、产业园区、大型国有企业等单位利用自有土地建设人才公寓，构建多元住房供应体系，促进职住平衡。

2. 提高公共服务满意度

（1）坚持教育优先发展。完善高质量教育资源布局。规划新建一所初中，一所小学、幼儿园，储备一所九年一贯制学校，一所幼儿园。积极向市里争取，推动优质教育资源以分院、分校、分中心等形式落户北虹桥商务区，扩大优质教育资源供给。提升教育服务能级。继续加强区域内外优质资源的辐射带动，通过合作办学、委托管理，促进新开办学校高起点发展，实现优质教育资源总量"增值"。推动紧密型学区向示范性学区建设发展，发挥新优质学校、盟主学校的示范引领作用，推进初中强校工程，依托学区名师工作室，开展智慧传递活动，促进区域教育优质均衡发展。加强终身教育建设。新建8个村居老年人标准化学习点，推进终身学习体验基地"人文行走"项目建设，积极开展新一轮创建上海市社区教育示范街镇工作，持续扩大终身教育影响力。

（2）提升服务医疗品质。提升医疗服务能级。加快推进江桥医院联体建设，依托上海市第一人民医院同质化管理，重点建设泌尿外科、眼科、消化内科、心血管内科、妇儿科等重点学科。不断引进和合理配置"三甲"医院的专病特色，满足居民就医需求。加强卫生网底建设。加强卫生中心核心竞争力建设，充分利用信息化手段，完善家庭医生服务体系网络建设；加强与交大医学院合作，争取创建交大医学院附属社区区卫生服务中心。完善中医服务网络。加强基层中医药服务能力工作，引进市级名老中医工作室，结合健康城市建设，构建江桥镇"防治结合、人人参与"的社区特色中医服务网络。积极争取医疗创新政策试点。复制推广虹桥商务区"允许一次性进口境外已批准上市但国内尚未注册的临床急需抗肿瘤新药，在区域内指定医疗机构用于特定疾病治疗"等政策在上海市第一人民医院嘉定分院（江桥医院）落地，提升医疗服务能级。

（3）推动文体多元共享。高水平推进公共文体设施建设。加快推进"虹舞台"等一批在全市乃至长三角具有引领作用的公共文化设施建设，打造开放、交流、创新的公共文化服务平台，满足群众多元文化需求。加快推进北虹桥新时代文明实践分中心建设，打造成为具有现代文明科学风貌特征和功能作用的文化阵地，更好体现北虹桥商务区整体文明风貌。加快全镇地标性体育健身场馆的规划和布局，规范合理配置城市公共区域健身设施的配套和布点，打造全民参与的15分钟体育生活圈，延伸全民健身广度和深度。扩大优质文化资源供给。依托上海北虹桥体育中心等载体，引进一批有影响力的文化体育赛事活动，鼓励设立外商独资演出经纪机构并在全国范围内开展业务。加强与中福会儿童艺术剧院等一批专业化单位合作，挖掘人文历史、讲好江桥故事，丰富艺术展览馆和艺术讲座内涵，强化江桥地域文化底蕴。积极实施"引进来"文化战略，鼓励和吸引一批杰出文化名人留在江桥，增加江桥文化品牌厚度。

（4）优化社会养老服务。进一步加强老年宜居社区建设，推进居家养老服务运作的标准化、规范化、信息化，扎实做好各项日常助老服务工作，创建区级老年示范睦邻点20个。通过制作宣传册、新媒体等方式发挥好养老顾问作用，推进老年助餐等为老实事工程项目，实现助餐服务供给能力达到户籍老人5%、养老服务人员持证率95%以上。继续开展"爱心点亮光明""老伙伴计划"等各类为老公益服务项目，做好养老机构的管理和品质提升。

（5）完善社区商业配套。构建15分钟社区生活圈。以社区居民的多层次需求为导向，加快推动社区型购物中心建设，完善与居民生活密切相关的菜场、银行、邮局、电信公司等配套设施建设，实现人性化社区生活圈服务体系。优化社区商业布局。提升社区中心服务功能，完善社区生活超市、社区便民工坊等社区商业服务配套；丰富社区商业业态，完善餐饮、零售、休闲娱乐业态，提高医疗、养老、婴幼儿托管、教育等业态比例，提高社区商业规模和密度，减小社区商业服务半径。

3. 打造智慧城市样板间

（1）推动智慧化建设应用。加强智慧网络基础设施建设。高水平建设5G和固网"双千兆"宽带网络，推动光纤宽带网、无线宽带网、移动物联网深度覆盖；探索推动河道、道路等传感器布点建设，优化完善公共服务领域的无线局域网布局。推动智慧设施创新实践。聚焦城市设施、城市运维、城市环境、城市交通、城市安全、城市执法等领域，建设基于人工智能和5G物联的智慧管理信息平台，拓展更多智能应用场景；鼓励企业、平台等主体积极申请虹桥商务区"智慧虹桥""低碳虹桥"专项发展资金，充分发挥专项资金引导带动作用，推动新一代信息技术在北虹桥地区的应用和发展，打造开放融合的国际数据港。提升大数据治理能级。研究探索人工智能、5G、物联网、虚拟现实、可穿戴设备等现代信息技术与城市网格化管理的互相融合，探索采用人脸识别、智能车检、人流检测等数据监控，实现技防、物防、人防三维一体的安全防控体系。

（2）提升精细化城市治理。提升"两网融合"水平。以"市民满意度"为核心，加快建设高性能大数据与人工智能计算平台，增强底层数据交互和支撑能力，拓展政务服务"一网通办"应用场景，完善城市治理"一网统管"平台体系。深化综治中心建设。继续做好"街镇—村居"综治中心的建设，充分利用视频综合管理系统、视频会议系统，推动综治中心功能提升，推动城市管理的科学化、精细化、智能化，持续强化综治中心的"智慧指挥中枢"作用。强化全勤网格管理。进一步加强网格队伍整合联动，大小联勤无缝对接，深入推进全勤网格建设工作的开展，健全问题发现、现场处置、及时上报、后台督办的闭环管理工作机制，扫清辖区内死角，全面提升城市综合管理水平。

4. 提升社会保障覆盖面

（1）健全多维度就业保障。多渠道开展就业服务。拓展就业信息宣传渠道，积极开展"综合广场招聘会""面试会进村居"等专项就业活动，完善就业创业人才信息建设，进一步巩固充分就业社区创建。持续推动创业带动就业，加强全市、虹桥商务区、嘉定区等各级层面创新创业政策的宣传落实，整合镇内各大经济城、创业平台等资源，举办主题鲜明、形式多样的创业活动，营造良好的创新创业氛围。推动劳动关系和谐发展。完善劳动人事争议调解组织实体化建设，完善工作职责、工作流程，加强学习培训，提高依法调解能力。创新"案件回头看""企业旁听"等特色工作，创新开展"月企宣""流动调解庭"等特色宣传活动，创新开展"一周一会，半月一案"、楼宇"矛盾预警，应急处置"等特色机制，营造公平公正的法治营商环境。

（2）深化残疾人惠民工程。落实"春雨行动"等社会救助各项补贴及惠残实事工程，开展科技助残、文化助残等特色活动，优化残疾人管理组织架构，加强阳光家园建设。组织残疾人集中就业、教育培训、生活技能训练，落实就业援助和培训。提升助残社会化水平，重点打造阳光助残服务平台，深挖社会资源，提升残疾人群体的幸福感和获得感。

（3）全力创建"双拥模范镇"。开展形式多样的双拥活动，全面推进村居委双拥（优抚）之家建设，推动各项优抚政策有效落实，创建"双拥模范镇"。项目化推进服务体系建设，继续通过关爱工程之"手牵手"服务项目、"鱼水情意浓"拥军服务项目等项目化运作体系，提升服务获得感。

（4）完善多主体社区自治。加强社区干部培养。持续加强社区共营队伍能力建设，逐步提高社区共营骨干队伍引导、组织其他居民开展居民自治能力水平相关培训。调动多方共治积极性。发挥住宅小区综合治理联席会议作用，持续举办"阿拉一家人"等系列主题活动，充分调动社区物业、小区居民等多方主体参与协商社区事务共同治理。打造社区自治品牌。进一步加强"党员会客厅""绿享空间""美食嘉"等社区自治品牌塑造，丰富品牌内涵，扩大品牌影响力。

五、保障措施

（一）加强组织领导，统筹协调发展

全面加强党的领导，充分发挥党总揽全局、协调各方的领导核心作用，凝聚整合多方资源，把党的领导落实到"十四五"经济社会发展的各个环节。进一步健全完善北虹桥商务区的开发建设和运营管理机制，加强区级统筹力度，推动管委会及办公室实体化运作，成立北虹桥投资开发公司。正确处理好北虹桥投资开发公司与镇级政府之间的关系，开发公司充分发挥企业在资金使用更灵活、运营管理更高效等方面的优势，做好招商引资、开发建设等方面的规划统筹和组织协调；镇级政府充分发挥好其在城市管理、社会治理等方面的作用，加快形成北虹桥商务区建设的更大合力。

（二）强化要素保障，激发主体活力

加大资金支持力度，用好各类资金，支持北虹桥商务区重大基础设施和重点产业及其项目建设，加大对地区重点功能打造、人才引进、产城融合等项目的支持力度。提高土地资源配置效能，鼓励工业、仓储、研发、办公、商业等功能用途互利的用地混合布置、空间设施共享。强化计划总体控制，统筹做好年度土地利用计划、土地储备计划、土地出让计划、重大投资项目计划等的制定实施，强化开发时序控制，严格执行相关开发标准。加大金融服务力度，鼓励金融机构对北虹桥商务区区域内创新型企业加大资金支持力度，加快建设相关主导产业和重点项目设施。

（三）优化营商环境，提升投资质量

鲜明树立北虹桥商务区地区品牌形象，加大区域概念形象的宣传推介力度。研究更新产业发展指导目录，按照四个"论英雄"的绩效导向，科学评判项目准入。全力优化营商环境建设，依托进博会平台，结合北虹桥区域优势和产业特色，推出特色经贸考察路线，开展国别招商、以商招商、产业链招商等投资促进活动，加快引进更多高能级项目，提高招商引资质量和水平。

（四）落实重大项目，加强督查考核

根据北虹桥商务区"十四五"重大事项清单，深化重大事项方案研究，加强部门间协作，严格对照工作方案和目标责任分解安排，加快推进重大工程项目、重大改革、重大政策、重大平台和事件活动、重大布局的落地进程，以重大项目建设带动重点产业导入和重要功能植入。以推进、协调、考核等工作机制为抓手，加强重大项目建设的跟踪分析、督促检查、综合协调和经验总结推广。

附录　虹桥国际中央商务区大事记

1月4日，虹桥商务区管委会举行《虹桥商务区推进新型基础设施建设行动计划（2020—2022年）》发布及新基建系列项目开工仪式。仪式上，管委会通报了商务区5G建设成果，并推出了《上海虹桥商务区管委会关于"智慧虹桥"建设的政策意见》《上海虹桥商务区管委会关于虹桥商务区新型基础设施建设项目贴息管理的政策意见》等配套政策。管委会党组书记、常务副主任闵师林，管委会副主任陈伟利、金国军、付乃恂，上海铁塔公司副总经理陶海俊等出席，管委会相关处室负责人参加。

同日，长三角会商旅文体示范区联动平台揭牌仪式在位于虹桥商务区核心区的上海虹桥阿里中心举行。管委会党组书记、常务副主任闵师林和同济大学校董、同济大学校友产业创新联盟副主席、平台运营方负责人毛蔚瀛共同为长三角会商旅文体示范区联动平台揭牌，管委会副主任付乃恂致辞。管委会相关处室、投资促进与公共服务事务中心负责人参加。

1月13日，市政府秘书长、虹桥商务区管委会主任陈靖主持召开管委会全体成员单位工作会议。陈靖充分肯定2020年商务区开发、建设和管理取得的成绩，并对2021年工作提出要求：商务区要比学赶超，不断创造新奇迹、展现新气象，要准确把握"十四五"发展环境和背景的深刻变化，抓好"十四五"时期发展的谋篇布局和起步开局；要主动服务和融入新发展格局，在全国和全市工作的大局中找准商务区的定位和突破口；要融入和引领长三角区域一体化发展，加快做强做优"五型经济"；要全面融入城市数字化转型，推进数字经济和平台经济发展；要认真践行"人民城市人民建，人民城市为人民"重要理念。管委会副主任陈伟利、付乃恂，管委会成员单位、有关委办局相关负责人参加。

1月15日，上海市政府举行外资项目集中签约仪式，62个外资项目签约落户上海，投资额118.5亿美元。其中，虹桥商务区8个项目，总投资额45.38亿美元，涉及物流、航空、工业、商贸等重点领域。市委副书记、市长龚正出席并见证签约，副市长宗明致辞。管委会党组书记、常务副主任闵师林参加，并会同闵行区区长陈宇剑、长宁区区长王岚和嘉定区副区长钱志刚与上海玉湖国际冷链项目、全球奥特莱斯总部基地项目、达涅利跨国公司地区总部项目、喜达利购物公园总部项目、英杰航空、宜家购物中心上海临空项目、上海新东锦食品股份有限公司项目、三盛集团总部基地项目等8个项目企业代表签约。

2月2日，市委书记李强考察虹桥海外贸易中心。李强指出，要深入贯彻落实习近平总书记考察上海重要讲话和在浦东开发开放30周年庆祝大会上重要讲话精神，积极推进虹桥国际开放枢纽建设，强化国际定位、彰显开放优势、提升枢纽功能，着力建设国际化中央商务区、构建国际贸易中心新平台、提高综合交通管理水平、提升服务长三角和联通国际的能级，以高水平协同开放引领长三角一体化发展。李强要求，要更好发挥中心的平台优势、联通优势，健全完善服务网络，优化提升服务功能，加快集聚全球高能级贸易平台和主体。市委秘书长诸葛宇杰，市人大常委会副主任、市政府秘书长、虹桥商务区管委会主任陈靖，市委副秘书长康旭平、管委会副主任金国军，市委统战部副部长、上海海外联谊会执行副会长王珏等参加。

2月4日，国务院批复《总体方案》。要求要以习近平新时代中国特色社会主义思想为指导，全面贯彻党的十九大和十九届二中、三中、四中、五中全会精神，深入贯彻习近平总书记在扎实推进长三角一体化发展座谈会上的重要讲话精神，按照党中央、国务院决策部署，认真落实《长江三角洲区域一体化发展规划纲要》有关要求，立足新发展阶段、贯彻新发展理念、构建新发展格局，紧扣"一体化"和"高质量"两个关键，着力建设国际化中央商务区，着力构建国际贸易中心新平台，着力提高综合交通管理水平，着力提升服务长三角和联通国际能力，以高水平协同开放引领长三角一体化发展。

3月2日，虹桥国际开放枢纽建设动员大会在位于虹桥商务区的国家会展中心举行，标志着长三角一体化发展又一项重大战略任务进入全面实施的新阶段。推动长三角一体化发展领导小组副组长、上海市委书记李强在会上强调，要深入贯彻落实习近平总书记重要讲话精神，按照党中央、国务院决策部署，合力推进《总体方案》落地落实，着力建设国际化中央商务区，着力构建国际贸易中心新平台，着力提高综合交通管理水平，着力提升服务长三角和联通国际的能力，全力打造高水平协同开放新高地，把长三角更高质量一体化发展向纵深推进，为服务构建新发展格局作出新的更大贡献。动员大会采取视频形式，在国家发展和改革委员会、上海市设主会场，在江苏省、浙江省、安徽省设分会场。上海市委副书记、市长龚正主持会议。推动长三角一体化发展领导小组办公室副主任、国家发展改革委副主任丛亮出席会议并讲话。会上，宣读了《国务院关于〈虹桥国际开放枢纽建设总体方案〉的批复》，通报了虹桥国际开放枢纽总体情况和推进机制。江苏省委常委、常务副省长樊金龙，浙江省副省长朱从玖，安徽省委常委、常务副省长邓向阳分别讲话。上海市领导陈寅、诸葛宇杰、陈靖、宗明，交通运输部、商务部、民航局有关负责同志，沪苏浙皖相关部门、地区负责同志出席会议。管委会党组书记、常务副主任闵师林，管委会副主任陈伟利、金国军、付乃恂等参加。

3月3日，市政府举行新闻发布会。市委常委、常务副市长陈寅介绍《总体方案》相关情况，以及上海贯彻落实《总体方案》的主要举措。市政府副秘书长、市发展改革委主任华源，管委会党组书记、常务副主任闵师林，市发展改革委副主任王华杰，市商务委副主任申卫华，市交通委总工程师李俊豪共同回答记者提问。

3月8日，管委会召开贯彻落实《总体方案》动员暨学习交流大会。会上观看了《打造虹桥国际开放枢纽建设》宣传片。管委会副主任金国军传达《国务院关于〈虹桥国际开放枢纽建设总体方案〉的批复》，并对主要内容进行解读。管委会副主任付乃恂传达3月2日虹桥国际开放枢纽建设动员大会会议精神。管委会党组书记、常务副主任闵师林就深入贯彻落实《总体方案》做动员部署：一是提高站位，高度重视，切实增强投身虹桥国际开放枢纽建设的使命感、荣誉感；二是突出重点，聚焦任务，全力推进打造虹桥国际开放枢纽各项工作快速展开；三是多措并举，狠抓落实，加快形成打造虹桥国际开放枢纽的推进热潮。管委会副主任陈伟利主持会议，管委会相关处室负责人在会上作交流发言，管委会、应急响应中心全体人员、派驻人员参加会议。

3月10日，管委会与中国进出口银行上海分行举行战略合作协议签约仪式。管委会党组书记、常务副主任闵师林表示，管委会将在中国进出口银行等部门支持下，以进口贸易促进创新示范区建设为切入点，坚持对标最高标准、最高水平，在进口贸易领域做好促进、创新、示范，高质量打造虹桥国际开放枢纽"动力核"。中国进出口银行上海分行党委书记、行长王须国，管委会副主任金国军、付乃恂，中国进出口银行上海分行副行长梅建平等出席，管委会、中国进出口银行上海分行相关部门负责人参加。

3月24日，市委副书记、市长龚正调研虹桥国际开放枢纽建设。龚正市长一行在管委会详细了解了虹桥国际开放枢纽规划和重点项目推进情况后指出，要深入贯彻落实习近平总书记重要讲话精神，按照市委决策部署，加快推进虹桥国际开放枢纽建设落实落地，全力做强中央商务区核心功能，进一步强化制度创新，着力打造高水平协同开放新高地；进一步优化营商环境，加快基础设施建设，提升区域功能和品质，为服务构建新发展格局作出更大贡献。龚正一行还察看了虹桥商务区企业服务中心外国人来华工作许可窗口、长三角商标受理窗口、长宁外环林带生态绿道、虹桥国际开放枢纽配套在建租赁住宅项目、天山西路闵行段待疏通点、中国北斗产业技术创新西虹桥基地、华测导航技术公司等。市人大常委会副主任陈靖、市政府秘书长马春雷、市政府副秘书长周亚等参加调研。管委会党组书记、常务副主任闵师林，闵行区委书记倪耀明，青浦区委书记赵惠琴，长宁区区长王岚，闵行区区长陈宇剑，青浦区区长余旭峰，管委会副主任陈伟利、金国军、付乃恂等参加。

3月26日，第六届中国人才峰会（上海站）暨"中国人力资源服务机构Top100强"颁奖典礼在虹桥商务区举办。管委会副主任付乃恂出席致辞，并为获奖企业颁奖。管委会、闵行区政府相关部门负责人参加。

6月4日，由虹桥商务区管委会与上海联合产权交易所联合推动的"长三角产权市场服务中心"正式成立。管委会党组书记、常务副主任闵师林与上海联交所党委书记、董事长周小全共同为"长三角产权市场服务中心"揭牌。管委会副主任付乃恂与上海联交所副总裁李杰代表双方签署合作协议。会上，还举办了首期投融资需求项目对接会。上海联交所总裁余旭峰、管委会副主任金国军出席。管委会、上海联交所相关部门负责人，地产虹桥、南虹桥公司、临空园区、西虹桥公司、北虹桥管委办相关负责人，基金库成员单位代表等参加。

6月30日，虹桥商务区召开庆祝建党100周年暨区域党建联建第三次联席会议。联席会议第一召集人、管委会党组书记、常务副主任闵师林出席并带领全体党员重温入党誓词。他表示，我们要从党的奋斗历史中不断汲取前进力量，全力推进虹桥国际开放枢纽建设，以优异成绩庆祝建党100周年。要提高站位，凝聚共识，奋力开创"大虹桥"党建工作新局面；要统筹联动，守正创新，持续推动"大虹桥"党建联建向纵深发展；要对标国际，服务大局，全面提升"大虹桥"党建品牌软实力。本轮轮值召集人、中共长宁区委副书记陈华文回顾了2020—2021年虹桥商务区区域党建联建工作。下轮轮值召集人、中共闵行区委副书记、组织部长王观宝对2021—2022年商务区区域党建联建工作作展望。管委会副主任陈伟利宣读"虹桥先锋"先进基层党组织和优秀共产党员表彰通知。会上还重点发布了12个"我为群众办实事""推动发展开新局"项目清单，并为新一批16个商务区党建示范点、支撑点授牌。青浦区委副书记杨小菁，长宁区委常委、组织部长宋宗德，嘉定区委常委、组织部长周文杰，管委会副主任付乃恂，国家会展中心（上海）有限公司党委副书记时煌军等出席。管委会各处室、中心，联席会议各成员单位，苏州市、嘉兴市相关负责人参加。

同日，虹桥商务区管委会与中国银行上海市分行战略合作签约仪式举行。管委会党组书记、常务副主任闵师林与中国银行上海市分行党委书记、行长张守川出席致辞并为中国银行上海市虹桥商务区支行、虹桥进博联动服务中心揭牌。管委会副主任金国军与中国银行上海市分行党委委员陆鸿代表双方签署合作协议。

7月16日，上海市政府决定宗明兼任上海虹桥商务区管理委员会主任。

8月9日，上海虹桥商务区管委会召开干部大会。副市长、上海虹桥商务区管委会主任宗明出席并作讲话。市委组织部常务副部长郑健麟主持会议并宣布市委关于上海虹桥商务区管委会主要领导调整的决定：鲍炳章同志任上海虹桥商务区管委会党组书记、常务副主任，闵师林同志不再担任上海虹桥商务区管委会党组书记、常务副主任。

8月20日，上海虹桥商务区管理委员会更名为上海虹桥国际中央商务区管理委员会。

9月7日，《规划》发布，副市长、虹桥国际中央商务区管委会主任宗明在市政府新闻发布会上介绍相关情况，虹桥国际中央商务区管委会党组书记、常务副主任鲍炳章，市发展改革委副主任王华杰，闵行区区长陈宇剑，长宁区区长张伟，青浦区代区长徐建，嘉定区区长高香共同出席新闻发布会，并回答记者提问。

9月23日，市委书记李强调研虹桥国际中央商务区。李强指出：虹桥国际中央商务区是虹桥国际开放枢纽的核心承载区，要深入贯彻落实习近平总书记考察上海重要讲话精神，按照《总体方案》，牢牢把握重大机遇，加快提升核心功能，着力破解瓶颈制约，善于凝聚各方力量，同心协力打响虹桥整体品牌，努力打造成为上海经济发展的强劲活跃增长极。

9月24日，虹桥国际中央商务区总投资超302亿元的一批重大项目集中签约、总投资290亿元的一批重大工程集中开工、一批重要功能性平台集中揭牌。市委副书记、市长龚正宣布重大工程项目集中开工。市人大常委会副主任陈靖和副市长、虹桥国际中央商务区管委会主任宗明共同为功能性平台揭牌。长宁、青浦、嘉定分会场通过视频汇报开工准备情况，签约项目、开工项目代表分别发言。

10月15日，"拥抱进博·引领潮流——2021拥抱进博首发季"在位于商务区的进博会常年交易服务平台——绿地全球商品贸易港正式启幕。副市长、虹桥国际中央商务区管委会主任宗明，市商务委主任顾军，虹桥国际中央商务区管委会常务副主任鲍炳章，中国国际进口博览局副局长孙成海，青浦区人民政府代理区长杨小菁上台共同启动此次"2021拥抱进博首发季"活动。

10月28日，"协同发展　共创未来"——虹桥国际中央商务区打造长三角民营企业总部集聚区推介暨项目集中签约大会在商务区举行。副市长、虹桥国际中央商务区管委会主任宗明出席，并为"长三角民营企业总部集聚区"揭牌。市政协副主席、市工商联主席寿子琪为"长三角民营企业总部服务中心"揭牌。虹桥国际中央商务区管委会党组书记、常务副主任鲍炳章作商务区专题推介。闵行、长宁、青浦、嘉定四区分管领导分别就各片区功能定位和产业发展重点作专题推介。

11月5日至11月10日，第四届中国国际进口博览会在国家会展中心举行。

11月6日，由上海市人民政府、国家发展改革委、国家商务部主办，虹桥国际中央商务区管委会承办的虹桥国际经济论坛"虹桥国际开放枢纽建设与区域协同发展"分论坛在国家会展中心成功举办。上海市委副书记、市长龚正，国家发展改革委党组成员、副主任丛亮，商务部党组成员、副部长王受文致辞。上海市委常委、副市长吴清出席，副市长、虹桥国际中央商务区管委会主任宗明主持。新开发银行行长马可，中国银行副董事长、行长刘金作主题发言。国际组织负责人、诺奖获得者、国家区域发展战略专家、国内外知名智库专家和企业代表参会，聚焦发挥大虹桥对内对外开放枢纽作用，围绕强化国际定位，彰显开放优势，提升枢纽功能，为国际化中央商务区和国际贸易中心新平台建设献计献策。

11月6日，进博成果集中展示大会暨虹桥品汇二期A栋启用仪式在虹桥国际中央商务区举行。一批进博成果集中亮相、一批重点项目集中签约，一批首发、首店、首展展出，跨境电商示范区正式落地，集中生动地展现了进博成果，为持续放大进博会溢出效应注入创新活力，助推虹桥国际开放枢纽建设。虹桥国际中央商务区管委会党组书记、常务副主任鲍炳章致辞，并见证重点项目集中签约。

11月8日，虹桥国际中央法务区签约仪式在第三届上海国际仲裁高峰论坛暨2021上海仲裁周开幕式举行。上海市人民政府副市长彭沉雷，上海市司法局党委书记、局长陆卫东，闵行区委书记陈宇剑，闵行区委副书记、代理区长陈华文，虹桥国际中央商务区管委会副主任胡志宏见证签约，闵行区政府党组成员可晓林作为闵行区人民政府签约代表与上海仲裁委员会虹桥中心、长三角仲裁一体化发展联盟和上海市律师协会长三角律师行业发展中心代表签约。

11月20日，"第四届上海咖啡大师赛"总决赛在虹桥进口商品展示交易中心（虹桥品汇）举办。

12月13日，第二届中法虹桥经贸论坛暨首届中法碳中和合作峰会在虹桥国际中央商务区的虹桥海外贸易中心法国/法语区企业中心举行。

12月15日，由中国（上海）国际技术进出口交易会组委会执行办公室、上海虹桥国际中央商务区管委会联合主办的"上交会发布·走进虹桥国际中央商务区"活动在虹桥国际中央商务区举办。上交会组委会执行办副主任、市商务委副主任周岚，虹桥国际中央商务区管委会副主任孔福安出席活动并致辞。

后　记

　　《2021上海虹桥国际中央商务区发展报告》是虹桥商务区管委会组织编撰的第九本白皮书，也是虹桥国际中央商务区管委会设立以后组织编撰的第一本白皮书。本白皮书由管委会法规处负责统筹。为全面提高2021年白皮书的编撰质量，管委会与上海社会科学院合作，由王振副院长领衔，组织相关专业研究人员参与框架策划和部分文字编撰工作。

　　本书编写组还参阅了有关长三角一体化、虹桥国际开放枢纽、虹桥国际中央商务区等方面的调研报告、文章等文献，力求对商务区2021年度的发展建设有一个全景式的展现和专业评价。

　　本书的编撰，得到了商务区管委会各相关处室、各片区相关部门的大力支持，并由他们提供了丰富的资料和数据。感谢上海社会科学院出版社编辑认真负责地审稿、编排等工作。

本书编写组

2021年12月